"十二五"普通高等教育本科国家级规划教材

技术经济学概论

第3版

主　编　陈立文　陈敬武
副主编　李素红　尹志军
参　编　杨占昌　章静敏　李　立
　　　　刘广平　牟玲玲　张建军
主　审　陈　劲

机械工业出版社

本书是"十二五"普通高等教育本科国家级规划教材（教育部教高函〔2012〕21号），由河北工业大学长期从事"技术经济学"课程教学、教学研究、教材建设等活动的河北省优秀教学团队编写。

本书根据普通高等教育本科国家级规划教材的编写要求，结合近年来技术经济学发展的新成果，为适应我国高等学校教学内容与教学方法的深化改革，以及对理工科类学生加强经济管理基础知识教育的需要，经过认真研究并收集相关信息和资料编写而成。本书主要内容有绪论、技术经济学的基本理论、技术经济分析的基本要素、资金时间价值及其等值计算、投资项目经济评价指标、投资项目决策方法、不确定性分析、投资项目可行性研究、设备更新分析、价值工程等。全书体系完整、结构严谨、内容新颖，编写过程中注重系统性、简明性、实用性和可操作性，并附有思维导图、重点、引导性案例、小结、思考题和练习题等，符合教学需要。

本书可作为普通高等学校理工科各专业经济管理基础课程的教材，也可作为经济类、管理类专业本科生，EMBA、MBA、工程硕士、工程管理硕士等专业学位硕士学生的参考用书，还可供工程技术人员、企业管理人员阅读。

图书在版编目（CIP）数据

技术经济学概论/陈立文，陈敬武主编. —3 版. —北京：机械工业出版社，2021.5（2025.1重印）

"十二五"普通高等教育本科国家级规划教材

ISBN 978-7-111-67983-7

Ⅰ.①技… Ⅱ.①陈…②陈… Ⅲ.①技术经济学-高等学校—教材 Ⅳ.①F062.4

中国版本图书馆 CIP 数据核字（2021）第 062573 号

机械工业出版社（北京市西城区百万庄大街22号 邮政编码100037）
策划编辑：曹俊玲　责任编辑：曹俊玲　刘　静
责任校对：王　欣　封面设计：张　静
责任印制：李　昂
北京捷迅佳彩印刷有限公司印刷
2025年1月第3版第5次印刷
184mm×260mm·16 印张·395 千字
标准书号：ISBN 978-7-111-67983-7
定价：49.80 元

电话服务　　　　　　　　　网络服务
客服电话：010-88361066　　机　工　官　网：www.cmpbook.com
　　　　　010-88379833　　机　工　官　博：weibo.com/cmp1952
　　　　　010-68326294　　金　书　网：www.golden-book.com
封底无防伪标均为盗版　　　机工教育服务网：www.cmpedu.com

第 3 版前言

在我国的经济管理学科中，至今为止，我们还没有发现哪一个学科像技术经济学这样具有强烈的中国特色。或许，这正是技术经济学学科兴旺发达、长盛不衰，成为我国经济管理学科常青树的本源所在，也是一代代技术经济学学者矢志努力的灵魂所在。

技术经济学是决策论证的科学，是关于方法论的一门应用性学科，具有很强的实践性。技术经济知识对提高个人素质，完善知识结构，树立经济观念、市场观念、竞争观念、效益观念和可持续发展观念，增强适应社会的能力，都具有非常重要的意义。

河北工业大学"工程管理"教学团队是长期从事"技术经济学"等课程教学、教学研究、教材建设等活动的河北省优秀教学团队，隶属"工程管理"国家级一流专业建设点。河北工业大学"技术经济学"课程2007年被评为河北省精品课程，2013年被评为河北省精品资源共享课程，2020年被评为河北省一流建设课程，2022年被评为国家级一流本科课程。

河北工业大学"工程管理"教学团队编写的《技术经济学概论》教材是"十二五"普通高等教育本科国家级规划教材（教育部教高函〔2012〕21号）。本书是第2版的全面升级。第1版经过8年、第2版经过7年的使用和多次印刷，得到了读者的肯定。本着与时俱进的态度，此次修订基于"精简与创新"的思路。一是根据技术经济学近年来的发展变化，对书中的内容做了一些调整：对第1章"绪论"部分进行了调整，调整了小节结构；对第2章"技术经济学的基本理论"进行了精炼，删除了经济管理相关知识，调整了小节结构，完善了可持续发展理论，形成了完整的技术经济学的基本理论体系；对第3章"技术经济分析的基本要素"做了较大更新，进行了删减和调整，按照新的企业会计准则和税制调整了相关内容，折旧与摊销不再单独列为一节内容，而是将其放在成本费用中介绍；将第5章"投资项目的经济效益评价方法"改为"投资项目经济评价指标"；第8章中将"国民经济评价"调整为"经济效益费用评价"，补充完善了环境影响和社会评价的内容；对第9、10章的小节结构进行了调整。二是为了使读者更好地学习和了解技术经济学学科的全面性和系统性，在每章增加了思维导图、引导性案例、小结等相关材料，希望能扩大读者的视野。

此次修订由河北工业大学长期从事技术经济学教学与研究工作的10位教师共同完成。陈立文、陈敬武任主编，李素红、尹志军任副主编，并负责总纂。具体分工与第2版教材一致：陈立文负责编写第1章，陈敬武负责编写第2章，杨占昌负责编写第3章，尹志军负责编写第4章，章静敏负责编写第5章，李立负责编写第6章，刘广平负责编写第7章，牟玲玲负责编写第8章，李素红负责编写第9章，张建军负责编写第10章。本书由教育部长江学者特聘教授、清华大学技术创新研究中心主任陈劲教授主审。

采用本书作为教材，建议课内教学时数为 32~48 学时。

本书的教学团队在"技术经济学"精品课程建设中积累了丰富的教学经验和教学资源，凡使用本书作为教材的教师，可以登录机械工业出版社教育服务网（www.cmpedu.com）注册后下载这些教学资源。

技术经济学在不断地发展变化，并且应用领域越来越广泛。由于编者水平有限，书中难免有不足和错误之处，真诚希望广大读者批评指正。

编　者

于天津

第 2 版前言

在我国的经济管理学科中，至今为止，我们还没有发现哪一个学科像技术经济学这样具有强烈的中国特色。或许，这正是技术经济学学科兴旺发达、长盛不衰，成为我国经济管理学科常青树的本源所在，也是一代代技术经济学学者矢志努力的灵魂所在。

技术与经济是人类在进行物质生产、交换活动时始终并存且不可分割的两个方面。纵观人类的物质文明和精神文明发展史，考察技术与经济的产生与发展过程，均说明在生产活动的所有领域，技术与经济都处于相互依存、相互制约、互为因果、相互促进的对立统一体中。

技术经济学是在我国老一辈技术经济学学者的带领下，经过技术经济实际工作者和理论工作者多年的创新与发展，在总结我国经济建设中技术经济分析论证经验的基础上，吸收国外相近学科的理论与方法，形成的一门跨越技术科学与经济科学两大领域的综合性交叉学科。

关于技术经济学的研究范畴和内容，学科界基本取得了共识，即技术经济学研究三个领域："技术发展的内在规律""经济领域中的技术发展规律"以及基于技术与经济相联系的"技术领域中的经济活动规律"。这在 2006 年出版的第 1 版里已经明确下来，但作为概论，特别是工程技术人员了解经济理论的入门书籍，本书重点内容还是放在"技术领域中的经济活动规律"这一基础内容上。毫无疑问，随着经济环境的动态变迁，技术经济学必须"与时俱进"地进行研究内容的调整，在经济建设领域中，极大地降低了对自然资源依赖程度的新兴科技和新兴产业深度结合、具有战略引领性和长远性特征的战略性新兴产业，将成为未来我国经济持续发展的主导。

经过 7 年的使用，第 1 版基本上得到了读者的肯定，感谢所有读者的厚爱，尤其是很多高校教师选择第 1 版作为教科书，使得第 1 版在使用过程中得到了检验和反馈。此次修订基于三点。一是根据读者的反馈，对书中的不足做了修正。二是根据技术经济学的发展对书中的内容做了一些调整：对第 2 章"技术经济分析的基本理论"部分做了大篇幅删减，增加了环境影响分析的相关内容，目的是使本书从技术经济学研究内容来看更完整；在第 5 章评价方法中增加了 Excel 的应用方法，使指标计算更容易；为了使第 8 章贴近经济发展的实际，增加了大规模复杂项目的社会和环境影响分析的内容，删减了国民经济评价的内容。三是为了使读者更好地学习和了解技术经济学学科的全面性，在每章增加了相关材料，这些材料都是从近几年公开发表的学术出版物中精心摘取和加工的，希望能扩大读者的视野，同时也感谢本书所参考文献的作者。

此次修订由河北工业大学多年从事技术经济学教学与研究工作的几位教师共同完成。陈立文、陈敬武任主编，并负责总纂。具体分工是：陈立文负责编写第 1 章，陈敬武负责编写第 2 章，杨占昌负责编写第 3 章，尹志军负责编写第 4 章，章静敏负责编写第 5 章，李立负责编写第 6 章，刘广平负责编写第 7 章，牟玲玲负责编写第 8 章，李素红负责编写第 9 章，张建军负责编写第 10 章。全书由清华大学陈劲教授主审。

  采用本书作为教材，建议课内教学时数为 32~48 学时。

  本书的编写团队在"技术经济学"课程（河北工业大学的"技术经济学"课程 2007 年被评为河北省精品课程，2013 年被评为河北省精品资源共享课程）建设中积累了丰富的教学经验和教学资源，凡使用本书作为教材的教师，可以登录机械工业出版社教育服务网（www.cmpedu.com）注册后下载这些教学资源。

  技术经济学一直在发展，由于编者水平有限，书中难免有不足和错误之处，真诚希望广大读者批评指正。

编 者
于天津

第1版前言

技术与经济是人类在进行物质生产、交换活动时始终并存且不可分割的两个方面。纵观人类的物质文明和精神文明发展史，考察技术与经济的产生与发展过程，均说明在生产活动的所有领域，技术与经济都处于相互依存、相互制约、互为因果、相互促进的对立统一体中。技术经济学是研究技术与经济最佳结合、协调发展的条件、规律、效果及实现途径的一门交叉学科。

随着我国社会主义市场经济体制的建立和完善，对理工科类学生加强经济管理基础知识教育已成为高等学校十分重要和紧迫的任务。加强经济管理基础知识教育对完善理工科类学生的知识结构，促进理工科类学生树立经济观念、市场观念、竞争观念、效益观念和可持续发展观念，提高理工科类学生的素质，增强其适应能力，都具有非常重要的意义。

为此，根据高等学校对理工科类学生加强经济管理基础知识教育的要求，为适应当前及今后我国高等学校教学内容与教学方法深化改革的需要，通过多种渠道收集相关信息和资料，结合近年来技术经济学发展的新成果和教学过程中的经验，我们组织从事技术经济学教学与研究的教师编写了本书。

在本书的策划和编写过程中，编者一方面总结了自身教学实践的体会，另一方面吸收了近年来出版的相关教材及论文中许多有益的内容，深感对完成本书的编写帮助很大，在此对这些文献的作者表示衷心的感谢。

本书由多年从事技术经济学教学与研究工作的几位教师共同编写。具体分工是：陈立文负责编写第1章，陈敬武负责编写第2、10章，尹志军负责编写第3、4章，陈立文、章静敏负责编写第5章，李立负责编写第6、8章，孙维丰负责编写第7、9章。全书由陈立文、陈敬武任主编，并负责总纂。张贤模教授愉快地接受了担任本书主审的邀请，并仔细、认真地审阅了编写大纲及书稿，提出了许多宝贵建议，在此表示衷心谢意。

采用本书作为教材，建议课内教学时数为32~48学时。

由于编者水平有限，不当之处敬请广大读者批评指正。

编　者
于天津

目 录

第3版前言
第2版前言
第1版前言

第1章 绪论 ………………………… 1
　本章思维导图 ……………………… 1
　本章重点 …………………………… 2
　本章引导性案例 …………………… 2
　1.1 技术与经济的关系 …………… 2
　1.2 技术经济学的产生与发展 …… 6
　1.3 技术经济学的概念、特点、
　　　研究对象和内容 ……………… 8
　1.4 技术经济学的理论与方法
　　　体系 …………………………… 12
　1.5 学习技术经济学的目的与
　　　方法 …………………………… 19
　1.6 技术经济分析的一般程序 …… 20
　本章小结 …………………………… 21
　本章思考题 ………………………… 21

第2章 技术经济学的基本理论 …… 22
　本章思维导图 ……………………… 22
　本章重点 …………………………… 23
　本章引导性案例 …………………… 23
　2.1 技术创新理论 ………………… 24
　2.2 技术进步与经济发展理论 …… 26
　2.3 可持续发展理论 ……………… 32
　2.4 技术经济分析的基本理论 …… 35
　本章小结 …………………………… 42
　本章思考题 ………………………… 42
　本章练习题 ………………………… 42

第3章 技术经济分析的基本要素 …… 43
　本章思维导图 ……………………… 43
　本章重点 …………………………… 43
　本章引导性案例 …………………… 44
　3.1 现金流量 ……………………… 44
　3.2 投资 …………………………… 46
　3.3 成本费用 ……………………… 50
　3.4 销售收入、利润及税金 ……… 56
　本章小结 …………………………… 60
　本章思考题 ………………………… 60
　本章练习题 ………………………… 60

第4章 资金时间价值及其等值计算 … 61
　本章思维导图 ……………………… 61
　本章重点 …………………………… 61
　本章引导性案例 …………………… 62
　4.1 资金时间价值概述 …………… 62
　4.2 利息与利率 …………………… 63
　4.3 资金等值换算公式 …………… 66
　4.4 资金等值换算的应用实例 …… 73
　本章小结 …………………………… 76
　本章思考题 ………………………… 76
　本章练习题 ………………………… 77

第5章 投资项目经济评价指标 …… 78
　本章思维导图 ……………………… 78
　本章重点 …………………………… 79
　本章引导性案例 …………………… 79

5.1 投资项目经济评价指标概述 …… 79
5.2 时间型评价指标 …………… 82
5.3 价值型评价指标 …………… 90
5.4 效率型评价指标 …………… 95
本章小结 …………………………… 105
本章思考题 ………………………… 105
本章练习题 ………………………… 105

第6章 投资项目决策方法 …… 107
本章思维导图 ……………………… 107
本章重点 …………………………… 107
本章引导性案例 …………………… 108
6.1 技术方案的关系与分类 …… 108
6.2 互斥方案的经济性比选 …… 110
6.3 独立方案的经济性比选 …… 121
6.4 混合方案的经济性比选 …… 123
本章小结 …………………………… 126
本章思考题 ………………………… 127
本章练习题 ………………………… 127

第7章 不确定性分析 …………… 129
本章思维导图 ……………………… 129
本章重点 …………………………… 130
本章引导性案例 …………………… 130
7.1 不确定性分析概述 ………… 130
7.2 盈亏平衡分析 ……………… 132
7.3 敏感性分析 ………………… 138
7.4 概率分析 …………………… 146
本章小结 …………………………… 151
本章思考题 ………………………… 151
本章练习题 ………………………… 152

第8章 投资项目可行性研究 …… 154
本章思维导图 ……………………… 154
本章重点 …………………………… 155
本章引导性案例 …………………… 155
8.1 投资项目可行性研究基本
    理论 ………………………… 155
8.2 投资项目的财务评价 ……… 159
8.3 投资项目的经济效益费用
    评价 ………………………… 178
8.4 投资项目的环境影响评价和
    社会评价 …………………… 187
本章小结 …………………………… 194
本章思考题 ………………………… 194
本章练习题 ………………………… 194

第9章 设备更新分析 …………… 196
本章思维导图 ……………………… 196
本章重点 …………………………… 196
本章引导性案例 …………………… 197
9.1 设备磨损与补偿 …………… 197
9.2 设备更新的经济分析 ……… 200
9.3 设备租赁与购买方案的比选
    分析 ………………………… 205
本章小结 …………………………… 210
本章思考题 ………………………… 211
本章练习题 ………………………… 211

第10章 价值工程 ………………… 212
本章思维导图 ……………………… 212
本章重点 …………………………… 212
本章引导性案例 …………………… 213
10.1 价值工程概述 …………… 213
10.2 价值工程对象的选择与信息
     收集 ……………………… 216
10.3 功能分析 ………………… 220
10.4 方案创新与评价 ………… 229
本章小结 …………………………… 232
本章思考题 ………………………… 232
本章练习题 ………………………… 232

附录 复利系数表 ………………… 234

参考文献 ………………………… 246

第 1 章

绪　　论

【本章思维导图】

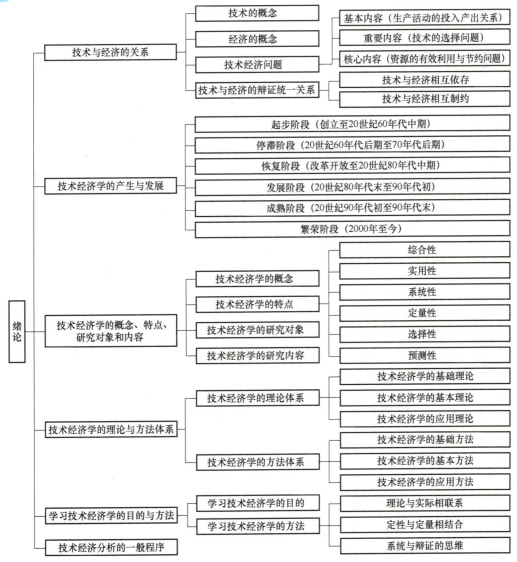

【本章重点】

➢ 理解技术与经济的概念和相互关系。
➢ 了解技术经济学的产生与发展。
➢ 掌握技术经济学的概念、特点、研究对象和内容。
➢ 理解技术经济学是一门应用性、实践性很强的学科。
➢ 从工程师肩负的使命出发理解学习技术经济学的重要性。
➢ 掌握技术经济分析的一般程序。

【本章引导性案例】

在日常生活中，我们对所遇到的事情都要进行决策，譬如采购一件物品，我们总是选择适合自己使用的，同时价格又便宜的物品，为此，我们可能要多询问几个商品供应者。同样，在技术实践中，技术人员将涉及各种设计方案、工艺流程方案、设备购置方案的决策，技术管理人员会遇到投资项目决策、生产计划安排和人员调配等问题，解决这些问题也有多种方案。由于技术上可行的各种行动方案可能涉及不同的投资、不同的经常性费用和收益，因此，就存在着这些方案是否划算的问题，即需要与其他可能的方案进行比较，判断这个方案是否在经济上更为合理。这种判断不能是无根据的主观臆断，而是需要做出经济分析和研究。如何进行经济分析和研究，就是技术经济学所要解决的问题。

在我国的经济管理学科中，至今为止，还没有发现哪一个学科像技术经济学这样具有强烈的中国特色。或许，这正是技术经济学学科兴旺发达、长盛不衰，成为我国经济管理学科常青树的本源所在，也是一代代技术经济学者矢志努力的灵魂所在。

掌握技术经济学的知识对提高个人素质，完善知识结构，树立经济观念、市场观念、竞争观念、效益观念和可持续发展观念，增强适应社会的能力都具有非常重要的意义。

作为本书的绪论，本章对技术经济学的一些基本问题做概括性论述。

1.1 技术与经济的关系

人类社会的进步和发展是与人类有目的、有组织的技术经济活动分不开的。技术与经济在人类进行物质生产、交换活动中始终并存，是不可分割的两个方面。研究技术的经济价值具有重要意义。要弄清楚技术与经济的关系，首先要了解技术与经济的概念。

1. 技术的概念

技术是为满足人类生存和社会发展的需求而产生、发展的，是人类在社会实践活动中产生并发展的一种可重复使用又可再生的资源。但在任何特定时期，技术相对于人类物质生产和生活需要是有限的、稀缺的，它是五种经济要素（人力、资金、原材料、技术、信息）之一。技术作为伴随人类社会的出现和进步而产生和发展起来的社会力量，不仅深刻地影响了人类过去的历史，而且也强烈地影响着人类的今天与明天。对于"技术"这个词，人们是非常熟悉的，但对它的定义却有各种各样的表述。目前，有关"技术"一词的各种定义，大致可以分为狭义和广义两种。

(1) 技术的狭义定义。狭义技术观点认为技术是应用于自然，并将天然自然改造为人工自然的手段，主要有以下三种观点：

1) 技术是指人们在劳动过程中用以改变或影响劳动对象的一切物质资料，其核心是劳动工具。

2) 技术是指人们在认识自然和改造自然的反复实践中所积累的经验、知识和技能。

3) 技术是指劳动工具、劳动对象和劳动者的经验、知识、技能的总称。

上述对于技术的解释都是围绕着生产力的三要素，即劳动力、劳动对象和劳动工具展开的。这些定义明确而具体，但缺点是忽视了技术的动态过程。

(2) 技术的广义定义。广义技术是指人类在为自身生存和社会发展所从事的各种实践活动中，为了达到预期目的而根据客观规律对自然、社会进行协调、控制、改造的知识、技能、手段、方法和规则的总称，是一个运动系统。目前，越来越多的人接受了广义的技术定义。技术经济学中涉及的"技术"是广义的。

技术具有实践性、保密性、交易性、区域性、层次性、民族性等基本特性，具有强烈的应用性和明显的经济目的性，具有自然属性和社会属性的双重属性。由于技术本身的特性、属性涉及多方面，产生了不同的对技术进行分类的方法，主要有以下几种：

1) 按出现时间顺序分为：石器时代技术、青铜器时代技术、铁器时代技术、蒸汽时代技术、电力时代技术、电子时代技术、信息时代技术、智能时代技术等。

2) 按人与自然关系分为：直接利用自然技术、广义加工技术等。

3) 按产业部门分为：农业技术、工业技术、采矿技术、建筑技术、化工技术、电力技术、制造技术、交通运输技术、航空航天技术等。

4) 按科学学科分为：核技术、生物技术、信息技术、计算机技术等。

5) 按水平分为：高新技术、先进技术、适用技术、传统技术等。

6) 按物质内容分为：硬技术、软技术等。

7) 按表现形态分为：物质形态技术、经验形态技术、信息形态技术、组织管理形态技术等。

为了加深对技术概念的理解，下面介绍两个与技术密切相关的概念：科学与工程。

科学发现、技术发明、工程构造是三种不同类型的社会实践活动。科学、技术、工程是三个不同性质的对象，三种不同性质的行为，三种不同类型的活动。科学以探索发现为核心，技术以发明革新为核心，工程以集成构建为核心。因此，一方面，工程的性质、规模及用途等，不可辩驳地受到与其对应的历史时代的科学与技术水平的支持和限制；另一方面，科学与技术的进步又不断地给工程的设计、建造和运行提供前所未有的知识创意，使工程和工程活动不断地推陈出新，人类也因此在依靠自然、适应自然、认识自然和合理改造自然的过程中建造一个个具有时代意义的"工程"。

1) 科学。科学是人类探索自然和社会现象并取得认识的过程和结果。这里的"过程"是指研究和探索的活动，即认识过程；这里的"结果"是指研究和探索得出的科学理论体系，即理论化知识。科学本质上属于认识世界的范畴，技术本质上属于改造世界的范畴。但在某种意义上，科学是观念形态上的技术，技术是物质形态上的科学。科学与技术不过是一种本质的两种表现形式。科学中有技术，技术中也有科学。随着时代的进步，科学技术化，技术科学化，科学与技术的界限日益模糊，日益高度渗透，紧密交融为一体而通称为"科学技术"。技术在科学领域代表生产，决定科学；技术在生产领域代表科学，反作用于生产。

2）工程。工程不同于科学，也不同于技术。工程是指人们综合应用科学的理论和技术的手段去改造客观世界的具体实践活动，以及它所取得的实际成果。在长期的生产和生活实践中，人们根据数学、物理学、化学、生物学等自然科学和经济地理等社会科学的理论，并应用各种技术手段，去研究、开发、设计、制造产品或解决工艺和使用等方面的问题，逐渐形成了门类繁多的专业工程，如电气工程、材料工程、机械工程、化学工程、土木工程、热能工程、信息工程、生物工程、医学工程等。此外，习惯上人们将某个具体的工程项目简称为"工程"，如火神山医院工程、三峡工程、青藏铁路工程、大型炼油厂工程、核电站工程、北京奥运场馆建设工程、高速公路建设工程、城市自来水厂或污水处理厂工程、企业的技术改造及改扩建工程等，还有生产经营活动中的新产品开发项目、新冠肺炎药物研究项目、软件开发项目、新工艺及设备的研发项目等都具有工程的含义。上述的所有工程都有一个共同的特点，它既是人类利用自然和改造自然的手段，也是人们创造巨大物质财富的方法与途径，其根本目的是为人类的生活服务。

关于工程的设计者称为工程师，关于工程的研究称为"工程学"，关于工程的立项称为"工程项目"，一个全面的、大型的、复杂的包含各子项目的工程称为"系统工程"。

2. 经济的概念

"经济"一词，在不同范畴内有不同的含义。"经济"的概念在我国古代有"经邦济世""经国济民"的意义，指的是治理国家、拯救黎庶的意思，与现代"经济"含义完全不同。而在西方，"经济"一词原意是指家庭管理。希腊哲学家亚里士多德定义"经济"为谋生手段，也非今日经济的含义。19世纪后半叶，日本学者翻译西方著作时，借用古汉语中"经济"一词，以后被我国普遍采用。人们对经济的理解是多种多样的，概括起来一般有以下几种含义：

（1）经济最初是指节约、省，即用较少的人力、物力、财力和时间获得较大的成果。例如：经济实惠、经济小吃。

（2）经济是指社会关系的总和。例如：经济基础、经济制度。

（3）经济是指社会物质生产和再生产的活动，即包括生产、分配、交换、消费的社会经济活动。例如：国民经济、工业经济、农业经济。

（4）经济是指对国民经济的利害关系。例如：经济作物、经济昆虫。

（5）经济是指一般意义上的财富。例如：经济富裕、经济增长。

技术经济学涉及的"经济"概念既有宏观层次，又有微观层次，但更多的是指微观层次。在宏观层次上或一般意义上，经济是指社会物质生产和再生产的过程，即国民经济的全过程，包括生产、分配、交换和消费；在微观层次上或具体意义上，经济是指节约、节省的意思。技术经济学研究的经济不仅包括可以用货币计量的经济效果，还包括不可以用货币计量的经济效果；不仅包括技术所直接涉及的经济效果，还包括由此而引起的间接效果。

3. 技术经济问题

技术经济是技术与经济的交叉、渗透与综合。技术经济问题是技术经济学具体研究对象的总称。例如：微观层次的投资项目、技术方案、技术措施等，宏观层次的科技经济发展规划、产业政策、科技政策等，都是具体的技术经济问题。

在人类的任何物质生产活动中，都存在着生产什么、生产多少（产品或劳务）和用什么技术（广义技术）生产的问题。这是技术与经济相结合的技术经济问题，它涉及以下三个方面的内容：

(1) 基本内容：生产活动的投入产出关系。投入是指生产活动需要投入的机器、厂房、原材料、能源、劳动力和技术等资源的消耗与占用；产出是指生产的有效劳动成果（产品或劳务）。人类生产的目的是获得经济效益，即以一定的投入获得最大的经济效果。因此，投入产出关系也就是费用与效益的关系，是技术运用的经济效果问题。

(2) 重要内容：技术的选择问题。为了收到预期的经济效果，就需要对多种可供选择的技术进行分析、比较、评价，最后做出选择。

(3) 核心内容：资源的有效利用与节约问题。无论是自然资源、人力、财力、物力还是技术，它们相对于人类生产和生活的需要都是有限的、稀缺的。因此，人类为了推动社会经济发展，就要不断地进行技术创新，通过技术进步更有效地利用各种资源，以实现高效益的经济增长。

4. 技术与经济的辩证统一关系

技术与经济虽是两个不同的概念，但两者之间存在着极为密切的关系。技术与经济是人类在进行物质生产、交换活动时始终并存并不可分割的两个方面。纵观人类的物质文明和精神文明发展史，考察技术与经济的产生与发展过程，均说明在生产活动的所有领域，技术与经济都处于相互依存、相互制约、互为因果、相互促进的对立统一体中。技术与经济这种相互促进、相互制约的关系，使任何技术的发展和应用都不仅是一个技术问题，同时又是一个经济问题。技术具有强烈的应用性和明显的经济目的性，技术进步要受到经济条件的制约，没有应用价值和经济效益的技术是没有生命力的；而经济的发展必须依靠一定的技术，科学技术是第一生产力，世界上不存在没有技术基础的经济发展。技术与经济的这种辩证统一关系可概括为以下两条基本规律：

(1) 技术与经济相互依存，是一个有机结合的整体。任何生产过程，既不能只有经济行为而没有从事经济行为的技术手段，也不会只有技术行为而没有经济目的，任何单一的技术行为或经济行为，在生产活动中都是不存在的。人们在社会经济活动中形成的经济社会发展规划，科技发展规划，产业政策与技术政策，投资项目的设计与实施，各种技术措施、技术方案等，都是技术与经济相互依存的有机结合体。

(2) 技术与经济既相互制约，又相互促进、协同发展。人类为了达到经济目的而从事生产活动，从而产生了对科学技术的需求，进而导致了技术创新、应用和扩散。尽管社会制度不同，生产的直接经济目的不同，但科学技术源于生产实践，并由生产实践推动着科学技术的发展，这一基本规律却是一致的。人类的生产活动是科学技术产生的土壤，经济发展的要求始终是科学技术发展的动力源泉，它不断提出科学技术发展的方向、任务，并规定着科学技术发展的速度和规模。可以说，经济发展既是科学技术发展的起点，又是科学技术发展的归宿。

经济还是科学技术发展的检验尺度。任何一项技术创新和技术政策是否促进了技术进步，都要通过它对经济发展的贡献来衡量，都要通过它在生产实践中实现的社会、经济、生态效果来做出鉴定。只有那些为社会发展和经济发展做出有益贡献的技术，才有生存和进一步发展的生命力。

实践还证明，科学技术进步还受经济发展水平的制约。科学技术发展的速度在很大程度上取决于经济的实力。技术创新、应用、扩散除了遵循科学技术自身的发展规律之外，既依赖于经济发展需求的拉动，又受经济发展规律的制约。技术创新在其研究开发、商业化及产业化过程中，既需要一定的人力、财力、物力支持，也需要适宜的经济、市场环境，否则新技术既不能诞生，更不可能成长为一定规模的产业。这仅仅是技术与经济相互作用关系的一个侧面。从另一个侧面考察，科学技术又是任何经济活动必不可少的手段。科学技术是第一生产力，是经济发展的巨大推动力。任何国家、任何企业，其经济发展都依赖于科学技术的发展水平，没有技术进步，就没有经济的健康发展，企业没有技术创新能力，就没有生存发展的能力。

研究技术与经济的关系，就是要使技术与经济能够相互适应，寻求技术与经济相结合的最佳关系。当代技术、经济、社会三者已密不可分，寻找它们协调发展的规律，是技术经济学最主要的研究任务。

1.2 技术经济学的产生与发展

技术经济学是在我国老一辈技术经济学者的带领下，经过技术经济的实际工作者和理论工作者多年的创新与发展，在总结我国经济建设中技术经济分析论证经验的基础上，吸收国外相近学科的理论与方法，形成的一门跨越技术科学与经济科学两大领域的综合性交叉学科。可以说，没有老一辈技术经济学者的"开山劈石"，就没有技术经济学学科在我国的建立；没有技术经济学者一代又一代的"挖山不止"，就不会有技术经济学学科今天的发展。技术经济学学科是一门源远流长的学科，是一门发展中的学科，要维持技术经济学学科的"常青树"地位，技术经济学学科就必须与时俱进。

20 世纪 50 年代初期，我国引进苏联科学技术的同时，也引进了技术经济分析和论证方法。特别是对"一五"期间 156 个重点建设项目的规划、选址、设计等各个环节都进行了不同程度的技术经济分析、计算和比较，在当时受到了经济决策机构和广大技术人员、管理人员的重视，对保证建设项目的质量和提高经济效益起到了主要的作用。可以说，"一五"计划的顺利实施为新中国的经济发展做出了重大贡献。值得一提的是，为了科学地制订好"一五"计划，我国的经济工作者从当时国家的人力、财力、物力状况，空间布局，技术选择等宏观方面进行了实事求是、周密细致的分析论证，而且对项目具体的选址、产品、规模、原料燃料供应、劳动组织、工艺流程和工艺参数以及设备等也都做了可靠的技术经济分析评价。这些做法为未来技术经济理论的形成积累了很多实践经验。

20 世纪 50 年代末期，孙冶方、于光远等著名经济学家注意到了经济效果问题，并在许多场合发表了他们对这个问题的看法。经济效果问题的提出，对于技术经济理论研究和实际应用具有极大的影响和深远的意义。

技术经济学正式作为一门学科在我国是 20 世纪 60 年代初期的事情。

20 世纪 60 年代初期，技术经济作为一门科学技术与其他六大科学技术（自然条件和资源调查研究、工业科学技术、农业科学技术、医学科学技术、技术科学和基础科学）一起被列入《1963—1972 年科学技术发展规划纲要》（简称《纲要》）。《纲要》专门论述了技术经济科学技术发展的方向和任务，强调加强技术经济科研工作的必要性和重要性，还提出了加强技术经济科研工作应采取的措施。此时，一批20世纪50年代留学苏联的工程经济专家与留学美国、英国的工程经济专家在我国创立了技术经济学学科。

20世纪60年代后期到70年代中期，由于当时我国特定的历史环境，技术经济学学科的发展受到抑制。改革开放初期，"科学的春天"真正到来了，此时至20世纪80年代中期，技术经济学学科研究的主要是"项目和技术活动中的经济分析"（以20世纪60年代技术经济学学科的创立者为代表）、"科技发展中的经济及政策问题"（以新加入的科技哲学学者为代表），以及"经济发展中的科技及政策问题"（以新加入的经济及管理学者为代表）。

从20世纪80年代中期到80年代末期，随着我国大规模的工业技术改造和技术引进，不少学者开始研究"技术选择、设备更新与技术改造评价的方法体系、技术经济学的理论与方法、项目的财务评价与经济费用效益评价"。伴随新技术革命的兴起，以及国外学者因"测算技术进步对经济增长的贡献"而获得诺贝尔经济学奖，国内不少技术经济学者也开始研究并测算"技术进步对中国经济增长的贡献"。

从20世纪90年代直到20世纪末，一些20世纪80年代留学美国、英国、日本等国的科技管理学者和工程管理学者学成归来，他们也加入到技术经济学学科之列。同期，国内也陆续培养出一批技术经济学学科硕士和博士。其中，归来的科技管理学者主要研究的是"科技管理"问题，归来的工程管理学者主要研究的是"工程技术管理"问题，国内培养的技术经济学硕士和博士主要研究的是"基于国情的技术创新理论"与"高新技术产业化及其产业发展"等问题。20世纪末期前后，国内外高新技术创业风起云涌，一批技术经济学者又开始研究"技术型创业问题"。

可以说，从20世纪60年代以来，特别是改革开放以来，在老一辈技术经济学者的带领下，我国技术经济工作者经过多年矢志努力，不断从国民经济建设和发展中寻找问题、研究现实、发现规律、提升理论、建立方法，为国民经济发展和技术经济学学科的发展做出了举世瞩目的贡献。从技术经济评价、价值工程、技术选择、设备更新与技术改造评价等方法体系的建立，到技术进步贡献率的测算、生产率的本源、科技预测、技术创新理论与方法的研究，再到高新技术创业的研究，技术经济学学科取得了巨大发展。

时至今日，主流的技术经济学者主要研究两类问题：一类是经济领域的技术发展规律；另一类是技术领域中的经济活动规律。其中一个值得关注的问题是，由于技术经济研究通常是"由定性到定量""实证研究与规范研究相结合"，因此，不少学者常常希望在搞清问题的基础上提出一些解决问题的思路与办法，这就使得技术经济学学科又有了一些管理学的特征。这或许是1997年国家学位主管部门将"技术经济"学科改名为"技术经济及管理"学科的一个重要原因。目前，技术经济及管理学科是隶属管理学门类工商管理一级学科下的一个二级学科。

在党的十一届三中全会改革开放政策指引下，技术经济学得到恢复和发展的40余年间，技术经济分析论证工作在经济建设中普遍展开，技术经济学的研究范围不仅丰富和完善了微观层次的理论与方法，而且将研究领域扩展到中观和宏观层次，同时借鉴了国外相近学科（如工程经济学、可行性研究、价值工程、预测与决策、技术创新理论和经济增长理论等）的理论与方法，丰富了技术经济学的研究内容，促进了技术经济学的发展。

技术经济学伴随我国经济建设的实践需要而不断发展。随着中国特色社会主义市场经济的发展，技术经济学方法的应用范围将不断扩大，广泛应用于以下方面：各种技术政策、产业政策的论证与评价；生产力布局、转移的论证与评价；经济规模的论证与评价；资源开发利用与有效配置的论证与评价；企业技术改造的论证与评价；技术转移与技术扩散的经济分析与技术引进的论证与评价；企业技术创新、新技术开发、新产品研制的论证与投资项目评价；企业技术经济潜力的分析、论证与评价；技术发展战略的研究、论证与评价；等等。

值得一提的是，时至今日，技术经济学的面貌同早期相比已经有了很大不同，我国今天的技术经济学内容体系已经变得相当庞杂，其中涉及大量其他学科的研究内容并与它们产生了边界冲突；同时，技术经济学基础理论的研究一直是这一学科的薄弱环节。

综上所述，我国的技术经济学学科自建立以来，经历了起步、停滞、恢复、发展、成熟和繁荣等多个阶段，具体见表1-1。

表1-1 我国技术经济学学科的产生与发展阶段

阶段	时间	背景	研究热点
起步阶段（Ⅰ）	创立至20世纪60年代中期	20世纪50年代，从苏联引进156个大型建设项目，应用技术经济分析论证方法，在实践中积累了大量资料和经验	项目和技术活动中的经济分析
停滞阶段（Ⅱ）	20世纪60年代后期至70年代后期	—	—
恢复阶段（Ⅲ）	改革开放至20世纪80年代中期	党的工作重心转移到以经济建设为中心的轨道上来，迎来了"科学的春天"，有研究经济和技术中政策问题的需求	项目和技术活动中的经济分析 科技发展中的经济及政策问题 经济发展中的科技及政策问题
发展阶段（Ⅳ）	20世纪80年代末至90年代初	我国大规模工业技术改革展开	项目的财务和经济费用效益评价 价值工程、技术创新
成熟阶段（Ⅴ）	20世纪90年代初至90年代末	技术发展特征的要求 西方发达国家相关理论的引入 我国经济体制改革的深入和市场化程度的加深，技术管理问题日益突出 高校对管理学科的重视程度提高	技术管理
繁荣阶段（Ⅵ）	2000年至今	高技术产业快速发展，成果转化问题日益突出 政府对创业问题的重视 国家创新政策的影响	高技术企业创业管理 创新管理

1.3 技术经济学的概念、特点、研究对象和内容

1.3.1 技术经济学的概念

关于技术经济学的概念也存在着不同的观点，比较确切的技术经济学的概念应当是：技术经济学是一门研究技术领域经济问题和经济规律，研究技术进步与经济增长之间的相互关系的学科，是研究技术领域内资源的最佳配置，寻找技术与经济的最佳结合以求可持续发展的学科。

技术经济学是一门讲求经济效益的应用性、交叉性的综合性学科，是技术与经济相结

合、相渗透的学科，是以科学技术为基础，研究技术经济问题的学科，是软科学的重要组成部分，是应用经济学的一个分支。

1.3.2 技术经济学的特点

技术经济学具有许多特点，主要有以下几个：

(1) 综合性。技术经济学往往研究多目标、多因素的问题，是一门综合性很强的学科。由于技术经济学的研究领域非常广泛，学科方法手段众多，因此，它涉及的学科也非常多。技术经济系统是跨越技术领域和经济领域的复杂系统，研究和解决技术经济问题需要多种学科的知识，面临的问题涉及技术、经济、社会、环境、资源等多个方面，因此，是一个多目标、多层次综合性很强的系统。

(2) 实用性。技术经济学研究与国民经济直接相关的技术经济问题，是实用性很强的学科，研究生产、建设等各方面需要解决的技术经济问题。它要依据大量的数据、资料来规划、设计、分析、评价各种技术方案，并从中选择资源消耗少、技术先进、经济合理、结构优化的技术方案。此外，人们每时每刻都可能遇到有关技术经济方面的问题。生产中有技术经济问题；工作中有技术经济问题；生活中有技术经济问题，例如，家庭的开支（购买或消费）和家庭的享受（使用或收益）；学习中有技术经济问题，因为有学习的投入（花费）和学习的产出（效果、收益）问题。技术经济问题无处不在，技术经济分析计算的应用方法也是无处不用。技术经济学一刻也离不开实践，既为实践服务，又接受实践的检验。因此，技术经济学的实用性是其区别于其他学科一个非常明显的特色。

(3) 系统性。任何技术的采购，都涉及人力、资金、具体环境等各种因素，任何技术经济问题都处于一个不断发展变化的社会大系统之中，其实施效果受到环境的各种不确定性和随机因素的影响。因此，研究一个技术方案，不仅要从技术、经济两方面进行综合研究，还要把它置于社会环境系统中进行分析与论证，选取综合效益最优的方案，这是一项复杂的系统工程。

(4) 定量性。技术经济学研究任何技术方案，首先要调查、收集反映历史及现状的数据、资料，然后采用数学方法进行分析、计算，在计算过程中还要尽量将定性的指标定量化，以定量结果提供决策依据。因此，定量性是技术经济学的一个特点。

(5) 选择性。多方案比较选优是技术经济学最突出的特点。在对任何技术方案决定取舍之前，都应找出可类比的不同技术方案。技术经济学首先要对每个备选方案进行技术分析和经济分析，然后再通过多方案比较、分析、评价，选取综合效益最优的方案。技术经济学的这一特点被广泛地用于技术政策、技术规划、技术方案、投资项目、生产工艺方案、产品方案、设备方案、材料配方等的比较选择，有比较分析才有科学决策。

(6) 预测性。技术经济学研究的问题，一般是在事情发生之前或正式决策之前，主要是对未来实施的技术政策、技术规划、技术措施、技术方案、投资项目等进行事前分析论证。它是依据类似方案的历史统计资料及现状调查数据，通过各种预测方法，进行延伸推断，然后再运用各种技术经济分析方法，得出结论。它所进行的分析都是在决策之前，这就决定了技术经济分析的预测性。得出的这些结论，往往与方案未来的实际情况不完全符合。造成的原因，一是由于预测方法都有一定的误差；二是由于未来的市场、环境、政策都存在许多不确定因素，事前很难做出准确估计。因此，要对未来的市场价格、利率、资金、供给、市场需求，以及方案的投资、收入、成本、寿命等因素的变化对方案实施结果的影响程度做出预测估计。这就是技术经济学的预测性。它的预测性也就决定了它的分析结果带有一定的风险性。

1.3.3 技术经济学的研究对象

研究对象是任何一门学科能否独立存在的首要理论问题。学科没有明确的研究领域及具体的研究对象，没有实现自身研究任务的理论体系和特有的方法体系，是不能称之为一门独立学科的。

21世纪，科学技术已成为推动经济、社会发展的决定性因素。世界各国对科学技术与经济、社会协调发展的研究，给予了前所未有的重视。这些问题涉及的面很宽，有宏观的，也有微观的；有理论的，也有方法与应用方面的。问题大体上包括：技术与经济相互关系的研究；科技与经济、社会协调发展（不仅仅是经济增长）的研究；技术创新、技术资源开发与有效利用的研究；技术进步对经济增长作用的研究；技术政策与经济政策的协调研究；技术结构与产业结构的关系研究；技术规划、技术方案的经济效果研究等。这些问题都是技术科学与经济科学、社会科学交叉的研究领域。技术经济学作为技术科学与经济科学的交叉学科，必然以这一交叉域作为自己的研究领域，这一交叉域就是实践中常说的"技术经济问题"。

在技术经济学学科发展中，不同学者对技术经济学学科的研究对象有不同的理解，特别是学者自身研究重点也不同，曾有同行公开撰文，将国内的技术经济学学者分为四大流派：

(1) "评价流派"。这一部分技术经济学学者研究的领域主要是"技术性项目的评价问题"。

(2) "优化流派"。这一部分技术经济学学者研究的领域主要是"技术性项目的优化问题"。

(3) "关系流派"。这一部分技术经济学学者研究的领域主要是"技术与经济的关系问题"。

(4) "创新流派"。这一部分技术经济学学者研究的领域主要是"科技植入经济、创新植入增长的问题"。

然而，一门学科仅仅规定自己的研究领域是不够的，还需要进一步明确自己的研究对象，才能规范学科的研究任务、范围及内容。关于技术经济学的研究对象，这依然是学术界一个争论最多的问题。但认识在深化，表述也日趋完善。从各种不同版本教材和技术经济学专著中不难发现，较有代表性和影响力的有以下六种观点：

(1) 关系论。这种观点认为技术经济学是研究技术与经济的相互关系以达到两者最佳配备的学科。

(2) 因素论。这种观点认为技术经济学是研究技术因素与经济因素最优结合的学科。

(3) 问题论。这种观点认为技术经济学是研究生产、建设领域技术经济问题的学科。

以上 (1)(2)(3) 三种观点显然与20世纪80年代以来引进技术和加大建设项目投资的时代要求有关。

(4) 动因论。这种观点认为技术经济学是研究如何合理、科学、有效地利用技术资源，使之成为经济增长动力的学科。这反映了随着经济和技术的发展变化，进一步深入研究技术进步和技术创新理论的客观需要。

(5) 效果论。这种观点认为技术经济学研究技术活动的经济效果。这显然带有学科初创时期对"大跃进"盲目建设不讲经济效果的反思。

(6) 综合论（系统论）。这种观点认为技术经济学是研究技术、经济、社会、生态、价值构成的大系统结构、功能及其规律的学科。这反映了希望在更广泛的人类社会大系统中研究技术问题的愿望。

对技术经济学的研究对象，按照演化过程，大体上有以下三种观点：

(1) 技术经济学是研究技术实践的经济效果的学科。这种观点认为，研究技术的经济效益是技术经济学的核心。因此，技术经济学研究的重点是对技术方案的经济效果进行分析、计算、评价和比较，进而从多个技术方案中选取经济效果最佳的方案。基于这一认识，这些学者多偏重于微观技术经济问题的研究，如新产品开发、设备更新、技术引进、技术改造、投资项目评价等。

(2) 技术经济学是研究技术与经济矛盾关系的学科。因此，技术经济学研究的重点应是寻求技术与经济、社会协调发展的条件，以取得最佳的技术效果。

(3) 技术经济学是研究技术领域的经济问题和经济规律、技术进步与经济增长之间相互关系的学科。

第一种观点将技术经济学的研究对象局限于技术实践的经济效果，显然是不全面的。

第二种观点将技术经济学的研究对象扩展到宏观层次，认识深化了，但对研究范围及目的性仍阐述得不够明确。

第三种观点认为技术经济学的研究对象有三个方面：一是研究技术实践的经济效果，寻求提高经济效果的途径和方法；二是研究技术与经济的相互关系，探讨技术与经济相互促进、协调发展的途径；三是研究技术进步与经济增长的关系，探讨技术创新的规律和模式。显然第三种观点要比前两种观点更全面、更明确，但将技术经济学的研究对象局限于经济范畴，有待进一步探讨。

技术经济学应以提高经济效益为主要目标，以促进社会、科技、经济、文化协调发展为重要前提，研究技术与经济的相互影响和作用，实现技术与经济的最优结合。因此，技术经济学是研究技术与经济最佳结合、协调发展的条件、规律、效果、方法及实现途径的一门交叉学科。这里的"效果"，包括经济效果、技术效果和社会效果。这里的"方法"有两层含义：一是实现技术与经济最佳结合与协调发展的方法；二是学科自身的方法论。两者又是统一的。

研究并阐述技术与经济的相互作用关系，探讨技术与经济实现最佳结合与协调发展的条件、规律及效果，是技术经济学的基本任务。技术经济学的研究对象应界定为三个领域、四个层面、三个方面。

(1) 三个领域。历史地看，技术经济学学科主流学者以往研究的主要是两个领域的问题：一是技术领域中的经济活动规律；二是经济领域中的技术发展规律。这涵盖了技术经济学学科 2/3 的研究对象，显然是不够的。客观地看，搞清"技术发展的内在规律"是基础。如不搞清"技术发展的内在规律"，就不可能真正搞清"技术领域中的经济活动规律"和"经济领域中的技术发展规律"。换言之，只有搞清"技术发展的内在规律"，才可能在技术与经济交叉的"集合"上搞清"技术领域中的经济活动规律"和"经济领域中的技术发展规律"。即技术经济学应研究以下三个领域的技术经济问题：技术发展的内在规律、技术领域中的经济活动规律、经济领域中的技术发展规律。

(2) 四个层面。在前述三个领域，技术经济学要研究四个层面的问题：一是国家层面的技术经济问题；二是产业层面的技术经济问题；三是企业层面的技术经济问题；四是项目层面的技术经济问题。国家层面的技术经济学主要关注国家技术创新战略和技术创新体制、机制的建设问题；产业层面的技术经济学主要关注技术预测与选择、共性关键技术、产业技术创新与技术扩散、产业技术标准制定、产业技术升级的路径与战略；企业层面的技术经济学主要关注企业技术创新管理、知识产权管理和技术使用管理；项目层面的技术经济学主要解决关键技术创新、技术方案经济评价及系统优化和项目管理问题。

（3）三个方面。在前述三个领域、四个层次之中，技术经济学应研究以下三个方面的技术经济问题：技术经济学学科的基础理论、技术经济学学科的基本方法、技术经济学学科的基础理论和基本方法在现实技术经济活动中的应用。

1.3.4 技术经济学的研究内容

从技术经济学学科主流学者以往关注的主要问题来看，20世纪80年代—90年代，技术经济学在项目层面的主要研究内容包括项目的技术选择、财务评价与经济费用效益评价等项目可行性研究等；在企业层面的主要研究内容包括价值工程、设备更新与技术改造、新产品开发管理、企业技术创新与技术扩散、无形资产评估与管理等；在产业层面的主要研究内容包括技术经济预测、产业技术创新与扩散、高新技术产业发展规律和产业技术政策等；在国家层面的主要研究内容包括技术经济对国民经济增长的贡献、国家技术创新系统和知识产权保护等。

20世纪90年代末期以后，各层面的研究内容都在原有基础上有所深入和拓展，在项目层面，拓展了技术型项目管理和项目的技术管理、项目社会评价、项目环境影响评价等研究内容；在企业层面，拓展了企业技术创新管理、技术过程管理、企业知识产权管理、创新产权的有效配置、企业核心竞争力和企业知识管理等内容；在产业层面，拓展了行业共性技术与关键技术的选择、产业技术标准与技术政策、产业技术创新与创业管理、产业技术升级路径与战略、产业国际竞争力等内容；在国家层面，拓展了国家技术战略与技术创新战略、知识产权战略、可持续发展等内容。

在社会技术水平进步的带动下，技术经济学的研究内容不断演变和发展，其研究范围也不断扩展。例如，项目的评价已经从财务评价、经济费用效益评价扩展到社会评价和环境影响评价，从项目前评价扩展到项目后评价。同时，技术经济学也一直注重基础理论的研究，如技术经济学的基本方法、价值工程等基本内容的研究。但是，随着研究范围的扩展，技术经济学学科也出现了学科边界缺乏界限的问题，研究涉及的有些内容已经属于其他学科的研究范围。因此，本书认为技术经济学的研究内容应包括技术经济学的原理、技术经济学的基本方法、价值工程、财务评价、经济效益与费用评价等基本问题，也包括项目社会评价、环境影响评价等有机扩展。

技术经济学从应用范围可分为宏观、中观、微观三个层次，从应用角度可分为横向、纵向两个方面，从内容性质可分为基础理论、基本方法及理论方法应用三个部分。

1.4 技术经济学的理论与方法体系

技术经济学的理论与方法体系是技术经济能够作为一门学科存在的重要基础。

1.4.1 技术经济学的理论体系

技术经济学的理论体系包括基础理论、基本理论和应用理论三个层面。三方面理论互为补充，互为依托。

1. 技术经济学的基础理论

技术经济学的基础理论是指从事技术经济学研究必须掌握的基础理论。它主要包括经济学、科学学、技术学、工程学、社会学、文化学、政治学、法学、哲学等内容。没有广泛扎实的基础理论知识，就不能更好地掌握技术经济学的知识。

（1）经济学。技术经济学研究中有关经济学的知识很多，包括：从国民财富的产生、分配、积累和消费，到市场经济的运行规律、法则和调节方式；从建立在比较利益基础上的生产要素的优化组合和优化运行，到时间经济、空间经济、规模经济和结构经济的优化组合和优化运行；从宏观经济学的知识和分析方法（全球、国家），到中观经济学的知识和分析方法（产业、区域），再到微观经济学的知识和分析方法（企业、单位、家庭和个人）；从发展经济学的知识和分析方法、预测经济学的知识和分析方法，到经济项目后评估的知识和分析方法；等等。这些经济学知识都是从事技术经济学研究所必备的。

（2）科学学。技术经济学研究中有关科学学的知识很广泛，包括科学的分类及其分学科的发展过程，科学原理的发现、丰富和发展，以及发挥作用的范畴，科学对技术和工程的影响，科学革命对技术革命和产业革命的影响等，这些都是对技术经济学有重要影响的基础知识。特别是新的科学发现对技术和工程产生影响的时滞期，将直接关系到现有技术使用寿命（周期）的长短。新的科学发现有可能在一定时期（时间）内促进新技术（新设备、新工艺）的出现，从而影响到对现在使用的技术（工程）设备、工艺的选择，因此，也就直接影响到目前对具体技术与经济组合方式的选择。

（3）技术学。一般来说，技术有两个主要来源：一个是科学原理的运用，另一个是实践经验的总结、提高。技术学所表述的技术发明（创新）、完善以及被更新的技术所替代的全过程分析研究，对技术经济学特别重要。一方面，把握技术进步、技术创新的规律或轨迹，可以使得在具体应用技术经济分析方法的时候，能够把握技术选择的主动权，提高技术与经济结合的有效性；另一方面，越是大的经济活动（大的工程项目或经济项目），越需要在把握不同专业技术领域的技术进步趋势的基础上，选择技术成组、成片、成链、成环的技术经济最优组合。

（4）工程学。由于技术经济学应用的一个重要领域是建设项目的可行性研究，特别是重大工程项目的可行性研究，因此工程学知识对技术经济学来说是特别重要的基础知识。不同的专业领域具有不同的工程学内容。但是，技术经济学关心的不仅是不同专业领域的、各具特色的工程学知识，更关心工程项目共同的基础知识。例如，所有工程都有建设前期的规划、设计阶段，施工建设阶段，以及建设完成后的投入使用阶段，技术经济学不仅要对每个阶段进行分析，更要对全过程进行分析。了解工程规划、工程设计、工程建设、工程管理等有关知识，将使技术经济工作者在从事工程项目可行性研究时，工作更加主动、更加顺利。

（5）社会学。任何一项经济活动的开展，一方面要接受社会环境的制约；另一方面，又会对社会环境产生影响。所以，对经济活动进行技术经济分析时，必然要考虑和社会环境的相互影响。例如，经济建设项目对社会生态环境的影响，将产生巨大的社会反响。没有必要的、可靠的保护生态环境的措施，该建设项目的实施将是几乎不可能的。同样，在社会就业情况严峻的社会环境中，如果经济建设项目能够增加就业机会，那么该项目将会得到社会的支持和赞同。掌握社会学基础知识，包括社会环境学、社会心理学、社会行为学等有关知识，对于准确判断政府、社会公众对经济建设项目的支持程度是很有帮助的。

（6）文化学。在考虑技术经济活动的社会环境影响的同时，也要考虑社会文化的影响。科学技术本身就是社会文化的重要组成部分，并且是最先进、最核心的部分。实践表明，科技进步在发展生产力的同时，也在改变人们的生产方式、生活方式和价值观念，也在丰富和发展社会文化。当然，技术经济活动也会受到社会文化正面或负面的影响或制约。如果说，先进技术的推广运用，关系到发展科技第一生产力和代表先进生产力的前进方向的大问题，那么，技术进步对于破除封建迷信和愚昧落后的旧思想、旧文化，向社会普及科学技术知识、倡导科学方法、传播科学思想、弘扬科学精神，将发挥不可估量的影响。技术经济活动给社会建设和发展带来的效益，更是会直接给人们带来福利，这也就体现了代表最广大人民群众的根本利益。

（7）政治学。技术经济工作者熟悉政治学的关键，是要了解和研究国家、政府和行政部门对技术经济实践活动的支持程度。社会主义物质文明、精神文明和政治文明是相互影响、相互依托的，在做分析研究的时候，不能有所偏废。一个建设项目，如果其内容与政府目标一致，获得政府支持、帮助的可能性会很大；反之，不但很难取得政府支持，还会受到很多限制。在发展社会主义市场经济的过程中，作为调节手段之一，行政干预是必不可少的。

（8）法学。任何经济建设项目，都要在一定的政策法律法规环境和条件下运作，所以，技术经济工作者也必须了解法学知识。学习法学知识，了解有关法律法规，对于技术经济分析研究而言，一方面可以在分析决策中遵纪守法，帮助做出正确的选择；另一方面也可以在遇到问题时依据有关法律规定寻求必要的保护。技术标准和知识产权问题是技术经济工作者必须关注的问题。

（9）哲学。马克思主义哲学的基本内容是辩证唯物主义和历史唯物主义。技术经济分析论证需要坚持唯物主义、实事求是，来不得半点虚假或想当然。同时，技术经济分析论证需要全面地、辩证地、发展地看问题，进行动态分析研究，善于根据不同的条件进行各种方案的比较和选择。如果不懂哲学，技术经济工作者将不能正确地观察世界，将会在实践中做出错误的分析和判断。

2. 技术经济学的基本理论

技术经济学的基本理论是指从分析和研究技术运动的规律和特征入手，寻求技术与经济较好结合的规律和方法的学问。它主要包括技术运动的规律和特征、技术对经济的作用和影响、经济合理地使用技术与经济活动的技术等内容。

（1）技术运动的规律和特征。任何技术的出现，都会经历发明、发展和消亡的全过程，都有自己的生命周期。新技术的产生，必然是因为它有用。陈旧技术之所以被淘汰，也必然是因为出现了更新、更好的技术。技术创新既是科技的概念，又是经济的概念。技术创新的过程，既包括技术的创造和发明，也包括技术的运用和发展。不同门类、不同专业的不同技术，可能有不同的运动轨迹、不同的生命周期。但是，相同门类、相同专业的相同技术，会有相同或接近的运动轨迹和生命周期。分析技术运动的规律和特征，当然要把握不同技术的差异。

技术成组、成片、成链、成环，自然会带来技术运动的差异性。由技术（设备、工艺）、经济和管理组合而成的建设项目，特别是大型、复杂的工程建设项目，了解其规律和特征肯定更具有复杂性和艰巨性。越是重大的工程建设项目，对于技术经济工作者来说，也越是具有更大的吸引力和挑战性。

在科学技术飞快发展的知识经济时代，技术（设备）的软性磨耗，即陈旧化趋势，是技术经济分析评价必须重点考虑的内容。在适应社会主义市场经济的条件下，技术的商品化运作更是分析技术运动轨迹的重要前提。

（2）技术对经济的作用和影响。技术对经济的作用和影响，主要是通过技术的采用、推广，技术创新和进步，不断改变或调整经济活动的方式、方法来实现的，带来的是经济效果的客观变化。

技术首先会凝结在一切商品中，也就是人们通常所说的在商品中具有科技含量。不同的商品，其科技含量也不相同。还应当知道，不同的商品，不但科技含量不相同，而且技术密集程度也不相同。确定技术对商品影响程度的，主要不是科技含量，而是技术密集程度。

在批量的商品生产过程中，技术往往是嵌入在设备、工艺流程和管理中的，不断地发挥作用。生产过程中技术的密集程度决定着技术对具体经济活动的影响程度。不一样的科技水平的生产线，产生的经济效果自然是不一样的。相同的生产线，虽然技术设备的科技水平相同，但是由于商品市场销售情况、使用者科技素质和生产线管理水平有差异，带来的经济效果自然也有差异。

生产同类商品的企业集群形成产业。产业的技术水平建立在企业的技术水平之上。在许多产业中，存在少数高技术水平的企业占有大多数市场份额，而大多数技术水平偏低的企业只占有较少市场份额的情况。怎样分析产业、行业的技术水平以及产业或行业的技术进步对经济活动的作用和影响，是技术经济学的一个重要研究内容。国家和地区的技术水平及其对经济活动的作用和影响，也是技术经济学的重要研究内容。无论如何，从宏观角度、中观角度和微观角度看问题，都需要一个基本的理论作支撑，那就是从市场经济商品交换最小的细胞——商品入手，分析凝结在商品中的科技，并研究科技进步对经济活动的作用和影响。

（3）经济合理地使用技术。经济合理地使用技术的实质是在经济活动中对技术、设备、工艺的合理选择问题。这里显然要考虑采用技术、设备、工艺的投入产出问题，也就是成本效益分析工作。采用不同的技术、设备、工艺，投入产出情况是不同的。还要看到，经济活动的不同时期、不同阶段，对技术、设备、工艺的需求也是不同的。同样，技术、设备、工艺的陈旧化趋势和状态也是各不相同的。

在考虑社会要求时，既要考虑技术进步，又要考虑安排就业。因此，中国由于劳动力较多，成为使用劳动密集型先进技术生产线的最佳选择。有时兼顾当前利益和中期、长期利益时，可能会不选择最高水平的技术，而是选择次佳的技术。考虑新技术的开发前景，有时也存在等待跨越的情况。因此，如何经济合理地选择技术、使用技术，是需要分析评价的，是值得认真研究的。

（4）经济活动的技术。所谓经济活动的技术，是指用于经济活动的技术。实践表明，经济活动自身需要科学技术的支撑。促进人才、资金、物质、技术和信息流动以及生产要素优化组合的技术是有利于经济发展的技术。用于经营和管理方面的技术，经常被称为软技术，但实质上有些是硬技术。研究经济活动的技术的进步，分析经营和管理的变化是把握经济管理主动权的重要前提。

3. 技术经济学的应用理论

技术经济学的应用理论主要包括技术与经济结合理论、技术与经济相关分析理论、技术发展对经济增长的贡献分析和技术发展的投入产出分析等内容。

商品交换是市场经济活动最基本的形式，用于商品交换方面的技术是最基本的经济技术。例如用于经济活动结算和经济活动分析的统计方法和技术，包括现在逐渐发展起来的电子商务所需要的互联网技术与经济结算等技术。

由于资本运营在经济活动中的统筹作用，而且一切经济活动都可以用货币来结算，因此金融技术在经济技术中占有特殊的地位。

在国民经济信息化的过程中，企业信息管理平台是一项很重要的技术。信息技术的推广使用，使得企业的经营和管理从理念到实践都发生了很大变化，由扁平式管理替代金字塔式管理就是这个变化的一个具体实例。

（1）技术与经济结合理论。技术经济学是在理论和实际相结合的基础上，研究技术与经济实现最优结合的学科。在把握技术运动规律和特征的前提下，同时，也要在把握经济活动规律和特征的前提下，需要深入研究可在实践中应用的、实现技术与经济最优结合的理论和方法。

首先，要搞清楚技术与经济结合的内容和方式。同时，要在技术与经济结合的整体上进行投入产出分析，以确保技术与经济结合的可行性和可操作性。还要探索实现技术与经济最优结合的方法和途径。

（2）技术与经济相关分析理论。技术与经济相关分析得到了非常广泛的应用。采用先进、适用的技术有利于经济发展。反过来，经济发展了，又有利于采用更新、更高、更适用的技术。这是良性发展的情况。技术落后妨碍经济发展，经济落后又妨碍技术进步，就会出现恶性发展状态。

在分析技术进步带来经济效果的案例中，经常发现除了技术的原因之外，还有人力的贡献、管理的贡献、市场条件的影响等因素来影响经济效果。

（3）技术发展对经济增长的贡献分析。技术对经济增长的影响是各国都重视的问题。常用的分析方法是生产函数方法，也有的用投入产出方法和层次分析方法。从技术经济学应用理论的分析研究方面看，重要的是搞清楚技术进步对经济增长的贡献，找到促进技术进步、扩大对经济增长贡献的改进措施和有效方法，从而为编制有关政策或规划提供科学决策的可靠依据。

（4）技术发展的投入产出分析。技术发展的投入产出分析，关系到技术创新和采用新技术的成本和效益的分析。产出大于投入，是技术创新和采用新技术的直接动因。就一个国家或一个产业而言，要研究整个国家或产业科技投入和经济增长的投入产出分析；就一个企业或经济科技实体而言，要研究该企业或经济科技实体的科技投入和经济增长的投入产出分析。这是依靠科技进步，把技术作为经济发展的动力，实现技术可持续进步的重要基础工作。

1.4.2　技术经济学的方法体系

技术经济学的方法体系包括基础方法、基本方法和应用方法三个层次。三个层次方法互为补充。

1. 技术经济学的基础方法

技术经济学的基础方法主要包括哲学、亚哲学、数学、计算技术、信息技术、仿真（模拟）和模型技术、科学分析方法、技术分析方法和经济分析方法等内容。

（1）哲学。哲学是技术经济学方法论的重要基础。马克思主义认为，哲学包括辩证唯物主义和历史唯物主义。例如，辩证法就是技术经济学方法论的重要基础。辩证法的核心是对立统一规律，辩证法的精髓是绝对相对道理。解放思想，实事求是，是指导人们工作的思想路线。大量实践证明，如果不能把握和运用好辩证法，就不可能全面地、辩证地、发展地看问题，同样，也不可能科学地、正确地把握和运用好技术经济分析方法。

（2）亚哲学。亚哲学主要是指思维方法，包括系统论、信息论、控制论、耗散结构理论、协同论、突变论等内容，也包括非线性、非均衡、非对称、全息和有限元等思维方法。例如，突变论研究事物发生突然变化或出现大起大落等现象，这在技术经济分析中非常重要。当某个产品发生由畅销到滞销甚至没有销路的转折之前，在不了解即将发生突变的情况下，决策者可能做出扩大生产方面的投资安排。显然，这是肯定要失败的投资决策。

（3）数学。因为进行技术经济分析离不开数学，所以从事技术经济分析研究工作需要掌握一定的数学知识。技术经济分析运用的是定性分析和定量分析相结合的方法，其中，定量分析的方法也是基础性的，不可缺少的。有人把技术经济和数量经济联合起来使用，正可以说明数学方法在技术经济学中的重要地位。

（4）计算技术。在电子计算机不断发展的新时代，计算技术越来越成为技术经济分析的重要工具。常规的技术经济分析，例如，一般的可行性研究，需要通用的计算机软件，特殊的情况下，当然也需要专门的计算机软件。可以认为，技术经济分析计算应当运用计算技术发展的硬件成果，同时，它也极大地拉动和促进了计算机软件的开发利用。

（5）信息技术。技术经济分析需要准确的信息，自然也有赖于现代信息技术的发展。技术经济分析不但需要依靠比较准确的市场信息，而且需要依靠比较准确的科学技术进展方面的有关信息。在具体技术经济方案比较过程中，技术设备的选择和市场预测都建立在比较正确的信息基础上，因此，也需要建立在掌握先进信息技术的基础上。这是因为，只有掌握了先进的信息技术，才能更好地掌握比较准确的信息。

（6）仿真（模拟）和模型技术。在掌握计算机运用技术的前提下，进行技术经济分析时，经常需要对技术活动和经济活动进行计算机仿真（模拟），需要运用模型技术。值得提出的是，建立模型不是越复杂越好，而是越实用越好。计算机仿真（模拟）和模型技术正在发展中，选择应用较好的、恰当的仿真技术和设计方便操作的分析计算模型，是对技术经济工作者的能力和水平的一个考验。

（7）科学分析方法。科学分析方法是指研究科学发展规律和特点的方法。有人可能认为，科学分析也许离技术经济分析太远，用不着，其实不然。研究科学发展规律和特点的方法不但使人们增强了解科学发展趋势的能力，更重要的是帮助人们掌握思维方法，锻炼和提高人们的分析能力，并且帮助人们增强对事物发展的预见能力。特别是将科学转化为现实生产力的分析方法，对于提高技术经济分析方法是具有指导意义的。

（8）技术分析方法。技术分析方法比科学分析方法更为直接地指导着技术经济分析方法的提高。从技术的发明、创新、使用、发展，到由于被更新技术替代而被淘汰，这个全过程的分析对于技术经济分析至关重要。

（9）经济分析方法。经济分析对技术经济分析有指导意义。宏观经济分析对宏观技术经济分析有指导意义，中观经济分析对中观技术经济分析有指导意义，微观经济分析对微观技术经济分析有指导意义。掌握经济分析方法，是做好技术经济分析的基础。

2. 技术经济学的基本方法

技术经济学的基本方法主要包括比较分析法、因素分析法、综合集成法和其他分析法等。

（1）比较分析法。比较分析法包括以经济效益为中心的经济效益比较分析法和以经济效益和社会效益相结合为目标的综合经济社会效益比较分析法。下面着重介绍一下经济效益比较分析法。

以经济效益为中心的经济效益比较分析法，需要对不同的方案分别进行分析计算，然后进行比较。以产出的经济效益为分子，以投入成本为分母，可以按不同量纲分别计算出每个方案的比值，然后再以这些比值进行比较分析。这些比值实际上是预计的经济效率。经济效率＝产出的经济效益/投入成本。对预期的经济效率进行比较，可以作为对不同方案进行比较选择的基本分析方法。

（2）因素分析法。因素分析法包括相关因素分析法和层次因素分析法等。影响技术经济活动的因素绝不可能是单一的，而是很多的。可以认为，任何技术与经济活动都是具有多因素特征的。在许多影响因素中，有的全过程发挥影响；有的在一定阶段发挥影响；有的发挥主要的、决定性的影响，有的发挥次要的、非决定性的影响。因此，区别重要因素和次要因素、在主要层次发挥影响和在次要层次发挥影响很重要。同时，由于有的因素之间有因果关系，有的互相没有关联，所以了解各种因素的相互关联也很重要。相关因素分析法和层次因素分析法有时表现为不同的模型和方法，实际上是可以综合考虑和结合运用的。

技术经济活动有时主要考虑单一目标，但是在更多的情况下要考虑多项目标。因此，投资建设项目不同技术经济方案的比较论证，需要进行多目标分析评价。多目标分析评价也是一种多因素分析。

（3）综合集成法。在考虑多因素、多目标的基础上，怎样做到理想、周全，防止不必要的遗漏和缺憾，需要方便、适用的分析方法。特别是在情况复杂时，需要有相应的解决复杂问题的方法。在技术经济分析评价方法和系统科学分析方法的有机结合下，有可能产生在不同条件下的综合集成法。相信综合集成法在研究宏观技术经济问题和解决比较复杂的重大投资建设项目技术经济分析论证时能够得到具体应用。

3. 技术经济学的应用方法

技术经济学的应用方法主要包括性能价格比分析计算方法，投入产出分析计算方法，多目标、多因素分析计算方法，价值工程分析计算方法，业绩分析计算方法和可行性研究分析计算方法等。应当有大量的分析计算模型和专用分析计算软件，用现代化的方法体系作为技术支撑，来保证技术经济应用方法的推广、运用。其中，性能价格比分析计算方法是一个最基本的应用方法。例如，在新产品开发中，性能价格比指标可以为不同的开发方案提供重要依据。可行性研究分析计算方法也是具有广阔用途的重要方法。但是，在不同情况下，可行性研究分析计算方法也需要考虑有一定的差异性。

1.5 学习技术经济学的目的与方法

1.5.1 学习技术经济学的目的

概括来讲，进行技术经济研究的目的可以认为是提高全社会的经济效益。而提高全社会的经济效益，必须做到投资决策的科学化。

高等院校工科类专业的培养目标是未来的工程师。作为中国特色社会主义的高级建设人才，他们肩负着崇高的政治使命；作为一名工程师，必须掌握技术经济学的基本知识，在业务上又肩负着技术使命、经济使命与社会使命。工程师不同于其他从业者，他所从事的工作是以技术为手段，把各种资源（农作物、矿物、能源、信息、资金等）转变为有益于人类的产品或服务，满足人们的物质和文化生活需要，这就是工程师的技术使命。工程师以发明、革新和应用为己任。为此，他们必须具有广泛而扎实的基础理论知识，要精通本门类工程领域的技术知识和相关领域的知识，具备本门类工程技术和解决复杂工程问题的能力，掌握当代科技发展趋势，具有适应21世纪需要的人文社会科学知识、经济知识和工程素质，具有工程职业道德、社会责任感，具有将创新成果"工程化"的能力。

技术作为人类发展生产力的强有力手段，具有十分明显和突出的经济目的，工程师的每项成果都涉及经济问题，都涉及投入、产出和经济效果问题，所以工程师的工作离不开经济，工程师必须掌握常用的、基本的经济学理论与技术方案评价的知识和方法。工程师的脑海中不但要有技术的"弦"，还要有经济的"弦"，提出的一个技术方案除了考虑功能、性能、质量、效率、精度、寿命、可靠性等技术指标外，一定要同时考虑投资多大、成本多高、运行费用多少、利润如何、在市场上有没有竞争力等一系列的经济性评价问题。因此，工程师必须具有强烈的经济意识，必须要掌握技术经济学的基本理论和方法。

此外，现代工程技术与人类社会的关系十分密切，与人类的生存环境、文化发展相关。21世纪的工程师除了为人类提供物美价廉的产品和服务外，还必须关注环境保护和资源的利用，走可持续发展的道路。一个理工科大学生，如果不学习必要的技术经济学知识，那就很有可能在未来的工作中不能正确处理技术与经济的关系，就难以使自己的工作真正有益于社会。

技术经济学是连接技术与经济的桥梁和纽带，是使技术与经济两者有机结合的直接途径，也是改造技术与经济脱离的有效措施。大力推广技术经济学这门学科，能迅速培养出既懂技术又懂经济的社会急需的实用人才，这对我国经济的发展不仅重要，而且是不可缺少的。

综上所述，学习技术经济学的目的是帮助理工科类学生掌握技术方案经济分析与评价方法、科学决策的理论与方法等内容，使他们树立经济观念、市场观念、竞争观念、效益观念和可持续发展观念，提高解决实际技术经济问题的能力。具体来讲，学习技术经济学的目的主要有以下几个：

（1）技术经济学的理论与方法可用于制定社会、经济、技术发展战略，评价与确定总目标、分目标，分析实现战略目标的内外部条件，研究应采取的措施及实施程序。

（2）技术经济学的理论与方法可用于制定区域经济、科技发展战略与规划，对地区的技术结构、产业结构、生产力布局、城市布局做出有利于地区协调发展的规划。

（3）技术经济学的理论与方法可用于投资项目规划、投资前期可行性研究，以提高投资决策的科学性。

（4）技术经济学的理论与方法可用于企业的生产经营管理，如新产品开发、设备选择与更新、工艺选择与革新、经营决策等。

1.5.2　学习技术经济学的方法

（1）理论与实际相联系。技术经济学是实践性、应用性很强的学科，一方面要密切联系我国社会主义经济建设实际，结合课堂教学，深入部门、企业做调查研究；另一方面要做好思考题、练习题，以掌握教材内容。

（2）定性与定量相结合。要掌握必要的数据资料，并通过定性与定量分析，提高分析问题和解决问题的能力。

（3）系统与辩证的思维。用系统论的观点去研究实际问题，正确处理整体与局部、长远与目前等各种辩证关系。

1.6　技术经济分析的一般程序

技术经济分析的程序是按照分析工作的时间先后依次安排的工作步骤，通常是从确定目标开始。一个投资项目或一个技术方案的目标，可以是单目标，也可以是多目标。当方案有多个目标时，应该明确目标之间的主次、隶属关系。此外，还应确定实现目标的具体指标和具体内容。

技术经济分析工作要根据投资项目目标有针对性地进行调查研究，广泛收集有关信息、资料和数据。这些调研资料可以用来探索和拟订各种备选方案，也可以用作评价时的参考。在方案评价中，特别是大型工程建设项目，由于其影响因素复杂，因此，还应建立模型进行定量分析，寻求各种影响因素之间的数量关系和最优条件，从备选方案中选择最优方案，在方案实施过程中进行跟踪评价。图1-1为技术经济分析程序逻辑框图。

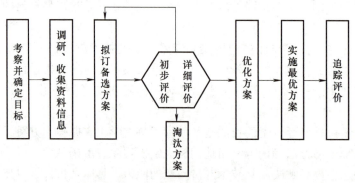

图1-1　技术经济分析程序逻辑框图

【本章小结】

技术经济学是一门讲求经济效益的应用性、交叉性的综合性学科,是技术与经济相结合、相渗透的学科,是以科学技术为基础研究技术经济问题的学科,是软科学的重要组成部分,是应用经济学的一个分支,具有综合性、实用性、系统性、定量性、选择性、预测性等许多特点,具有相互依存、相互制约的辩证统一关系。技术经济学作为软科学的重要组成部分和应用经济学的一个分支,正式成为一门学科在我国是20世纪60年代初期的事情。

本章主要介绍了技术与经济的概念和相互关系,技术经济学的产生与发展,技术经济学的概念、特点与研究对象、研究内容,技术经济学的理论与方法体系,学习技术经济学的目的与方法,技术经济分析的一般程序。

【本章思考题】

1. 什么是技术?什么是经济?技术与经济的关如何?
2. 什么是技术经济问题?举例说明技术经济问题中技术与经济的各种要素是如何密切结合在一起的。
3. 技术经济学自建立以来经历了哪几个阶段?
4. 如何理解技术经济学的概念?技术经济学有什么特点?
5. 如何理解技术经济学的研究对象与研究内容?
6. 技术经济学的理论与方法体系如何?
7. 从工程师肩负的使命出发,如何理解学习技术经济知识的重要性?
8. 工程师如何树立经济观念、市场观念、竞争观念、效益观念和可持续发展观念?
9. 简述技术经济分析的一般程序。
10. 技术经济学是一门应用性、实践性很强的学科,你打算如何学好本课程?

第 2 章

技术经济学的基本理论

【本章思维导图】

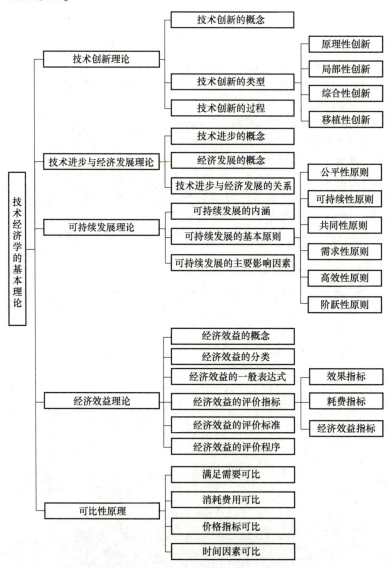

第 2 章 技术经济学的基本理论

【本章重点】

- 了解技术创新及其过程。
- 理解技术进步促进经济增长原理。
- 了解可持续发展的内涵、基本原则和主要影响因素。
- 正确理解经济效益的概念及表达式。
- 掌握经济效益的评价指标。
- 掌握技术经济分析的可比性原理。

【本章引导性案例】

英国伦敦经济与商业政策署前署长罗思义曾在 2014 年 8 月撰文说：20 世纪迄今为止最伟大的经济学家，不是凯恩斯、哈耶克或弗里德曼等西方经济学家，而是中国的邓小平。从实际结果来看，自邓小平 1978 年启动改革开放以来，中国经济表现远远超过世界历史上的任何其他国家。这说明了邓小平的"发展才是硬道理""科学技术是第一生产力"论断的准确性。

苹果公司的兴衰、微信的力量、运-10 废弃和 C919 的重生、中兴的芯片之殇和华为的备胎鸿蒙，无不体现了技术进步对经济的促进作用。中国乃至世界经济进入了新周期：新常态、创新、创业、互联网+、云计算、人工智能、5G、区块链、国际技术经济问题等成为热门关键词。

但技术进步对经济增长的促进也受到环境、条件制约。例如，协和式飞机项目是典型"成功的技术，失败的经济"的实例。英国和法国在 1969 年联合研制成功的协和式飞机，1976 年首次投入商业运营。但协和式飞机制造成本高昂，运行油耗巨大，发动机维护费时，无法吸引除英国和法国两国航空公司以外的其他民用航空业买主。高昂的费用最终也只有转嫁到乘客身上。英航和法航曾经尝试着把协和式飞机投入到飞往中东、南美和南非的航线上，但票价过高造成客源不足，最后只能收缩到巴黎和伦敦往返于美国纽约之间的航线。协和式飞机能够爬升到距离地面 1.5 万~1.8 万 m 的高空，然后以声音传播速度一倍多的 2 180km 巡航时速往返于隔大西洋相望的欧洲和美洲之间，单程仅需大约 3.5h。而巴黎和纽约的时差是 6h，当乘客飞越大西洋从巴黎到达纽约之后，还要将手表往回拨 2.5h。也就是说，从时间上来讲，乘协和式飞机从巴黎到纽约，乘客实际上"尚未出发，就已到达"。协和式飞机每天一班从巴黎至纽约的往返票价为 9 000 美元，每天两班从伦敦至纽约的往返票价为 9 850 美元，比在这两条航线上的其他类型飞机的正常头等舱票价还高出至少 25%。因此，乘坐者大都是名人、富商或者豪华旅游团队。为了吸引本已有限的客源，英航和法航也竭尽所能提供各种豪华、舒适的服务，除了技术原因而无法安装的闭路电视点播系统之外，但凡其他航班上提供的服务项目，在协和式飞机上都能享受到。在飞行 12 000h 后，协和式飞机必须进行 10 个月的大维修，每次费用达 1 000 万美元。随着时间推移，协和式机群的维修费用不断上涨，因为协和式飞机的大量零配件已不再批量生产，为了更换部分零件，航空公司需要投入额外的成本。2000 年 7 月 25 日一架协和式飞机升空爆炸，宣告了惊世骇俗、华而不实的欧洲协和式飞机商业上的破产。

> 技术的进步与应用受到经济和管理的制约。并非一切先进的技术都是经济合理、管理有效的。单纯的技术突破并不一定带来商业上的成功，进而给企业带来竞争力，给国家带来经济推动力。只有当技术发展到相对成熟的阶段，适应市场条件，才能真正催生新的商机，进而通过满足市场需要达到经济效益，从而实现技术本身的进步和发展。

技术经济学的基本理论是指从分析和研究技术运动的规律和特征入手，寻求技术与经济较好结合的规律和方法的学问。它主要包括技术创新、技术进步与经济发展、可持续发展、经济效益理论和可比性原理等内容。

2.1 技术创新理论

随着人类社会实践经验的丰富，劳动技能不断提高，一浪又一浪的技术创新使人类的科学技术知识内容更加丰富，劳动工具和劳动对象的效能不断提高，劳动方法及管理水平更加有效。这一切使技术体系内部各构成要素的形态逐步由低级向高级进化，各构成要素的结合方式及结合效率不断提高，从而使技术体系的整体功能不断发展，这一过程称为技术发展。

技术发展在时间上表现为两种基本形式：一是量的累积渐变过程（俗称技术革新）；二是在量的累积达到一定程度时发生的质的突变，即飞跃过程，称为技术革命。技术发展的根本标志是人类利用自然、改造自然能力的提高，以及人类对社会调节、控制程度和范围的扩大。

本节研究技术创新问题，这是一项重要的技术经济活动。掌握技术创新的规律，对如何开展技术创新和创新技术如何转化为现实生产力，加速推进我国高新技术产业化，具有十分重要的现实意义。

2.1.1 技术创新的概念与类型

1. 技术创新的概念

技术创新的概念源于熊彼特的创新理论。美籍奥地利经济学者 J. A. 熊彼特（J. A. Schumpeter）于 1912 年在其著作《经济发展理论》一书中首先提出了"创新理论"。他认为创新是企业家对生产要素的重新组合，其形式主要有引入新的产品或提供新的产品质量（产品创新），采用新的生产方法（新工艺创新），开辟新的市场（市场创新），获得新的供给来源（原材料创新）和实行新的组织方式（组织创新）。创新能导致经济增长，并使经济增长呈现周期性。

熊彼特的创新理论虽然蕴含了技术创新含义，但未明确提出技术创新的概念。技术创新的概念是由熊彼特的追随者们在 20 世纪 80 年代提出的。美国学者曼斯菲尔德（Mansfield）认为，当一项发明被首次应用时才称为技术创新。斯通曼（Stoneman）认为，技术创新是首次将技术发明输入生产系统，并通过研究开发努力，形成商业交易的过程。我国学者傅家骥认为，技术创新是企业家抓住市场潜在的盈利机会，重新组合生产条件、要素和组织，从而建立效能更强、效率更高和生产费用更低的生产经营系统的活动过程。

研究与开发（R&D）活动的结果是新产品、新工艺、新生产经营管理等新发明，新发明仅是技术创新过程的开始。这些新发明能否转化为现实生产力，还要同时受到两方面的作用和检验：一是新发明大生产的技术可行性检验，二是市场需求的检验。只有这些新发明同时通过这两方面的检验后，才会被引入生产经营系统，并经企业家重新组合生产要素，才能转化为现实生产力。至此，技术创新过程并未结束，基于创新的扩散本质属性，只有技术创新再通过市场扩散和商业化，并逐步建立起一个新产业，才是技术创新过程的结束。因此，技术创新应是"R&D发明——技术与市场检验转化为生产力——市场扩散和商业化、产业化"一系列创新活动过程。

基于以上讨论，可以认为技术创新是基于市场需求，或由基础研究、应用研究开始，或综合已有的科学技术，通过整合研究，探索满足市场需求的新产品、新工艺、新技术、新管理方法，并将其引入生产经营系统，实现生产力转化，再通过市场扩散，实现商业化、产业化的一系列创新过程，是科学技术转化为生产力的实际过程。

简单地说，从企业管理的角度来看，技术创新就是一种新的思想的产生，到研究、发展、试制、生产制造，再到首次商业化的过程。也即技术创新就是发明+发展+商业化。

2. 技术创新的类型

技术创新可以从不同角度分类。前面已经提到，技术创新按其内容可分为产品创新、工艺创新、市场创新、原材料创新等；从性质来分，可分为原理性创新和局部性创新；从创新方式来分，可分为综合性创新和移植性创新。

（1）原理性创新，又称独创性创新。它是在基础研究成果的基础上进行的新技术原理创新活动。由于是开创新的技术原理，是技术的突破性进展，如能成功，将带来巨大的技术经济效益。进行独创性创新需要较强的基础理论研究能力，具有雄厚的技术创新力量和资金。原理性创新的实例较多，如瓦特发明蒸汽机、贝尔发明电话、马可尼与波波夫发明无线电、巴丁与布莱顿发明晶体管等。

（2）局部性创新。局部性创新是在不改变原有技术原理的条件下进行的技术革新和改良，其目的是提高和完善已有技术原理的有效性和可靠性。一项技术的局部性创新，其技术性能因受其技术原理的限制，总会达到饱和并逐步衰退。例如，蒸汽机、螺旋桨飞机、真空管等技术都曾经历过无数次技术革新，有其辉煌的业绩，又有被淘汰的记录。因此，局部性创新应做好前景预测。

值得注意的是，20世纪以来，原理性创新和局部性创新往往交叉进行。例如，现代许多工业机械，其控制系统已由手工操作改为计算机控制，但其动力系统和作业系统仍处于局部改良过程中。尽管整个技术系统并没有发生质变，但其局部系统有的属于原理性创新，有的属于局部性创新。用新兴技术改造传统技术经常看到这种交叉创新情况。

（3）综合性创新。综合性创新是将多种技术进行有机的匹配和组合，形成具有新功能的技术系统。"综合就是创新"，谁能把过去到现在已有的科学技术原理综合起来，谁的综合能力强，谁就能出奇制胜。庞大的"阿波罗登月"计划，没有一项是新的创新技术。技术合理组合的次数越多，突破和发明就越多，整体功能就越好。

（4）移植性创新。它是把一个领域成熟的技术移植到另一个领域，并使被移植的技术在新的领域中结合新的条件和目的进行局部性创新。例如，将微爆技术引入医疗领域以消除肾结石、胆结石，将激光技术引入计量上研制成激光测距仪等。与移植性创新相联系的是技术引进。要想移植成功，必须做好消化、吸收及再创新工作。

2.1.2 技术创新的过程

技术创新过程是一根富有弹性的链条，可以有不同的起源，形成不同的过程。就一般规律而言，技术创新可归结为如图 2-1 所示的线性链式过程，包括观念创新、运作创新和实施创新三个阶段，这是一个具有反馈过程的持续循环过程，创新贯穿于整个循环周期之中，每一循环将引起一次经济涨落。

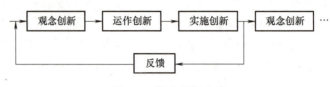

图 2-1 技术创新过程

观念创新是技术创新的初始阶段，也是重要的发明创造阶段，在此阶段，要基于已有的科学技术知识和市场需求分析，构想创新的方向、战略、策略、方案、组织及制度等，其表现形式是 R&D。运作创新是技术创新的中间阶段，该阶段要将发明创造等新成果转化为生产能力，包括有效地利用人力、财力、物力，要对各种生产要素进行重新组合和组织，包括企业制度创新。实施创新是技术创新的后期阶段，即将创新产品投入市场，再通过市场扩散，形成新产业的阶段。

技术创新的各个环节要相互衔接，互为条件，相互协调，要防止创新过程中断，造成创新夭折。国内外实践证明，创新中断是经常发生的，成功的技术创新过程仅占发明创造的百分之几到百分之十几。

另外，技术创新过程是多样化的，并非都是图 2-1 所示的线性链式过程，三个大环节中还包括若干小环节，无论是大环节还是小环节，在实际过程中均可能出现"并行"（搭接），甚至跳过某些环节，创新也不一定都从 R&D 开始。

总之，技术创新是通过 R&D、生产、流通和消费这四个环节构成的一个完整系统，实现其促进经济增长的作用。

2.2 技术进步与经济发展理论

当代技术进步是促进经济增长的重要因素。据统计测算，发达国家技术进步对经济增长速度的贡献率，由 20 世纪初的 5%～20%，到 20 世纪八九十年代上升到 50%～70%，到 21 世纪已经上升到 70% 以上。我国当前占 30%～60%，与发达国家比较，有较大差距。因此，对研究技术进步与经济增长的关系，应给予极大的关注。

2.2.1 技术进步与经济发展的概念

1. 技术进步的概念

这里谈的技术进步，不同于通常理解的科学技术进步。通常理解的科学技术进步是科学技术发展的概念。科学技术自身随着时间的推移只会提高，不会倒退，它对人类社会的作用有有利的一面，也会产生不利的一面，如技术变革运用不当会破坏生态环境、造成公害等。经济学中的技术进步概念不仅是一个技术概念，更是一个经济概念。在西方经济学中，技术进步又叫作技术变化，原意是指技术变革在实现经济增长目标中取得的进步。也就是说，只有技术变革取得经济增长时，才是技术进步，它有很强的目的性。因此，技术进步概念包含以下两个不可分割的含义：

1）技术本身的创新、变革、发展。
2）技术发展对经济增长产生的作用。

基于国内外学者对技术进步含义的规定，可将技术进步定义为：在技术创新使技术不断发展的基础上，实现技术与经济的密切结合与协调，使一定的生产要素投入获得超出投入量的产出的过程。

技术进步有狭义与广义之分。狭义的技术进步主要是指自然技术（如硬技术）的变革对经济增长产生的作用。其内容通常包括以下几个方面：

1）生产装备技术水平的提高。
2）采用先进工艺替代或改进原有工艺。
3）开发并生产新产品。
4）开发并利用新材料、新能源。
5）研究并采用新的技术方法。
6）提高劳动者的技术素质。

广义的技术进步是指新技术成果从研究到应用、推广扩散全过程对经济增长的作用，既包括自然技术又包括社会技术（硬技术和软技术）。其内容可概括为以下几个方面：

1）生产要素质量的提高。
2）知识进展。
3）生产要素结合效率的提高。
4）规模经济的合理性。
5）资源的合理配置。
6）管理、决策的科学化。
7）制定和实现科学的经济技术政策、规划和发展战略等。

2. 经济发展的概念

在讨论经济发展之前，先明确一下经济增长的概念。

经济增长是指一个国家或地区在一定时期内生产总量的增加，或人口平均的实际产出的增加。经济增长通常以国民生产总值（GNP）、国内生产总值（GDP）、国民收入（NI）等指标的增量来衡量。影响经济增长的因素主要有：资本投入量及其增长速度（如生产设备、厂房、原材料、燃料、动力、运输、土地等生产要素）；劳动投入量及其增长速度；资本要素的技术水平、功能、效率、质量的提高；劳动者文化知识、观念、技能等素质的提高；生产组织、管理、决策水平的提高等。

经济发展是指随着经济增长而带来的经济结构改善、社会政治体制稳定、经济效益与国民福利提高、经济文化条件改善等一系列变化，是社会生产及再生产规模和范围的扩大，以及质量的提高。当代经济发展的特征是以集约化扩大再生产为主要形式，因为技术发展改进了生产要素的质量及其结合的方式和效率。

2.2.2 技术进步与经济发展的关系

1. 技术进步促进经济发展的规律

实现技术与经济的最佳结合与协调发展，是技术经济学研究的基本任务。技术进步促进经济发展的规律可归纳为下列五个方面：

（1）经济技术系统内诸要素的合理匹配是系统发展的内在基础。构思、设计、实施技术方案时，必须综合分析该方案（系统）可能涉及的各种技术、经济因素的性质、变化规律、影响及其作用范围。任何一个成功的技术方案，都是一个多因素相匹配协调的有效系统。这里所说的匹配与协调包含以下两方面的含义：

1）相关因素之间要保持适当的数量关系。

2）相关因素之间要保持适当的质量关系。

无论是数量关系还是质量关系，都要符合系统整体功能的要求，否则就会损害系统的整体功能。技术的研究开发活动，技术方案的规划、设计、实施活动，技术经济分析论证等，都是在做诸因素的质与量的匹配协调工作。

（2）系统内外部相关因素的匹配与协调是系统发展的必要条件。技术经济系统是一个开放系统，在实现自身的功能及目标的过程中，要与外部环境不断地进行物质的、能量的及信息的交换。因此，规划、设计技术方案必须考虑系统运行时与外部环境的协调。

1）系统内外部相关因素要按照系统功能的要求，保持适当的数量关系和质量关系。

2）系统应具有对外部环境变化的适应性，否则就没有生命力。

一个技术方案的经济、技术效果，是系统内外部诸因素综合作用的结果。在这种综合作用中，每个因素对系统的功能可能产生正作用（正贡献），也可能产生负作用。当它们共同起作用时，正作用可能增强，也可能减弱，负作用可能减弱，也可能增强。情况很复杂。如果技术方案在规划、设计阶段能对系统内外部诸因素做出合理的匹配协调，就可以达到增强正作用、减弱负作用的目的。这也正是人们进行方案创造和技术经济论证所追求的目标。

（3）经济、技术发展的规模与速度要协调。根据经济、技术发展的相关性规律，经济发展的规模与速度受到技术发展规模与速度的制约；反之，经济的发展水平又制约着技术发展的规模和速度。两者的发展规模和速度要相互协调、相互适应。一个建设项目的经济规模，一个地区经济布局的聚集规模，是与一定的技术发展水平、自然环境、资源状况、经济基础条件等紧密联系在一起的，技术条件发展了，项目的规模经济与区域的聚集经济就会随之改变。规模、速度、效益的统一，是技术经济协调发展的目标。

（4）经济、技术发展在结构上要协调。现代经济发展已不能单纯以产量、产值的增长来代表，而应以产业结构、产品结构、技术结构及生产组织管理结构的优化所反映的质的变化，以及由此而导致的量的变化来代表。后者才是经济的真正发展。技术结构的优化是经济结构优化的基础，两者结构上的协调是经济效益产生的源泉。人们通过投入产出分析，发现近几十年来产业部门之间消耗结构已发生了巨大变化，这一变化的直接原因是技术发展导致技术结构产生变化。这种技术与经济结构的关联性，首先表现在技术结构的变动越来越大地影响着一个国家、一个地区、一个部门的经济结构变动。而一个国家技术结构的变化，受该国的技术政策及产业政策的影响最大。国家运用经济、法律等经济杠杆（如信贷、利率、税收、折旧、价格、保险等）协调技术与经济的结构关系，是促进经济、技术发展的重要手段。

（5）经济、技术发展在空间与时序上要协调。任何经济活动与技术活动都是在一定的空间和时间中进行的。技术与经济的发展如同其他事物一样，在空间上及时间上都具有不平衡性。

技术、经济在空间上发展的不平衡性，是指在同一时间的不同地点，技术与经济的发展速度和水平是不平衡的。在世界范围内或一国之内的不同区域，都可以找到技术、经济发展速度或水平较高的地区。如美国、日本、德国，我国的上海、北京、广州，都是当今经济技术发展的中心。依据技术、经济空间发展的不平衡性，形成了空间梯度理论。造成技术经济空间梯度发展的原因，是决定技术经济发展速度与水平的因素在空间分布的不均衡性，是包括自然条件、政治条件、技术条件，以及社会文化素质、传统观念等综合作用的结果。

协调技术经济发展在空间上的不平衡性，不是为了削尖拉平，而是为建立一个合理的技术经济梯度，以先进带动落后，消除地区发展上的两极分化，实现共同繁荣。

从微观角度讲，一项技术方案，其技术因素和经济因素在空间上必须进行合理配置。空间布局合理，才有利于实现系统的整体功能。

由于决定技术经济发展水平和速度的各种因素随着时间的推移并不是一成不变的，因此一旦这些影响因素改变了，一个地区技术经济发展的水平和速度也就变化了。从宏观角度讲，创造条件使技术经济发展在时序上相协调，保持一个地区的技术经济持续兴旺繁荣，是技术经济学研究的任务之一。从微观角度讲，对一个技术方案的实施，将其技术因素和经济因素在时序上统筹规划（如计划评审技术（PERT）），以实现成本最小化，同样是技术经济学的研究课题。

2. 技术进步对经济增长的作用机制

技术进步对经济增长的作用机制，至今研究得还不够具体明确，从定性分析及实证考核两方面可归纳为下列几点：

（1）使生产要素的质量及其结合效率提高。

（2）随着技术的发展，企业的最优经济规模及区域产业的最优聚集规模提高，其结果是产品平均成本降低，经济效益提高。

（3）由于技术水平的不断发展，人类更有能力对自然资源进行综合利用和合理配置，提高了资源的利用效率。

（4）技术发展促进产业结构不断优化升级。技术变革首先带来技术体系自身结构的优化。技术结构的优化升级带动了产业结构的优化升级，进而带来了经济增长。

（5）技术进步是产生经济效益的源泉。

物质生产活动的基本原则是以最少的劳动消耗，获得尽可能多的满足社会需要的劳动成果，这就是讲求经济效益原则。由前述技术进步的定义可以看出，它是在一定的生产要素投入情况下，获得的超出投入量的产出量。因此，由于技术进步取得的经济增长部分是经济效益，是由总产出量中扣除生产要素投入量引起的产出量之后的余额。由此可知，提高经济效益的根本途径是技术进步，技术进步是经济系统生产率的放大器。

3. 技术进步测度模型与方法

测度技术进步的方法，主要有模型法（又叫作生产函数法）和指标体系法，其中应用最广的是模型法。

20世纪20年代，美国数学家柯布（C. W. Cobb）与经济学家道格拉斯（P. H. Douglas）采用统计分析的方法，在系统地分析了1899年—1922年美国制造业的有关资料后认为，在此期间内技术水平没有变化，劳动生产率的提高是由于资本替代劳动的结果。劳动生产率与人均资本拥有量存在如下统计关系：

$$\frac{Y}{L} = A\left(\frac{K}{L}\right)^\alpha$$

或写作

$$Y = A K^\alpha L^{1-\alpha} \tag{2-1}$$

式中　Y——产出（值）；
　　　K——资本投入量；
　　　L——劳动投入量；
　　　A，α——常数。

$A > 0$，为计算期的平均技术水平；$0 < \alpha < 1$，为资本的产出弹性；令 $\beta = 1 - \alpha$，$0 < \beta < 1$，为劳动的产出弹性。于是式（2-1）又可写成：

$$Y = A K^\alpha L^\beta,\ \alpha + \beta = 1 \tag{2-2}$$

式（2-2）描述某一恒定技术水平条件下投入量与产出量之间的数量依存关系（即一种技术关系）。因此，柯布-道格拉斯生产函数不能用来测算技术进步对经济增长的贡献，但它为进一步研究技术进步测度奠定了基础。

1942 年，J. 丁伯根（J. Tinbergen）提出劳动生产率的提高不仅来源于资本替代劳动，还来源于资本与劳动结合率的提高，即存在技术进步的作用。因此，他认为因子 A 应为时间的函数，于是将式（2-2）写成：

$$Y = A_t K^\alpha L^\beta$$

式中　A_t——第 t 年的技术进步水平，又叫作全要素生产率。

若已由其他方法测得资本和劳动的产出弹性，则可根据第 t 年的产出及第 t 年的投入，由上式计算出第 t 年的技术进步水平：

$$A_t = \frac{Y_t}{K_t^\alpha L_t^\beta} \tag{2-3}$$

相邻两年技术进步水平的变化，即技术进步速度 a_t 为

$$a_t = \frac{\Delta A_t}{A_t} = \frac{A_{t+1} - A_t}{A_t} \tag{2-4}$$

考虑到计算时间间隔越大，由增量计算的平均速度误差越大，可假设技术进步水平按等比级数变化，因此，可用水平法计算技术进步速度：

$$a_t = \sqrt[t]{\frac{A_t}{A_0}} - 1 \tag{2-5}$$

式中　A_0——基年（第 0 年）的技术进步水平。

1957 年，美国著名经济学家索洛（R. M. Solow）提出用"余值"测算中性技术进步。他设生产函数为产出增长型生产函数，其形式为

$$Y = A_t f(K, L) \tag{2-6}$$

这是一个没有规定具体形式的生产函数。索洛方法的优点就在于不需要寻求具体的生产函数形式。

对式（2-6）求导，得

$$\frac{dY}{dt} = \frac{dA_t}{dt} f(K,L) + A_t \frac{\partial f}{\partial K} \frac{dK}{dt} + A_t \frac{\partial f}{\partial L} \frac{dL}{dt} = \frac{dA_t}{dt} f(K,L) + \frac{\partial Y}{\partial K} \frac{dK}{dt} + \frac{\partial Y}{\partial L} \frac{dL}{dt}$$

两边同除以 Y，得

$$\frac{dY}{dt}\frac{1}{Y} = \frac{dA_t}{dt}\frac{1}{A_t} + \left(\frac{\partial Y}{\partial K}\frac{K}{Y}\right)\frac{dK}{dt}\frac{1}{K} + \left(\frac{\partial Y}{\partial L}\frac{L}{Y}\right)\frac{dL}{dt}\frac{1}{L}$$

由于 $\alpha = \frac{\partial Y}{\partial K}\frac{K}{Y}$，$\beta = \frac{\partial Y}{\partial L}\frac{L}{Y}$，令：

$y = \frac{dY}{dt}\frac{1}{Y}$ 代表年产出增长速度；

$k = \frac{dK}{dt}\frac{1}{K}$ 代表年资本增长速度；

$l = \frac{dL}{dt}\frac{1}{L}$ 代表年劳动增长速度；

$a = \frac{dA_t}{dt}\frac{1}{A_t}$ 代表年技术进步增长速度。

则上式可写成：

$$y = a + \alpha k + \beta l \tag{2-7}$$

式（2-7）即为索洛增长速度方程，它表示年产出增长速度是年技术进步增长速度、年资本增长速度和年劳动增长速度三者的加权和，权值分别为 1.0、α 和 β。显然，由年产出增长速度中扣除由于资本的增长和劳动的增长对产出增长速度的贡献后，便求得技术进步增长速度，即

$$a = y - (\alpha k + \beta l) \tag{2-8}$$

这就是索洛余值法。

用索洛余值法测算技术进步水平的步骤如下：

（1）根据基年及计算期产出、资本及劳动的统计数据，按水平法计算 t 年内的年均递增速度 y、k、l。

（2）由其他方法计算弹性参数 α、β。

（3）代入索洛增长速度方程，计算技术进步增长速度 a。

（4）按 $A_t = A_0(1+a)^t$ 计算第 t 年的技术进步水平，取 $A_0 = 1.0$，计算相对水平。

（5）由 $E_A = \frac{a}{y} \times 100\%$，计算技术进步增长速度对产出增长速度的贡献率。

（6）按 $E_K = \frac{\alpha k}{y} \times 100\%$，计算资本增长速度对产出增长速度的贡献率。

（7）按 $E_L = \frac{\beta l}{y} \times 100\%$，计算劳动增长速度对产出增长速度的贡献率。

确定资本与劳动对产出的弹性参数是一件很困难的工作，也是长期研究而未解决的问题。多年来，国内外学者通过大量实证研究，提出了一些估计 α、β 的方法。但这些都有一定的经济前提或假设，至今还没有形成统一的有效的算法。

由于 α、β 取值不同对计算结果影响很大，所以参数选值应慎重。为使各地测算结果具有可比性，我国原国家计划委员会和国家统计局于 1992 年 12 月发布了《关于开展经济增长中科技进步作用测算工作的通知》（计科技〔1992〕2525 号），该通知规定了经济增长中科学技术进步作用的定量测算方法，其中第一个方法是增长速度方程法（生产函数法）。文件

规定计算口径有以下两个：

（1）全社会口径。产出 Y 为国内生产总值（GDP）或国民生产总值（GNP），资本 K 为全社会固定资产与流动资金之和，劳动 L 为全社会劳动者年末人数。

（2）全民独立核算工业企业（注：随着经济体制改革的深化，现在应为全部独立核算工业企业，下同）。产出 Y 为按不变价格计算的总产值，资本与劳动的计算范围为全民独立核算工业企业。文件规定的弹性参数：全社会国民生产总值口径 $\alpha=0.35$；全民独立核算工业企业口径 $\alpha=0.30$；各省、自治区、直辖市可按规定的公式对 α、β 进行修正。

【例 2-1】 以计科技〔1992〕2525 号文件公布的参数取值要求，选取 1980 年和 1990 年我国有关数据来举例说明技术进步对经济增长贡献的测算方法。已知原始数据见表 2-1。试计算其技术进步增长速度和技术进步、资本、劳动增长速度的贡献率。

表 2-1 计算原始数据

年份	国民生产总值指数（1978 年为 100）	固定资产（亿元）	流动资金（亿元）	劳动者人数（万人）
1980	116.00	9 014.10	4 966.96	42 361
1990	274.10	34 055.20	15 991.01	56 740

解：（1）计算 1980 年—1990 年国民生产总值、资本、劳动者人数的年平均增长速度，分别为

$$y=\left(\sqrt[10]{\frac{274.10}{116.00}}-1\right)\times100\%=8.9796\%$$

$$k=\left(\sqrt[10]{\frac{34\,055.20+15\,991.01}{9\,014.10+4\,966.96}}-1\right)\times100\%=13.6012\%$$

$$l=\left(\sqrt[10]{\frac{56\,740}{42\,361}}-1\right)\times100\%=2.9656\%$$

（2）计算技术进步增长速度。取弹性参数 $\alpha=0.35$，$\beta=0.65$，则技术进步增长速度为

$$a=8.9796\%-(0.35\times13.6012\%+0.65\times2.9656\%)=2.2915\%$$

（3）计算技术进步增长速度对国民生产总值增长速度的贡献率：

$$E_A=\frac{2.2915\%}{8.9796\%}\times100\%=25.5\%$$

（4）计算资本增长速度、劳动增长速度对国民生产总值增长速度的贡献率：

$$E_K=\frac{0.35\times13.6012\%}{8.9796\%}\times100\%=53.01\%$$

$$E_L=\frac{0.65\times2.9656\%}{8.9796\%}\times100\%=21.49\%$$

2.3 可持续发展理论

可持续发展是 20 世纪 80 年代随着对全球环境与发展问题的广泛讨论而提出的一个新概念。可持续发展概念自诞生以来，已得到社会各界的普遍关注，其战略思想已经被国际社会

广泛接受,成为当今社会最热点的问题之一。研究投资活动,进行经济效益评价分析,必须牢固树立可持续发展的战略思想。

2.3.1 可持续发展的内涵与基本原则

1. 可持续发展的内涵

"可持续发展"一词,最初出现在20世纪80年代中期一些发达国家的报刊文章和文件中,到目前为止,可持续发展作为一个完整的理论体系正处于形成过程中。1987年,联合国世界环境与发展委员会(WCED)的长篇报告《我们共同的未来》中正式提出了"可持续发展"的概念。1989联合国环境规划署(UNEP)第15届理事会通过的《关于可持续发展的声明》,强调"人类要发展,要满足人类的发展需求。发展有限度,不能损害自然界支持当代人和后代人的生存能力"。1992年6月,联合国环境与发展会议在巴西里约热内卢召开,共180多个国家和地区的代表团和70个国际组织的代表出席了会议,100多位国家元首或政府首脑到会讲话。大会通过了《里约环境与发展宣言》(又名《地球宪章》)和《21世纪议程》两个纲领性文件,可持续发展得到世界最广泛和最高级别的政治承诺。《我们共同的未来》中是这样定义可持续发展的:"既满足当代人的需要,又不对后代人满足其自身需求的能力构成危害的发展。"这个定义包含了三个重要概念:

(1)需求,尤其指贫困人口的基本需求应放在优先位置考虑。可持续发展强调必须通过经济增长提高当代人福利水平,增强国家实力和社会财富,环境退化的原因产生于经济活动,其解决的办法也必须依靠经济过程。

(2)限制,指技术状况和社会组织对环境满足需要的能力所施加的限制。经济和社会发展不能超越资源和环境的承载能力,在严格控制人口增长、提高人口素质和保护环境、资源永续利用的条件下,进行经济建设,以可持续的方式使用自然资源。

(3)平等,指代际平等和当代不同地区人群平等。

总体来说,可持续发展鼓励经济增长,可持续发展以自然资源为基础,同环境承载能力相协调,可持续发展的目标是谋求社会的全面进步,可持续发展承认并要求体现出环境资源的价值,可持续发展的实施以适宜政策和法律体系为条件,强调"综合决策"与"公众参与",可持续发展体现了发展与环境是一个有机整体。

其核心思想是:健康的经济发展应建立在生态可持续能力、社会公正和人民积极参与自身发展决策的基础上。它所追求的目标是:既要使人类的各种需要得到满足,个人得到充分发展,又要保护资源和生态环境,不对后代人的生存和发展构成威胁。它特别关注的是各种经济活动的生态合理性,强调对资源、环境有利的经济活动应给予鼓励,反之则应予摒弃。在发展指标上,不单纯用国民生产总值作为衡量发展的唯一指标,而是用社会、经济、文化、科技、环境等多项指标来衡量发展。这种发展观较好地把眼前利益与长远利益、局部利益与全局利益有机地结合起来,使经济能够沿着健康的轨道发展。

2. 可持续发展的基本原则

可持续发展具有以下六个基本原则:

(1)公平性原则。所谓公平,是指机会选择的平等性。可持续发展所追求的公平性原则包括:①同代人之间的横向公平性。当今世界的现实是一部分人富足,而另一部分人处于贫困状态。贫富悬殊、两极分化的世界不可能实现可持续发展。因此,要给世界以公平的分配和公平的发展权,就要把消除贫困作为可持续发展进程特别优先的问题来考虑。②代际公平,即世代人之间的纵向公平性。要认识到人类赖以生存的自然资源是有限的,本代人不能因为自己的发展和需要而损害人类世世代代满足需求的条件——自然资源与环境。要给世世代代以公平利用自然资源的权利。③公平分配有限资源。

(2) 可持续性原则。可持续性是指生态系统受到某种干扰时能保持其生产率的能力。资源与环境是人类生存与发展的基础和条件,离开了资源与环境,人类的生存与发展就无从谈起。资源的永续利用和生态系统的可持续性保持是人类持续发展的首要条件。可持续发展要求人们根据可持续性的条件调整自己的生活方式,在生态可能的范围内确定自己的消耗标准。

(3) 共同性原则。鉴于世界各国历史、文化和发展水平的差异,可持续发展的具体目标、政策和实施步骤不可能是唯一的。但是可持续发展作为全球发展的总目标,所体现的公平性和可持续性原则是共同的。并且,要实现这一总目标,必须采取全球共同的联合行动。

(4) 需求性原则。可持续发展是要满足所有人的基本需求,向所有人提供实现美好生活愿望的机会。

(5) 高效性原则。高效性不仅是根据其经济生产率来衡量,更重要的是根据人们的基本需求得到满足的程度来衡量,是人类整体发展的综合和总体的高效。

(6) 阶跃性原则。人类的需求内容和层次将不断增加和提高,所以可持续发展本身隐含着不断地从较低层次向较高层次的阶跃性过程。

近几年来,我国一些经济学家对可持续发展也做了许多有益的探索。这里可以归纳出可持续发展的几个特征:

(1) 可持续发展鼓励经济增长,因为它是国家实力和社会财富的源泉。同时,可持续发展不仅重视增长数量,更追求改善质量,提高效益,节约能源,减少废物,改变传统的生产和消费模式,实现清洁生产和文明消费。

(2) 可持续发展要以保护自然为基础,与资源和环境的承载能力相协调。因此,发展的同时必须保护环境,包括控制环境污染,改善环境质量,保护生命支持系统,保护生物多样性,保持地球生态的完整性,保证以可持续的方式使用可再生资源,使人类的发展保持在地球承载能力之内。

(3) 可持续发展要以改善和提高生活质量为目的,与社会进步相适应。对于发展中国家来说,贫困与不发达是造成资源与环境恶化的基本原因之一。只有消除贫困,才能构筑起保护和建设环境的能力。世界各国的发展阶段不同,发展的具体目标也各不相同,但发展的内涵均应包括改善人类生活质量,提高人类健康水平,并创造一个保障人们平等、自由、教育、人权和免受暴力的社会。

可持续发展战略的制定和实施是实现可持续发展的重要手段。所谓可持续发展战略,是指改善和保护人类美好生活及其生态系统的计划和行动的过程,是多个领域的发展战略的总称,它要使各方面的发展目标,尤其是社会、经济及生态、环境的目标相协调。

2.3.2 可持续发展的主要影响因素

1. 资源约束

资源在数量品种上的有限性及分布上的地域性体现了资源对经济发展具有极大的制约作

用。资源总量约束制约经济发展的规模和成长速度，形成发展的瓶颈；同样，各种资源数量品种结构上的不均衡性和地域分布上的不平衡性所形成的结构约束也制约经济发展的规模和成长速度。因此，资源在总量和结构上的约束条件共同决定着经济长期发展的规模、成长速度和模式选择。

2. 技术进步因素

技术极大地提高了生产力，但技术进步并不意味着可持续发展。正如巴里·康芒纳（Barry Commoner）在《封闭的循环》一书中指出，"大多数急剧增长的污染来自人口的不如来自技术的多。人类环境危机的主要原因在于第二次世界大战以来生产技术上的空前变革，使得对环境具有急剧影响的生产技术代替了那些毁灭性较小的技术……"。问题在于技术的既定目标过于单一，生态系统固有的复杂性使技术的革新不可避免地带有副作用——未曾预料或未加考虑的问题。

所以可持续发展技术应遵循的原则是：尽量选用可再生资源；尽量减少对化石燃料的消耗；尽量设计零排放的生产模式；尽量开发产品废弃后的再循环；尽量顺应自然规律来研制新产品。

3. 制度安排

制度安排是实施可持续发展的重要途径，目前不可持续现象的产生原因一定程度上在于发展观念的偏差、市场失灵、政府失灵等制度性缺陷，如"GDP至上""经济增长为核心""以牺牲资源环境为代价的发展"。

可持续发展要求建立合理的正式制度，如自然资源产权制度、市场交易制度、资源定价制度、资源补偿制度、环境税收制度等；同时也要建立合理的非正式制度，建立可持续发展伦理观、自然观等。

总之，制定可持续发展战略时应满足以下要求：人类以人与自然和谐的方式去生产；从把环境与发展作为一个相容整体出发，制定出社会、经济可持续发展的政策；发展科学技术、改革生产方式和能源结构；以不损害环境为前提，控制适度的消费和工业发展的生产规模；从环境与发展最佳相容性出发确定其管理目标的优先次序；加强和发展资源保护的管理；发展绿色文明和生态文化。

2.4 技术经济分析的基本理论

技术经济学主要研究社会再生产活动特别是内涵式扩大再生产活动中的技术经济问题。任何技术实践活动都需投入一定的资源（资本、劳动力、技术等生产要素），才能获得一定的产出（产品或劳务）。技术经济研究的一个基本问题，是如何利用有限的资源生产出尽可能多的符合社会需要的产品或劳务，或者说，如何以最少的投入取得尽可能多的产出，这是各种技术活动所追求的经济目标。因此，人们非常关注技术活动的经济效果，于是技术活动的经济效益理论和可比性原理就成为技术经济分析的基本理论。

2.4.1 经济效益理论

1. 经济效益的概念

经济效益是指技术经济活动中的有效成果与劳动消耗的对比关系，或符合社会需要的产出与投入的对比关系，简称为"成果与消耗之比""产出与投入之比"。

理解和运用经济效益概念，应遵循以下三条基本原则：

（1）有效成果原则。有效成果是指对社会有用的劳动成果，即对社会有益的产品或劳务。有效成果可用使用价值或价值表示，使用价值可以考察产品或劳务的有用性，价值可以考察产品或劳务对社会的贡献。

（2）全部消耗原则。劳动消耗或投入应包括技术方案消耗的全部人力、物力、财力。所谓全部消耗，包括生产过程中的直接劳动消耗、劳动占用及间接劳动消耗三部分。直接劳动消耗是指技术方案在运行中的物化劳动消耗和活劳动消耗，劳动占用是指技术方案从开始实施到停止运行为止长期占用的劳动量，间接劳动消耗是指与技术方案实施在经济上相关的单位或部门所发生的消耗。由于国民经济是一个有机整体，各部门紧密联系、相互制约、相互依存，因此，一项技术方案的实施，不仅本部门需要一定的资源投入，相关部门往往也需要一定的资源投入，即这里有一个相关投资和相关费用问题。这部分消耗称为间接消耗。

（3）有效成果与劳动消耗相联系的原则。在进行经济效益分析时，必须将技术方案的成果与消耗、产出与投入结合起来进行比较，而不能单独使用成果或消耗指标。注意有效成果应与获得该项成果的有关全部消耗相比较，绝不能考虑与该项成果无关的消耗。用同样多的劳动消耗取得尽可能多的有效成果，或用尽可能少的劳动消耗取得同样多的有效成果，是衡量技术方案经济效益高低的标准。

2. 经济效益的分类

由于人们考察问题的角度不同，以及经济效益自身的可计量性不同，可将经济效益做如下分类：

（1）直接经济效益和相关经济效益。这是从技术方案采纳者的角度所做的分类。所谓直接经济效益，是指方案采纳者通过方案实施可以直接得到的经济效益；所谓相关经济效益，是指与方案采纳者经济上相关的单位可以从方案实施中间接得到的经济效益。

对于方案采纳者来说，前者一般是看得见的，评价方案时不易被忽略。但从全社会角度以及方案采纳者长远利益出发，则更应强调后者，因为相关经济效益是从更高层次对方案能否实施做决策的重要依据。

（2）企业经济效益和国民经济效益。这是根据受益范围大小所做的分类。企业经济效益（财务效益）是技术方案为企业带来的效益，国民经济效益是技术方案为国家所做的贡献。

对技术方案的分析，不仅要分析企业经济效益，还要分析国民经济效益，尤其是对国民经济全局有重大影响的技术方案更是如此。对技术方案的取舍，应主要取决于经济费用效益评价的结果。

（3）有形经济效益和无形效益。这是根据能否用货币计量所做的分类。把能用货币计量的称为有形经济效益，不能用货币计量的称为无形效益。

技术方案的无形效益有经济方面的，也有社会方面的，如生态、环境、教育、政治、文化等，因此不应忽视对无形效益的分析。无形效益不能或不易用货币计量，目前多采用定性分析方法或定性与定量分析相结合的方法描述。

（4）绝对经济效益和相对经济效益。这是根据经济评价用途所做的分类。绝对经济效益是指某技术方案本身所取得的经济效益，相对经济效益是指一方案与另一方案相对比所得到的经济效益。

分析和优选技术方案时，在绝对经济效益可行的基础上，才可以比较其相对经济效益。

3. 经济效益的一般表达式

在不同的分析运用场合，经济效益可以有多种计量方法，这里给出的是定量计算经济效益的最一般形式。对它的要求，一是能够完全反映出经济效益的内涵，二是表达式中的各指标应具有普遍意义。据此要求，其表示方法有以下三种：

（1）差额表示法。这是一种用有效成果与劳动消耗之差表示经济效益大小的方法。其表达式为

$$E = B - C \tag{2-9}$$

式中　E——经济效益，也称为净效果指标；
　　　B——有效成果；
　　　C——劳动消耗。

公式中的 E、B、C 必须使用相同的计量单位，$B - C > 0$ 是技术方案可行的经济界限。当 B、C 都以货币单位计量时，计算的经济效益常称为净收益。这种方法一般不宜用来衡量技术装备水平和内外部条件差异较大的技术方案。

（2）比值表示法。这是一种用有效成果与劳动消耗之比表示经济效益大小的方法。其表达式为

$$E = \frac{B}{C} \tag{2-10}$$

这里的 E 也可称为效果耗费比。B、C 可使用不同的计量单位。当计量单位相同时，$B/C > 1$ 是技术方案可行的经济界限。

（3）差额－比值表示法。这是一种用差额表示法与比值表示法相结合来表示经济效益大小的方法。其表达式为

$$E = \frac{B - C}{C} \tag{2-11}$$

这里的 E 也可称为净效果耗费比，它表示单位劳动消耗所取得的净效果，在技术经济分析中更为常用。$(B - C)/C > 0$ 是技术方案可行的经济界限。

以上三种表达式是建立经济效益评价指标的基础，也是定量分析经济效益的重要依据，一般均结合起来加以应用。

4. 经济效益的评价指标

对各种技术经济活动，首先要确定技术与经济结合的方式，即设计技术方案，然后分析方案的技术可行性、经济的合理性，并从技术与经济等方面优选方案。预计技术方案实施后的经济效益，是决定方案取舍及选优的基础。评价技术方案的经济效益，涉及评价指标及指标体系，以及评价标准等问题。

所谓经济效益评价指标，是用于衡量经济效益大小的尺度。根据经济效益的概念，可把其中用于衡量有效成果（产出）的指标，称为效果指标；用于衡量劳动消耗（投入）的指标，称为耗费指标；用于衡量两者对比关系的指标，称为经济效益指标。

（1）效果指标。效果指标的用途有两个：一是和耗费指标结合在一起用于衡量经济效益；二是在耗费一定时，单独用于衡量经济效益。其具体内容包括以下三个方面：

1）数量效果指标。社会需要首先表现在产出的数量方面。投入一定时，产出的数量越多越好。数量效果指标既可表现为实物形态，如产量、销量等，又可表现为价值形态，如销售收入、总产值、净产值等。

2）质量效果指标。社会对产出数量的需求总是建立在对其质量需求基础之上的。质量效果和数量效果是不可分割的两个方面。技术方案的产出质量包括单个产品质量和总体产品质量两方面，其中单个产品质量主要是指产品所具有的功能和技术性能，如产品的寿命、可靠性、精度等，总体产品质量主要是指产品的经济性能指标，如品种、合格品率、优等品率、返修率、废品率等。

质量效果指标的计量单位各不相同，不能直接相加减，这给定量分析带来一定的困难。目前可采用评分法、功能评价法、定性与定量分析相结合的方法等，对质量效果指标进行量化。

3）时间效果指标。社会需要在尽可能短的时间内提供数量多、质量好的产品，因此，产出的时间也是衡量经济效果的重要指标，包括产品设计和制造周期、工程项目建设期、工程项目达产期等。在进行经济效益分析时，时间效果指标可单独使用，但也经常通过时间价值的折算转化为数量效果指标。

（2）耗费指标。耗费指标的用途与上述效果指标类似。耗费指标可分为劳动消耗指标（直接劳动消耗和间接劳动消耗）和劳动占用指标两种。

1）劳动消耗指标。劳动消耗指标既可用实物形态表示，如技术方案在运行中所消耗的原材料、燃料、动力、生产设备等物化劳动消耗以及劳动力等活劳动消耗，又可用价值形态表示，如相应的原材料费、燃料费、动力费、折旧费及工资费用等。这些单项消耗指标都是产品制造成本的构成部分，因而产品制造成本是衡量劳动消耗的综合性价值指标。

2）劳动占用指标。劳动占用指标通常也有实物形态和价值形态两种。实物形态的劳动占用指标，通常是指技术方案为正常进行生产而长期占用的厂房、设备、货币资金和各种物料的数量；价值形态的劳动占用指标是实物占用量的货币表现，通常分为固定资金和流动资金两部分。因而技术方案投资是衡量劳动占用的综合性价值指标。

（3）经济效益指标。经济效益指标可分为价值型指标、效率型指标、时间型指标三类。

1）价值型指标（又叫作差额指标）。价值型指标是反映效果与耗费之差的指标。例如静态差额指标有利润额、利税额、附加值等，动态差额指标有净现值、净年金、净终值等。这类指标数值越大越好。

2）效率型指标。效率型指标是反映效果与耗费之比，或净效果与耗费之比的指标。

从静态角度考察，反映经济效益的指标主要有投资收益率（投资利润率）、投资利税率、投资效果系数、追加投资效果系数、成本利润率等。

从动态角度考察，主要指标有内部收益率、外部收益率、净现值率（净现值指数）等。

3）时间型指标。时间型指标是从时间上反映效果与耗费相比较的指标，常用的有贷款偿还期、投资回收期等。这两个指标既可用静态计算，也可用动态计算。

上述指标的经济含义及计算方法，详见第5章。

技术方案的内容多种多样，因而对于一个具体的技术方案来说，单项指标只能反映其经济效益的某一侧面，而不能反映整体。只有将多种指标综合使用，才能做出全面的评价。

根据经济效益表达式及其反映的内容，可将上述各项指标归纳为如图2-2所示的经济效益评价指标体系。

5. 经济效益的评价标准

评价和优选方案时，遇到的首要问题是经济效益评价的标准问题。评价标准是选择和取舍方案的依据。一般来说，一个技术方案应满足以下几方面评价标准的要求：

（1）政治标准。技术方案的制订应服从党的路线、方针和政策，如关于引进技术的政策、节约能源的政策、产业政策等。

（2）社会标准。技术方案应有利于社会的安定，有利于增加就业、保护生态环境、维持生态平衡、改善人民生活等要求。

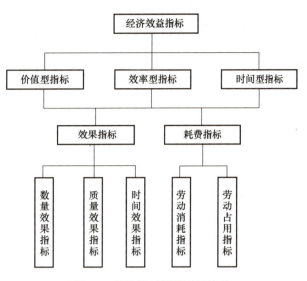

图 2-2　经济效益评价指标体系

（3）技术标准。技术方案应满足技术体系、技术结构合理的要求，做到既先进又适用。

（4）经济标准。技术方案只有在经济上合理，才可以被采纳。一般来说，只有当技术方案能满足政治、社会和技术等方面的标准要求时，经济标准在评价中才可以起到决定性作用。对于价值型指标，方案可行的评价标准是价值型指标大于零，不同方案优选时价值型指标最大者为优；对于效率型指标及时间型指标，如内部收益率、投资利润率及投资回收期等，国家对这类指标按不同部门或行业分别规定了不同的评价标准，如基准收益率、基准投资利润率及基准投资回收期等。对于前两个效率型指标，计算出的指标值大于基准数值时，方案可行；对于时间型指标，计算出的指标值小于基准数值时，方案可行。

6. 经济效益的评价程序

经济效益评价一般按下列程序进行：

（1）明确评价目标。经济效益评价目标既可以是宏观经济目标，如产业布局、投资方向、技术政策等，也可以是微观目标，如企业规模、设备选择、新产品开发等。

（2）粗选方案。对备选方案的主要优缺点及实施的可行性做分析论证，对其中存在严重缺陷且不能克服的方案，应予以剔除，以保留具有较大优势的少数方案，做进一步研究。

（3）建立评价指标体系。指标体系的建立应注意兼顾方案系统自身的特性及系统对外部环境（诸如对政治、社会、环境等）的影响作用，能量化的指标必须量化，不能量化的，可定性描述。

（4）综合评价。综合评价是依据评价指标体系，根据多方案比较的原则，运用科学方法评价各方案的过程。通过评价，选出最优方案。

（5）完善方案。根据需要和可能，对所选方案做进一步完善。

2.4.2　可比性原理

技术方案的比较应遵循可比性原则。

例如，有甲、乙两个电力网，其年利润见表 2-2，试比较两个电力网方案的优劣。

表 2-2　方案比较表

方　　案	年利润（亿元）	结　　论
甲电力网 乙电力网	8 3	哪个更优？
甲电力网 乙电力网	3 3	是否一样好？

不难看出，这两个方案在两种情况下都不能轻易得出哪个方案更优的结论，因为缺少比较前提，即在什么情况下进行上述指标的比较。技术经济分析通常表现为对不同技术方案经济效益的分析、比较、论证和选优。可比性原则要求在进行方案比较时各方案具备具体的可比条件，这样才能进行方案比较。可比性原则包括以下四个方面：

1. 满足需要可比

任何技术方案都以其产品的产量、质量和品种满足特定的需要。若是存在几个技术方案，则必须能满足相同需要才可相互比较和相互替代。

（1）产量可比。这里说的产量是指实际产出量（也称之为净出力）。例如，水力、火力发电方案相比较，假定社会需要装机容量 10 万 kW，发电量 4 亿 kW·h，能否将 10 万 kW 装机容量和 4 亿 kW·h 发电量的水电站建设方案与相同装机容量和发电量的火电站建设方案相比较呢？不能。虽然表面上看，两个方案都具备相同的装机容量和发电量，似乎可以满足同一需要，其实不然。因为水电站和火电站自身都需要一部分电量，如自用电等。同时为保证正常运转，尚需一定的事故用电、抢修用电和负荷备用电。因此，扣除自用电后，两方案都不能满足社会需要，且两种电站的自用电量又不相同，致使最后为社会实际提供的发电量并不相同。

又如，一辆内燃机车和蒸汽机车比较。若两种机车的功率都是 1 492 马力（1 马力 = 735.499W），似乎可以直接比较优劣，其实不然。因为内燃机车速度快，所以两者的年运输量（或日运输量）不一样，因此应在运输能力相同的情况下进行比较，那时就不是 1 辆内燃机车比 1 辆蒸汽机车，而是 20 辆和 12 辆相比，因为 20 辆蒸汽机车和 12 辆内燃机车都能满足同一需要——实际运输能力。

（2）质量可比。质量不同，满足程度也将不同，所以，参与比较的方案必须在产出质量上可比。在质量不一样的情况下，有时可以折合，有时不能折合。对于技术方案来讲，满足需要应包括质量需要，因为没有质量就不可能达到预定效用。因此，参与比较的方案要求质量可比。

（3）品种可比。现有两个方案，甲方案生产 A、B、C 三种产品以满足社会需要，乙方案只生产 A、B 两种产品，则在满足需要上，乙方案就不具备，必须将乙方案扩建成能生产 A、B、C 三种产品，或者再建一个生产 C 产品的丙方案，此时甲方案与乙、丙两个方案之和进行比较。

2. 消耗费用可比

由于在技术方案的经济比较中，实际所要比较的是满足相同需要的不同技术方案的经济效果，而经济效果包括满足需要和消耗费用两个方面，所以，除了要比较技术方案具有满足需要上的可比条件外，还必须具有消耗费用上的可比条件。对于同时满足相同需要的不同技术方案来说，由于它们涉及的人、财、物、环境等不尽相同，各自消耗的费用也必定不同。这里指的消耗费用可比，是指用统一规定的计算费用，而且要计算全部消耗费用。在计算投资时不能某一方案只计算固定投资，另一方案只计算流动资金，应该都计算这两种投资。在计算方案总耗费时，既要计算投资费用，也要计算经营费用等。对各技术方案的消耗费用采用相同的计算原则和方法，且考虑的内容应一致。

由于不同技术方案在劳动消耗和劳动占用上各有特殊性，因此必须从整个社会和整个国民经济角度出发，考虑技术方案的全部社会消耗费用，而不能仅考虑个别部门、个别企业或个别环节的费用。具体应考虑以下两个方面：

（1）既要考虑技术方案本身的生产费用，又要考虑其产品的储运、销售、使用费用。在运用这一原则时，还要结合比较的目的，灵活掌握。例如，对满足相同需要的小轿车制造方案进行比较，不仅要考虑小轿车的制造费用、销售费用，还要同时考虑用户在使用过程中所发生的各种维修、保养及燃料消耗等费用。

（2）根据评价目的的不同，有时既要考虑技术方案本身的消耗费用，又要考虑与技术方案实施直接联系的相关部门所增加的费用。这是由于国民经济各部门之间、各企业之间，在固定资产、材料供应与产品销售等方面都存在着相互协作、相互制约的联系，一个部门技术方案的实施，必然要引起相关部门的相关投资和相关费用的变化。

3. 价格指标可比

价格是价值的货币表现。评价技术方案的经济效果，离不开价格指标。因为不论是劳动消耗方面，还是产生的有用效果方面，都只有从价值形态上才能加以综合，并通过价格加以反映。然而，在实际对技术方案进行比较时，可能涉及不同的价格体系，例如：有的技术方案采用境外价格，有的技术方案采用境内价格；有的技术方案采用计划价格，有的技术方案采用市场价格。采用不同的价格体系，计算出来的各技术方案的经济效果是不一样的。

价格是计算各种经济效益分析指标的一种尺度。尤其是当价格波动较大时，计算不同技术方案经济效果必须要采用合理的价格。

一般来说，当产品的价格和价值一致时，可采用现行价格计算；当产品价格不能正确反映价值时，可依据相对稳定时期内的不变价格来计算，也可依据影响因素而采用修正价格来计算。例如，对于远期技术方案的比较，应考虑到技术进步及劳动生产率的不断提高使产品成本不断下降的趋势，采用远景价格；不同时期的技术方案相比较，应采用价格指数的办法将过去的价格都折算成现行价格进行比较；进行企业经济评价时，一般采用现实市场价格；进行经济效益费用评价时，一般采用影子价格。

4. 时间因素可比

这是指技术方案比较时，其服务年限应取一致或折算为一致，同时应考虑利率随时间变化的影响，即要考虑资金运动的增值效应（资金的时间价值）。

对不同技术方案进行比较，由于资金时间价值的作用，使得不同时期生产要素的投入对技术方案经济效益的影响不同，这就是分析时应考虑的时间可比性问题。需注意以下两点：

（1）相互比较的各技术方案必须采用相同的计算期。

（2）由于相互比较的各技术方案的各项投入和产出在时间的先后顺序上会有所不同，因此，技术方案在不同时期发生的收益和费用不能直接相加减，而必须按资金时间价值折算到同一时点上才具有可比性。

【本章小结】

技术经济学的基本理论是指从分析和研究技术运动的规律和特征入手,寻求技术与经济较好结合的规律和方法的学问。

本章主要介绍了技术创新的概念与类型,技术创新的过程,技术进步与经济发展的概念,技术进步促进经济发展的规律,技术进步对经济增长的作用机制,技术进步测度模型与方法,可持续发展的内涵与基本原则,可持续发展的主要影响因素,经济效益的概念、分类和评价指标,以及投资方案的满足需要、消耗费用、价格指标和时间因素的可比性原理。

【本章思考题】

1. 什么是技术创新?企业创新的动力是什么?技术创新的动力来自哪里?
2. 什么是技术发展?什么是技术进步?两者有何区别?
3. 简述用索洛增长速度方程测定技术进步的步骤。
4. 什么是可持续发展?如何看待可持续发展中环境、经济和社会三者的权衡问题?
5. 简述可持续发展的基本原则。
6. 什么是经济效益?如何正确理解经济效益的概念?
7. 一个技术上可行的投资方案,在经济上应满足哪些标准?
8. 如何进行经济效益评价(原则、指标、标准各是什么)?
9. 投资方案进行技术经济分析为什么要遵循可比性原则?可比性原则包含哪些内容?

【本章练习题】

已按水平法计算出天津、北京、无锡、辽宁、广东五省市全部独立核算工业企业某个五年计划期内年工业总产值、资本(固定资金加流动资金)、职工人数的年均增长速度,列入表2-3中。试按索洛增长速度方程计算上述五省市的技术进步增长速度(a)、技术进步贡献率(E_A)、资本贡献率(E_K)和劳动贡献率(E_L),并做比较分析(取$\alpha = 0.35$)。

表2-3 五省市全部独立核算工业企业数据(%)

省 市	y	k	l	a	E_A	E_K	E_L
天津	7.52	9.97	2.20				
北京	6.36	8.39	2.20				
无锡	9.51	11.65	3.73				
辽宁	5.89	7.48	2.66				
广东	13.09	14.72	3.39				

第 3 章

技术经济分析的基本要素

【本章思维导图】

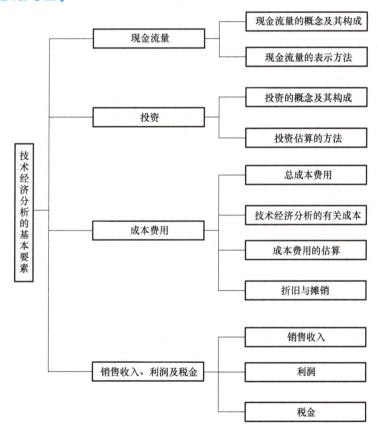

【本章重点】

➢ 掌握项目现金流量的概念及其表示方法。
➢ 掌握构成和影响现金流量的基本经济要素。
➢ 掌握投资、成本费用、收入、利润、税金等基本概念及计算口径。
➢ 掌握折旧的概念和计算方法。

【本章引导性案例】

XYT 有限公司为开发新产品拟投资 1 000 万元建设一条生产线,现有甲、乙、丙三个方案可供选择(公司要求的必要收益率为 8%)。甲方案各年的现金净流量见表 3-1。

表 3-1　甲方案各年的现金净流量　　　　　　(单位:万元)

年　份	0	1	2	3	4	5	6
现金净流量	−100	0	250	250	250	250	250

乙方案的相关资料为:在建设起点用 800 万元购置不需要安装的固定资产,乙方案投产后预计会使公司的存货和应收账款共增加 350 万元,应付账款增加 150 万元。假设不会增加其他流动资产和流动负债。预计投产后第 1~10 年每年新增 500 万元销售收入,每年新增的付现成本和所得税分别为 200 万元和 50 万元;第 10 年回收的固定资产残值为 80 万元,营运资本在项目终结时收回。

丙方案的现金流量见表 3-2。

表 3-2　丙方案的现金流量　　　　　　(单位:万元)

年　份	0	1	2	3	4	5	6~10	11	合计
原始投资	500	500	0	0	0	0	0	0	1 000
税后营业利润	0	0	172	172	172	182	182	182	1 790
年折旧额	0	0	72	72	72	72	72	72	720
年摊销额	0	0	6	6	6	0	0	0	18
回收额	0	0	0	0	0	0	0	280	280

从企业投资决策的角度出发,应该选择哪个方案?

3.1　现金流量

在技术方案的实施与运行过程中,不同时间点上会引起一系列复杂的资金运动,实际发生的资金支出与收入即现金流量。分析和估算技术方案的现金流量,是进行方案经济评价和做好投资决策的基础,也是技术经济分析中最重要的方法。

3.1.1　现金流量的概念及其构成

在技术经济分析中,要把分析的对象(可以是一个技术方案、一个投资项目、一个企业,也可以是一个地区、一个部门或一个国家)视为一个独立的经济系统,该系统在其整个寿命周期(或计算期)各时点上实际发生的资金流出和资金流入称为现金流量,流入该系统的资金(货币)称为现金流入(Cash In Flow, CI),流出该系统的资金(货币)称为现金流出(Cash Out Flow, CO),系统在某一时点上发生的现金流入与现金流出的差额称为净现金流量(Net Cash Flow, NCF)。

对于现金流量的理解需要注意以下几点:

(1)分析的对象必须明确,不同的经济系统发生的现金流量的组成不同,如税收、从企业角度看是现金流出,从国家角度看就不属于现金流量。

(2) 考察的时间是其寿命周期或计算期,在分析问题时需明确问题要求。

(3) 现金流量是实际发生的现金流入或流出,只计算现金收支,包括现钞、转账支票等凭证,不计算项目内部的现金转移,如折旧、摊销、应收账款及预付款项等。

(4) 现金流量是货币资金的概念,不仅是指现钞,还包括转账支票等结算凭证。

现金流入、现金流出与净现金流量的关系可表示为

$$NCF_t = CI_t - CO_t \tag{3-1}$$

式中　NCF_t——第 t 时刻的净现金流量;
　　　CI_t——第 t 时刻的现金流入;
　　　CO_t——第 t 时刻的现金流出。

项目整个寿命周期内的净现金流量总和可以表示为

$$NCF = \sum_{t=0}^{n} NCF_t = \sum_{t=0}^{n}(CI_t - CO_t) \tag{3-2}$$

式中　NCF——项目净现金流量;
　　　n——项目寿命周期(计算期)。

为了区别现金流入与现金流出,现金流入通常以正数表示,现金流出以负数表示。因此,净现金流量也就有可能是正值、负值或者为零。分析技术方案的现金流量,必须弄清其资金流动的内容、流动的方向、发生的时间和实际发生的数额。现金流量表达了技术方案整个寿命周期内资金运动的全貌。不同技术方案的经济性比较实际上就是现金流量的比较。

在技术经济分析中,经常遇到的项目现金流量有下列几项:

(1) 投资:包括固定资产投资和流动资金投资,属于现金流出,一般视为年初发生。

(2) 销售收入:属于现金流入,视为年末发生。

(3) 经营成本:属于现金流出,视为年末发生。

(4) 税费:属于现金流出,视为年末发生。

(5) 固定资产残值回收:属于现金流入,视为年末发生。

(6) 流动资金回收:属于现金流入,视为年末发生。

如果分析对象为企业,现金流量还要考虑资金的来源问题,所以现金流出还包括借款本金的偿还和借款利息的支付,视为年末发生。

3.1.2　现金流量的表示方法

在建设项目或技术方案的经济评价中,现金流量一般以年为时间单位,用现金流量表或现金流量图来表示。

现金流量表是反映建设项目或技术方案在整个寿命周期内所有的现金流入和现金流出情况的报表。在现金流量表中,应按时间先后顺序分项列出项目的全部现金流入与流出项目。

现金流量图是表示建设项目或技术方案在整个寿命周期内的现金流量与时间之间对应关系的图形,是反映项目在一定时期内资金运动状况的图解,它可以很方便地把系统的现金流量与时间之间的对应关系直观、形象地表示出来,是进行技术方案动态分析的有效工具。

现金流量图的画法分为箭线表示法和直接标注法。

1. 箭线表示法

(1) 画一条带有时间坐标的水平线,表示一个项目,每一格代表一个时间单位(一般

为年），并由左向右依次用0，1，2，…，n编号，表示各年年末。0表示资金运动的起点，并作为分析计算的起点。某年年末时点也是下一年度年初起点。

（2）画与带有时间坐标水平线相垂直的箭线，表示现金流量。其长短与收入或支出的数量基本成比例。箭头表示现金流动的方向，箭头向上表示现金流入，箭头向下表示现金流出。为了简化计算，一般假设投资在年初发生，其他成本费用或收益均在年末发生。

建设项目在同一年度内往往既有现金流入又有现金流出，在现金流量图上既可以仅画出项目的净现金流量，也可以分别画出现金流入与现金流出。例如，某建设项目初始投资 $K_0 = 100$ 万元，当年见效，每年产生净收益40万元（销售收入－经营成本－税费），项目第5年追加投资50万元，使每年的净收益由原来的40万元增加到80万元，项目的寿命周期是10年，寿命周期末有残值20万元，则项目的现金流量图如图3-1所示。

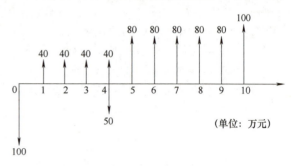

图3-1　用箭线表示法表示的现金流量图

2. 直接标注法

在时间轴上用带有正负号的数据表示现金流量，现金流入为正（一般省略正号），现金流出为负。如果在同一时点上既有流入又有流出，则应标注净现金流量，如图3-2所示。

为了综合反映投资项目在整个寿命周期内累计净现金流量随时间的变化趋势以分析和计算有关评价指标，可绘制累计净现金流量曲线图，如图3-3所示。

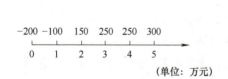

图3-2　用直接标注法表示的现金流量图

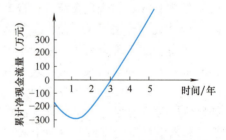

图3-3　累计净现金流量曲线图

现金流量图是一个建设项目所有现金流动信息的标示，它既简单形象，又有利于进行资金等值换算，是一种很有用的分析工具。在利用现金流量图进行动态资金分析时，尚需在图上注明资金时间价值率（利率）。因此，现金流量图应包括三个要素：现金流量发生的时点、各时点上发生的现金流量数额和资金时间价值率（利率）。

3.2　投资

3.2.1　投资的概念及其构成

1. 投资的概念

广义的投资是指特定的经济活动，即为了将来获得收益或避免风险而将资金投入某一事业的经济活动；狭义的投资是指投入的资金，即为了保证项目投产和生产经营活动的正常进行而投入的活劳动和物化劳动价值的总和，主要由建设投资（固定资产投资）和流动资金投资两部分构成。

作为一种有目的的经济行为，投资是实现扩大再生产、增加积累和降低经营风险的重要手段。从不同角度来说，投资可分为：生产性投资和非生产性投资；基本建设投资和更新改造投资；直接投资和间接投资；营利性投资和非营利性投资；长期投资和短期投资；自主投资和联合投资；初始投资和后续投资；固定资产投资和流动资金投资等。

作为衡量技术方案投入的经济指标，投资是为技术方案建设和正常运行而投入的资源总价值。投入的资源可以是资金、人力、技术或其他资源，它们将形成有形资产或无形资产的原始价值。本章讨论的投资是指狭义上的投资概念。

2. 资产的分类

项目一旦建成，各类投资将转为资产。总投资形成的资产一般包括固定资产、无形资产、流动资产和其他资产等。

（1）固定资产。固定资产是指使用年限在一年以上，单位价值在规定标准以上，并在使用过程中保持原有物质形态的资产。具体来说，企业的固定资产包括使用一年以上的房屋、建筑物、机械、运输设备和其他与生产经营有关的设备、器具、工具等；固定资产是项目建设经营和管理过程中不可缺少的物质条件，为了便于管理和核算，通常按照其经济用途、单项价值、使用时间等标准进行划分，凡达到规定标准的，作为固定资产管理和核算，不够规定标准的，作为低值易耗品管理和核算。

在会计核算中，购建固定资产的实际支出（包括建设期贷款利息、外币贷款汇兑差额及在达到使用状态前发生的运输费、装卸费）即为固定资产的原始价值，称为固定资产原值。当项目投入运营后，固定资产在使用过程中会逐渐磨损和贬值，其价值逐步转移到产品中，这种伴随固定资产损耗发生的价值转移称为固定资产折旧。转移的价值以折旧费的形式计入产品成本，并通过产品的销售以货币形式收回到投资者手中。固定资产使用一段时间后，由于损坏、技术陈旧或者其他经济原因，导致其可收回金额低于其账面价值，这种情况称为固定资产减值，固定资产原值扣除累计的折旧费总额再扣除已经计提的减值准备称为当时的固定资产净值。

当固定资产寿命周期结束时，根据社会再生产条件和市场情况对固定资产的价值重新进行评估所得到的固定资产价值称为固定资产重估值。固定资产的残余价值称为固定资产期末残值，对于某一项目，固定资产期末残值是一项在项目寿命周期末可回收的现金流入。

（2）无形资产。无形资产是指不具有实物形态，而以某种特殊权利、技术、知识、素质、信誉等价值形态存在于企业并对企业长期发挥作用的资产，如专利权、非专利技术、租赁权、特许营业权、版权、商标权、商誉、土地使用权等。

无形资产具有以下特点：

1）无形资产无独立实体，但又依托于实体。例如，土地使用权、专利权与机器设备、厂房等各项实物资产相比，最明显的区别是不具有独立实体，但它又往往必须依托于实体而存在。

2）无形资产具有排他性。无形资产由一定的主体排他性地占有。如果仅仅是偶尔对经济发挥作用，不具有持续性，就不能视为无形资产，即使能持续地发挥作用，但因不能被排他性地占有，如政府发布的经济信息、公有技术、未经技术鉴定和未入贸易市场的技术等，也不是无形资产。

3）无形资产是一种无形财产权。无形资产与固定资产相比不具有实物形态，但无形资产也属于生产资料或生产条件范畴。例如技术专利权、商标权、土地使用权等都是通过企业的生产和经营活动以及土地的使用开发加以体现的，无形资产的存在使有形的资产运营更有效益。

无形资产可以分为不可确指的和可确指的两大类。不可确指的无形资产主要是指商誉，它是由企业的素质、管理水平以及经营历史等因素综合决定的，并通过超额利润来反映，其价值只能通过企业的整体资产评估的途径来确定。可确指的无形资产根据内容可分为知识产权、对物产权、行为权利、公共关系等。知识产权是指专利权、商标权、版权、服务标志、顾客名单等；对物产权包括土地使用权、矿业开发权、优惠融资权等；行为权利包括专营权、许可证、专有技术等；公共关系包括客户关系、销售网络、职工队伍等。

（3）流动资产。流动资产是指可以在一年内或者超过一年的一个营业周期内变现或者耗用的资产，包括货币资金、交易性金融资产、应收账款、预付款项和存货等。

1）货币资金是企业拥有的，以货币形式存在的资产，包括现金、银行存款和其他货币资金。企业要进行生产经营活动，首先必须拥有一定数量的货币资金，以支付劳动对象、劳动手段和活劳动方面的费用，通过生产经营过程，将产品销售出去，又获得了这部分资金。

2）交易性金融资产是指企业以赚取差价为目的持有，准备近期内出售而持有的债券投资、股票投资和基金投资。

3）应收账款是指企业在正常的经营过程中因销售商品、产品、提供劳务等业务，应向购买单位收取的款项，包括应由购买单位或接受劳务单位负担的税金、代购买方垫付的包装费各种运杂费等。

4）预付款项，包括预付货款和预付工程款等。

5）存货是指企业在生产经营过程中为销售或者耗用而储存的各种有形资产，如材料、低值易耗品、产成品等。流动资产中存货的价值占有较大的比重。其特点是不断处于销售和重置或耗用和重置中。在一般情况下，其价值一次性转移，并随着产品销售的实现，被耗用的价值一次性得到补偿。

（4）其他资产。其他资产是指除上述资产以外的其他资产，如长期待摊费用。

长期待摊费用是指企业已经支出，但摊销期限在一年以上（不含一年）的各项费用，包括固定资产大修理支出、租入固定资产的改良支出等。

3. 建设项目的投资构成

建设项目从筹建开始，到项目全部建成投产为止全过程所发生的费用总和称为建设项目总投资，它由建设投资和流动资金投资组成，如图3-4所示。

（1）建设（固定资产）投资。建设投资是指项目用于购建固定资产而预先垫付的资金。建设投资主要包括以下几项：

1）建筑工程费。建筑工程费是指为建造永久性建筑物和构筑物所需要的费用，如场地平整、厂房、仓库、电站、设备基础、工业窑炉、露天剥离、桥梁、码头、堤坝、隧道、涵洞、铁路、公路、管线敷设、水库、水坝、灌区等项工程的费用。

2）设备及工器具购置费。设备及工器具购置费包括设备的购置费、工器具购置费、现场制作非标准设备费、生产用家具购置费和相应的运杂费。

3）安装工程费。安装工程费包括各种机电设备装配和安装工程费用，与设备相连的工作台、梯子及其装设工程费用，附属于被安装设备的管线敷设工程费用；安装设备的绝缘、保温、防腐等工程费用；单体试运转和联动无负荷试运转费用等。

4）工程建设其他费用。工程建设其他费用包括土地使用费、建设单位管理费、勘察设计费、研究试验费、建设单位临时设施费、工程建设监理费、工程保险费、施工机构迁移费、引进技术和进口设备其他费用、联合试运转费、办公及生活家具购置费等。这里的费用科目应根据拟建项目实际发生的具体情况而定。

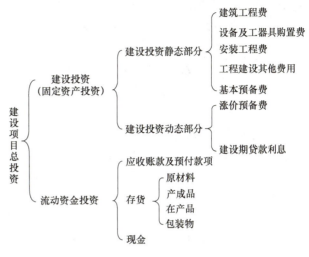

图 3-4 建设项目的投资构成

5）基本预备费。基本预备费是指在项目实施中可能发生难以预料的支出，需要事先预留的费用，又称工程建设不可预见费。

6）涨价预备费。涨价预备费是对建设工期较长的项目，由于在建设期内可能发生材料、设备、人工等价格上涨引起的费用增加，需要事先预留的费用，也称价格变动不可预见费。

7）建设期贷款利息。建设期贷款利息是指项目贷款在建设期内发生并计入固定资产的利息。

（2）流动资金投资。流动资金投资是指在项目投产前预先垫付、在投产后生产经营过程中周转使用的资金。项目投产前支付的流动资金投资，通常是指不含银行存款的流动资产与应付账款的差额。

3.2.2 投资估算的方法

投资估算是在对项目的建设规模、技术方案、设备方案、工程方案及项目进度计划等进行研究并初步确定的基础上，估算项目投入总资金（包括建设投资和流动资金投资），并测算建设期内分年资金需要量的过程。投资估算是工程项目建设前期的重要环节，也是制订融资方案、进行经济评价以及编制初步设计概算的主要依据之一。

1. 建设投资估算

建设投资估算的方法很多，基本上可分为概略估算和详细估算两类。概略估算的方法主要有指数估算法、分项比例估算法等。详细估算一般采用概算指标估算法。

（1）指数估算法。这种方法认为两个类似项目的建设投资额之比与两个项目生产规模之比的指数幂成正比。其计算公式为

$$K_2 = K_1 \left(\frac{X_2}{X_1}\right)^n P_f \tag{3-3}$$

式中 K_2——拟建项目的建设投资；

K_1——已建成同类项目的建设投资；

X_2——拟建项目的生产能力；

X_1——已建成同类项目的生产能力；

n——能力指数（规模指数）；

P_f——物价修正指数，即估算投资年份的物价指数与同类项目投资数据取得年份物价指数之比。

能力指数 n 的数值可根据大量统计分析求得，当 n 取 1 时又称为单位生产能力投资估算法，这种估算方法把项目的建设投资与生产能力看成是简单的线性关系，因而计算简便，但比较粗略，一般适用于拟建项目与已建成同类项目规模、工艺技术条件等比较接近的情况。根据经验，当主要靠增加设备或装置的容量、效率、尺寸来扩大生产规模时，n 取 0.6 ~ 0.7；当主要靠增加设备或装置的数量来扩大生产规模时，n 取 0.8 ~ 1.0；高温高压下的工业性工厂，n 取 0.3 ~ 0.5。一般 n 的平均值大致在 0.6 左右，故该法又称为 "0.6 指数法"。

（2）分项比例估算法。这种方法把项目的建设投资分成设备投资、建筑物及构筑物投资、其他投资等若干组成部分。首先根据主要设备的选型、数量、来源、价格等资料，估算出设备的投资，以它为基础，再根据其他几部分投资与设备投资的比例关系，分别估算出每一部分的投资额。采用此法需要有大量同类项目的投资资料，并要求估算人员有丰富的经验。

（3）概算指标估算法。这是较为详细的估算投资的方法。该方法是把整个建设项目依次分解为单项工程、单位工程、分部工程和分项工程。按拟建项目中单项工程的单位工程（如机器设备、厂房建筑、设备安装等）分别套用有关概算指标和定额来编制投资概算，再把单位工程概算汇总成单项工程的综合概算，最后汇总成建设项目总概算。

2. 流动资金投资估算

流动资金投资估算主要有两类方法：①较为粗略的扩大指标估算法，即按建设投资或销售收入或经营成本等的一定比例估算。例如，矿山项目流动资金约占年销售收入的 25%，化工项目的流动资金约占基建投资的 15% ~ 20% 等。②较为详细的定额估算法，即根据每日平均生产消耗量和定额周转天数，与成本估算相结合，分别估算出流动资金投资中每个项目的费用，最后加总。

3.3 成本费用

成本费用是从劳动消耗角度衡量建设项目投入的基本指标，它可以综合反映企业生产经营活动的技术水平、工艺完善程度、资金利用效率、劳动生产率水平以及经营管理水平等。成本费用在不同场合或不同用途，有不同的含义。就广义而言，成本费用是指为了实现某种目标所付出的代价。狭义上的成本费用是指产品成本和期间费用。产品成本是产品生产过程中耗费的活劳动和物化劳动的货币表现，是为制造产品而发生的生产费用，也称生产成本或生产经营成本。期间费用是生产过程中除产品成本以外发生的各项耗费。按成本计算范围分类，成本费用分为总成本费用和单位产品成本；按财务评价的特定要求分类，分为总成本费用和经营成本；按成本与产量的关系分类，分为固定成本和可变成本。在技术经济分析中，既要用到财务会计中的成本及费用概念，如产品生产成本和期间费用，也要用到财务会计中所没有的成本概念，如机会成本、资金成本、沉没成本等。

3.3.1 总成本费用

总成本费用是指项目（或方案）在运营期内为生产产品或提供服务所发生的全部费用。总成本费用由经营成本、折旧费、摊销费和财务费用组成。总成本费用可按照下列方法估算。

1. 生产成本加期间费用估算法

$$总成本费用 = 生产成本 + 期间费用$$

$$生产成本 = 直接材料费 + 直接工资 + 直接其他支出 + 制造费用$$

$$期间费用 = 销售费用 + 管理费用 + 研发费用 + 财务费用$$

直接材料是指生产中实际消耗的原材料、辅助材料、备品备件、燃料及动力等；直接工资是指直接从事产品生产人员的工资、奖金及补贴；其他直接支出是指直接从事产品生产人员的福利费等；制造费用是指为组织和管理生产所发生的各项费用，包括生产单位（分厂、车间）管理人员的工资、福利费、折旧费、维简费、修理费及其他制造费用（办公费、差旅费、劳保费等）。

销售费用是指为销售产品和提供劳务而发生的各项费用，包括销售部门人员工资、福利费、运输费及其他销售费用（广告费、差旅费、办公费等）。

管理费用是指企业行政管理部门为管理和组织经营活动而发生的各项费用，包括管理人员的工资和福利费、公司一级折旧费、修理费、技术转让费、无形资产和其他资产摊销费及其他管理费用（办公费、差旅费、劳保费、土地使用税等）。

研发费用是指研究与开发某项目所支付的费用。

财务费用是指为筹集资金而发生的各项费用，包括生产经营期间发生的利息净支出及其他财务费用（汇兑净损失、银行手续费等）。

2. 生产要素估算法

$$总成本费用 = 外购原材料、燃料和动力费 + 工资及福利费 +$$
$$折旧费 + 摊销费 + 修理费 + 财务费用 + 其他费用$$

3.3.2 技术经济分析的有关成本

1. 经营成本（付现成本）

经营成本是项目经济评价特有的概念，用于项目财务评价的现金流量分析。它是投资项目在运营期内由于生产和销售产品及提供劳务而实际发生的现金支出。经营成本是总成本费用的一部分，不包括虽计入产品成本费用中，但实际未发生现金支出的费用项目。经营成本属于项目的现金流出，其计算公式为

$$经营成本 = 总成本费用 - 折旧费 - 维简费 - 无形资产及其他资产摊销费 - 借款利息$$

经营成本计算公式中，之所以扣除折旧费、摊销费和维简费，是因为它们不属于现金流量，而是过去的投资在项目使用期内的分摊。借款利息虽然属于现金流出，但为了进行项目全部投资现金流量分析，利息支出不作为现金流出，而在自有投资现金流量分析中，把利息支出单独作为现金流出项目列示，因此经营成本中不包括利息支出。

2. 可变成本与固定成本

产品成本费用按其与产量变化的关系分为可变成本、固定成本和半可变（或半固定）成本。在产品总成本费用中，有一部分费用随着产量的增减而成比例地增减，称为可变成本费用（简称可变成本），如原材料费用、计件工资形式下的生产工人的工资等。另一部分费用在一定产量范围内与产量的多少无关，称为固定成本，如固定资产折旧费、无形资产及其他资产摊销费、管理费用等。还有一些费用，虽然也随产量增减而变化，但不是成比例地变化，称为半可变成本。通常将半可变成本进一步分解为可变成本和固定成本。因此，产品总成本费用最终可划分为可变成本和固定成本。

固定成本与可变成本的划分，对于项目盈亏分析及成本分析具有重要意义，但两者的划分是相对的，因为从长期来看，一切成本及费用都是变动的。

3. 机会成本（经济成本或择一成本）

机会成本是指利用一定资源获得某种收益时而放弃的其他可能的最大收益，或者说它是指生产要素用于某一用途而放弃其他用途时所付出的代价。机会成本不是实际发生的成本，而是方案决策时的观念上的成本。例如，有一块有限的土地，若在地上种植小麦可得年收入 6 000 元，若种植大豆可得年收入 7 000 元，若选择种小麦，则其机会成本为 7 000 元（即没有种大豆造成的损失），因此可判断，种小麦的方案不是最优方案。机会成本将以各种方式影响技术方案的现金流量。

4. 沉没成本

沉没成本是指过去已经支出而现在已无法得到补偿的成本。例如，已使用多年的设备，其账面价值将作为沉没成本。沉没成本在决策分析中，特别是在更新分析中是很重要的概念，但它与新的决策无关，在决策中不予考虑，因而不能出现在现金流量之中。

沉没成本是西方经济学中的概念，提出这个概念的目的是提醒人们，在进行决策时要向前看，不要总想到已花费而不能收回的费用而影响未来的决策。在对方案进行经济分析时，不考虑沉没成本是经济分析的一项原则。例如，某企业一个月前以 3 300 元/t 的价格购入钢材 500t（这是不能改变的事实，这部分成本是沉没成本），现该规格的钢材市场价格仅为 3 000 元/t，该企业在决策是否出售这批钢材时，不应受 3 300 元/t 购入价格这一沉没成本的影响。

5. 资金成本

资金成本是为筹集和使用资金而付出的代价。资金成本包括资金筹集费（筹资费用）和资金占用费（用资费用）两部分。

资金筹集费是指在资金筹集过程中支付的各项费用，如银行借款手续费、股票或债券的发行费用等。资金占用费是指占用资金支付的费用，如支付的股票股利、债券或借款利息等。

资金成本是选择资金来源、确定筹资方案的重要依据；是评价投资项目、决定投资取舍的重要标准，是投资必须获得的最低要求收益率；也是衡量项目或技术方案经营成果的尺度。资金成本常用百分数表示，称为资金成本率。资金成本率是资金占用费与筹资净额（筹资总额减筹集费）之比，对于自筹资金常以其机会成本率来表示。

3.3.3 成本费用的估算

成本费用的估算内容视经济分析的目的要求不同而异。在各种成本概念中，最基本的是产品的生产成本（制造成本）和期间费用。因此，成本费用估算主要是产品生产成本和期间费用的估算。

成本费用的估算方法很多，可分为详细估算法和概略估算法两类。

1. 详细估算法

详细估算法一般是按照成本费用项目，根据有关规定和详细资料逐项进行估算。

（1）原材料、燃料、辅助材料及动力等费用项目，可根据单位产品的耗用量、单价及项目的产量规模等资料计算。其中原材料、燃料及动力等的耗用量，可以同类产品的历史资料和已达到的消耗定额，或新产品的设计技术经济定额为依据。

（2）生产工人的工资可按项目的生产定员人数及平均工资水平测定。

（3）制造费用中有消耗定额的按定额测算；没有消耗定额的，可根据历史资料和同类企业的统计资料确定。其中，折旧费按国家有关规定单独测算。

（4）管理费用、销售费用等期间费用可按会计规定和有关收费标准，参照历史资料计算；财务费用按项目负债的应计利息支出计算。

2. 概略估算法

在缺乏详细成本资料和定额的情况下，可采用下列方法概略估算成本费用：

（1）分项类比估算法。此法是将产品生产成本分为材料费、工资和制造费用（料、工、费）三项费用，然后按照各种产品的类似程度及分项费用的比例关系进行估算。

（2）差额调整法。对于老产品改进技术方案的成本预测，可以老产品实际成本为基数，找出新老产品的结构、材质、工艺等方面的差异，然后以差异额调整老产品成本，以求得新产品的成本。或根据类似产品确定成本修正系数，再与类似产品成本相乘，也可求得估算产品的成本。

（3）统计估算法。此法是通过收集产品（或方案）的成本统计资料，根据成本与某些参数如产量、功率、时间等之间相互关系的曲线或关系式，来测算成本费用。产品使用成本和某些期间费用的估算多采用此法。

3.3.4 折旧与摊销

1. 折旧与摊销的概念

（1）折旧。折旧是资本化成本在其有效年限内的分配。政府允许公司保留这一未来替换资金，而对其不征税。折旧普遍用于耐用设备，也用于其他资产。一般来说，如果一项资产可以满足以下特点，就可以计提折旧：必须在经营或生产过程中使用；寿命周期长于一年；它由于自然原因而磨损、损耗、废弃或者贬值。这些特点是设备的显著特点，也适用于建筑。

固定资产折旧是指固定资产在使用过程中由于磨损而逐步转移到产品价值中的那部分固定资产的价值。固定资产虽然在生产过程中始终保持其原有的物质形态，但其价值却由于不断磨损而处于不断变化之中。因而，项目投产时核定的固定资产价值称为账面原值，固定资产原值扣除折旧以后的价值称为账面净值。在设备服务期终了或中途更换时，固定资产的价值称为残（余）值。残值有两种：一种是账面残值，另一种是当时的市场交易价值。

固定资产折旧费既不是现金流出，也不是现金流入，而是非现金费用，但因税法允许其冲减应税收入，在技术方案有盈利的情况下，会减少应纳税所得额，即折旧费将以减少纳税方式间接影响方案的现金流量。因此,在分析和计算技术方案现金流量时,必须对折旧费进行计算。

(2) 摊销。摊销是指对除固定资产之外,其他可以长期使用的经营性资产按照其使用年限每年分摊购置成本的会计处理办法,与固定资产折旧类似。

常见的摊销资产如大型软件、土地使用权等无形资产和开办费,它们可以在较长时间内为公司业务和收入做出贡献,所以其购置成本也要分摊到各年才合理。

摊销期限一般不超过10年,与折旧一样,可以选择直线折旧法和加速折旧法来摊销无形资产。从金额上看,一般情况下,摊销的费用相对于折旧费用要小很多,也就是说,大多数公司的固定资产要远远大于无形资产。

2. 折旧费计算的方法

计算折旧的基本公式为

$$应提折旧额 = 折旧率 \times 折旧基数$$

由于折旧率和折旧基数的确定方法不同,折旧方法有多种。

目前我国常用的折旧方法主要有直线折旧法和加速折旧法两大类。直线折旧法包括平均年限法和工作量法,加速折旧法包括年数总和法和双倍余额递减法。

(1) 直线折旧法

1) 平均年限法。该法是把应计提折旧的固定资产价值按其使用年限平均分摊。年折旧率和折旧额的计算公式分别为

$$f = \frac{1-s}{T} \times 100\% \tag{3-4}$$

式中 f——年折旧率;
s——预计净残值率(一般取原值的3%~5%);
T——折旧年限。

$$D = K_0 f \tag{3-5}$$

式中 D——年折旧额;
K_0——固定资产原值。

如果用 K_L 代表残值,则 $K_L = K_0 s$,$D = \dfrac{K_0 - K_L}{T}$,这里 K_0、s、D、T 意义同上。

【例3-1】 某项固定资产原值为10 000元,预计净残值率为4%,折旧年限为5年,则按直线折旧法计算的年折旧率、年折旧额及第3年年末账面净值分别为多少?

解:根据式(3-4)、式(3-5)得

$$f = \frac{1-s}{T} \times 100\% = \frac{1-4\%}{5} \times 100\% = 19.2\%$$

$$D = K_0 f = 10\,000 \text{元} \times 19.2\% = 1\,920 \text{元}$$

$$K_3 = K_0 - Dt = 10\,000 \text{元} - 1\,920 \text{元} \times 3 = 4\,240 \text{元}$$

直线折旧法计算简单,因此被广泛应用。但它不能准确反映固定资产实际损耗情况,不利于投资的尽快回收,在出现新设备而使原设备提前淘汰时,可能由于未提足折旧而承担经济损失。

2）工作量法。对于某些专业设备、大型设备以及运输车辆等，可按产量、工作时间或行驶里程计提折旧。这种方法也属于直线折旧法。计算公式为

$$折旧额 = \frac{u}{U}(C-S) \tag{3-6}$$

式中　u——给定年份生产的产量；
　　　U——产量总数；
　　　C——设备成本；
　　　S——残值。

【例3-2】　计算一台估计生产 100 000 单位的设备折旧额。已知设备成本为 10 000 美元，预计前两年每年生产 20 000 单位，第 3 年生产 30 000 单位，第 4 年生产 10 000 单位，最后 1 年生产 20 000 单位。

解：第 1 年折旧额 $=\frac{u}{U}(C-S) = \frac{20\ 000}{100\ 000} \times 10\ 000\ 美元 = 2\ 000\ 美元$

依此，可算出各年的折旧额，见表3-3。

表3-3　工作量法计算表

年　份	产量（单位）	折旧额（美元）
1	20 000	2 000
2	20 000	2 000
3	30 000	3 000
4	10 000	1 000
5	20 000	2 000

（2）加速折旧法（递减折旧法）。加速折旧法的特点是，固定资产在使用期中，使用前期多计提折旧，使用后期少计提折旧。此法比较符合固定资产使用中的价值转移规律，可使固定资产成本加速得到补偿。我国企业使用的加速折旧法有年数总和法和双倍余额递减法。

1）年数总和法。这种方法是以固定资产剩余使用年数与使用年数总和之比计算折旧率，再乘以应计折旧的固定资产价值来求得各年折旧额。因为折旧率逐年递减，故折旧额逐年减少。其计算公式为

$$f_t = \frac{T-(t-1)}{\frac{1}{2}T(T+1)} \times 100\% \tag{3-7}$$

$$D_t = (K_0 - K_L)f_t \tag{3-8}$$

式中　f_t——第 t 年折旧率；
　　　D_t——第 t 年折旧额；
　　　K_L——预计净残值；
　　　K_0、T——含义同前。

【例3-3】　以例 3-1 的数据为例，按年数总和法计算的各年折旧率、折旧额及账面净值见表3-4。

表 3-4　年数总和法折旧计算表

使用年限	年折旧率	年折旧额（元）	账面净值（元）
0	0	0	10 000
1	5/15	3 200	6 800
2	4/15	2 560	4 240
3	3/15	1 920	2 320
4	2/15	1 280	1 040
5	1/15	640	400

2) 双倍余额递减法。这种方法是用直线折旧率的两倍乘以固定资产期初净值来计算折旧额。这里的直线折旧率不考虑残值，即双倍余额递减折旧率为 $f=2/T$。为把固定资产原值与预计净残值的差额分摊完，这种方法计算到一定年度后，要改用直线折旧法。当下式成立时，即从该年起改为直线折旧法：

$$按双倍余额递减法计算的某年折旧额 < \frac{该资产年初净值-预计净残值}{剩余使用年限}$$

我国财务制度规定，用双倍余额递减法计算折旧到最后两年改为直线折旧法。

【例 3-4】 仍以例 3-1 的数据为例，双倍余额递减法的年折旧率为 $f=2/5=40\%$，各年折旧额及账面净值见表 3-5（从第 4 年起改为直线折旧法）。

表 3-5　双倍余额递减法折旧计算表

使用年限	年折旧率	年折旧额（元）	账面净值（元）
0	0	0	10 000
1	0.400	4 000	6 000
2	0.400	2 400	3 600
3	0.400	1 440	2 160
4	0.407	880	1 280
5	0.407	880	400

3.4　销售收入、利润及税金

3.4.1　销售收入

销售收入是指企业销售产品或提供劳务等取得的货币收入，它是投资项目财务收益的主要来源。销售收入包括产品销售收入和其他销售收入。产品销售收入包括销售产成品和自制的半成品、提供工业性劳务等取得的收入。其他销售收入包括材料销售、资产出租、外购商品销售、无形资产转让以及提供非工业性劳务等取得的收入。

销售收入是按销售量乘以销售单价计算的。销售单价在财务分析中为实际市场价格或预测的市场价格，在国民经济分析中为产出物的影子价格。在项目经济分析中，常假定销售量等于产量，且全部收入立即回收，此时的销售收入即为技术方案的现金流入。按会计方法计算的销售收入并不等于实际现金流入。

3.4.2 利润

企业的利润是企业在一定会计期间的经营成果。企业利润的表现形式有营业利润、利润总额和净利润。

1. 营业利润

营业利润是企业利润的主要来源,营业利润的计算公式为

营业利润 = 营业收入 − 营业成本 − 税金及附加 − 销售费用 −
　　　　　管理费用 − 研发费用 − 财务费用 + 其他收益 + 投资收益(损失为负) +
　　　　　公允价值变动收益(损失为负) + 信用减值损失(损失为负) +
　　　　　资产减值损失(损失为负) + 资产处置收益(损失为负)

（1）营业收入。营业收入是指企业经营业务所确认的收入总额,包括主营业务收入和其他业务收入。其中,主营业务收入是指企业为完成其经营目标而从事的经营性活动所实现的收入,如建筑业企业工程结算收入、工业企业产品销售收入、商业企业商品销售收入等。其他业务收入是指企业除主营业务收入以外的其他销售或其他业务的收入,如建筑业企业对外出售不需要的材料的收入、出租投资性房地产的收入、劳务作业收入、多种经营收入和其他收入（技术转让利润、联合承包节省投资分成收入、提前竣工投产利润分成收入等）。

（2）营业成本。营业成本是指企业经营业务所发生的实际成本总额,包括主营业务成本和其他业务成本。其中,主营业务成本是指企业经营主营业务发生的支出,其他业务成本是指企业除主营业务以外的其他销售或其他业务所发生的支出,包括销售材料、出租设备、出租投资性房地产等发生的相关成本、费用等。

（3）信用/资产减值损失。信用/资产减值损失是指企业信用或计提各项资产减值准备所形成的损失。

（4）公允价值变动收益（或损失）。公允价值变动收益（或损失）是指企业交易性金融资产等公允价值变动形成的应计入当期损益的利得（或损失）。

（5）投资收益（或损失）。投资收益（或损失）是指企业以各种方式对外投资所取得的投资收益减去投资损失后的净额,即投资净收益。投资收益包括对外投资享有的利润、股利、债券利息、投资到期收回或中途转让取得高于账面价值的差额,以及按照权益法核算的股权投资在被投资单位增加的净资产中所拥有的数额等。投资损失包括对外投资分担的亏损,投资到期收回或者中途转让取得款项低于账面价值的差额,以及按照权益法核算的股权投资在被投资单位减少的资产中分担的数额等。如投资净收益为负值,即为投资损失。

2. 利润总额

企业的利润总额是指企业营业利润加上营业外收入,再减去营业外支出的金额。即

利润总额 = 营业利润 + 营业外收入 − 营业外支出

营业外收入亦称营业外收益,是指与生产经营过程无直接关系,应列入当期利润的收入。营业外收入是企业财务成果的组成部分。例如,没收包装物押金收入、收回调入职工欠款、罚款净收入等。营业外支出是指除主营业务成本和其他业务支出等以外的各项非营业性支出。例如罚款支出、捐赠支出和非常损失等。

3. 净利润

企业当期利润总额减去所得税后的金额,即为企业的税后利润或净利润,表示为

$$净利润 = 利润总额 - 所得税$$

式中，所得税是指企业应计入当期损益的所得税。

技术方案的利润已包含在销售收入之中，不再作为单独的现金流入项目。但为了计算税金支出和分析技术方案的盈利能力，必须对利润进行测算。

3.4.3 税金

税金是国家依法向有纳税义务的单位或个人征收的财政资金。税收是国家筹集财政资金的手段，又是国家凭借政治权力参与国民收入分配和再分配的一种形式。税收具有强制性、无偿性和固定性的特点。

投资项目应按规定计算并缴纳税金。税金在财务分析中是一种现金流出，在国民经济分析中是一种转移支付。

目前，我国共有增值税、消费税、企业所得税、个人所得税、资源税、环境保护税、城镇土地使用税、房产税、城市维护建设税、耕地占用税、土地增值税、车辆购置税、车船税、印花税、契税、烟叶税、关税、船舶吨税、教育费附加等税种。按征税对象分类，可将全部税收划分为流转税类（增值税、消费税和关税等）、所得税类（企业所得税、个人所得税）、财产税类（房产税、契税、车船税、船舶吨税等）、资源税类（资源税、城镇土地使用税等）和行为税类（城市维护建设税、印花税、车辆购置税等）五种类型。其中与投资项目经济分析有关的税种主要有：计入项目总投资的耕地占用税；计入总成本费用的房产税、城镇土地使用税、印花税、车船税等；从销售收入中扣除，作为销售税金及附加的增值税、消费税、资源税、城市维护建设税、教育费附加等；从利润总额中扣除的所得税等。

下面将简要介绍几种主要的现行税种。

1. 增值税

增值税是以商品和劳务在流转过程中产生的增值额作为征税对象而征收的一种流转税，增值税是对在我国境内销售货物或者加工、修理修配劳务（以下简称劳务），销售服务、无形资产、不动产以及进口货物的单位和个人，就其销售货物、劳务、服务、无形资产、不动产（以下统称应税销售行为）的增值额和货物进口金额为计税依据而课征的一种流转税。

增值税纳税人分为一般纳税人和小规模纳税人。增值税一般纳税人发生增值税应税销售行为或者进口货物，税率分别为13%、9%、6%和零税率。对小规模纳税人，实行简易办法计算应纳税额，征收率为3%。

一般纳税人计税公式为

$$应纳增值税税额 = 当期销项税额 - 当期进项税额$$

销项税额是按照销售额和规定的税率计算的增值税税额，进项税额是购进货物或接受应税劳务应负担的增值税税额。准予从销项税额中抵扣的进项税额是指增值税扣税凭证（增值税专用发票及海关提供的完税凭证）上注明的增值税税额。

2. 消费税

消费税是对特定消费品和消费行为征收的一种流转税。消费税是为了保证国家财政收入，体现基本保持原税赋的原则，同时考虑对一些消费品进行特殊调节，对少数消费品在征收增值税的基础上征收的。消费税的征收范围为以下五大类产品：

（1）一些过度消费会对人类健康、社会秩序、生态环境等方面造成危害的特殊消费品

（如烟、酒、鞭炮）。

（2）奢侈品、非生活必需品（如化妆品、贵重首饰珠宝玉石）。

（3）高能耗及高档消费品（如小汽车、摩托车）。

（4）不可再生的资源（如汽油、柴油）。

（5）有财政意义的产品。

消费税采用从量定额、从价定率和从价从量复合计征三种征收办法。采用从价定率计征办法的，按不含增值税税金但含有消费税税金在内的价格和规定税率计算征收消费税。应纳消费税税额的计算公式为

$$实行从价定率办法计算的应纳消费税税额 = 销售额 \times 税率$$

$$实行从量定额办法计算的应纳消费税税额 = 销售数量 \times 单位税额$$

$$实行从价从量复合计征计算的应纳消费税税额 = 销售额 \times 税率 + 销售数量 \times 单位税额$$

3. 资源税

资源税是对在我国境内从事应税矿产品开采和生产盐的单位和个人课征的一种税。资源税税目主要包括能源矿产、金属矿产、非金属矿产、水气矿产、盐等。

资源税采用从量定额、从价定率的征收办法。

应纳资源税税额的计算公式为

$$实行从价定率办法计算的应纳资源税税额 = 销售额 \times 税率$$

$$实行从量定额办法计算的应纳资源税税额 = 课税数量 \times 单位税额$$

课税数量是指纳税人开采或者生产应税产品的销售数量或自用数量；单位税额根据开采或生产应税产品的资源状况而定，具体按《资源税税目税额幅度表》执行。

4. 城市维护建设税

城市维护建设税是一种附加税，以增值税、消费税税额为计税依据，与这两种税同时缴纳，其收入专用于城乡公用事业和公共设施的维护建设。现行税率是根据两种税纳税人所在地区分：在市区的税率为7%；县城、镇的税率为5%；其他地区税率为1%。

5. 教育费附加

教育费附加是向缴纳增值税、消费税的单位和个人征收的一种费用，它以纳税人实际缴纳的上述两种税的税额为计征依据，教育费附加率目前为3%。为贯彻落实《国家中长期教育改革和发展规划纲要（2010—2020年）》，财政部下发了《关于统一地方教育附加政策有关问题的通知》（财综〔2010〕98号），要求各地统一征收地方教育附加，地方教育附加征收标准为单位和个人实际缴纳的增值税和消费税税额之和的2%。

6. 企业所得税

企业所得税是对我国境内的企业和其他取得收入的组织的生产经营所得和其他所得征收的一种税。企业所得税以企业每一纳税年度的收入总额，减除不征税收入、免税收入、各项扣除以及允许弥补的以前年度亏损后的余额，为应纳税所得额，基本税率为25%。收入总额包括生产经营收入、财产转让收入、利息收入、租赁收入、特许权使用费收入以及股息收入等。应纳企业所得税税额的计算公式为

$$应纳企业所得税税额 = 应纳税所得额 \times 税率$$

在技术经济分析中，可以近似地认为：应纳税所得额 = 利润。纳税人发生年度亏损的，可用下一纳税年度的所得弥补；下一纳税年度的所得不足弥补的，可以逐年延续弥补，但是

延续弥补期最长不得超过五年。

【本章小结】

项目的建设可以看成是以货币形式体现的现金流入或现金流出,投资、成本费用、销售收入、利润、税金构成现金流量的五个基本要素。这些基本要素可以用现金流量表或者现金流量图的形式进行表示。

投资具有双重含义,技术经济学中的投资是指为了保证项目投产和生产经营活动的正常进行而投入的活劳动和物化劳动价值的总和,主要由建设投资(固定资产投资)和流动资金投资两部分构成。成本费用是从劳动消耗角度衡量建设项目投入的基本指标。折旧是对固定资产价值损耗的补偿,其计算方法有平均年限法、工作量法、年数总和法和双倍余额递减法。销售收入是企业销售产品或提供劳务等取得的货币收入。利润是项目经营目标的集中体现,是项目在一定时期内的经营净成果。税金是国家依法向有纳税义务的单位或个人征收的财政资金。税收具有强制性、无偿性和固定性的特点。我国目前的工商税制分为流转税、资源税、所得税、财产税、行为税五类。

【本章思考题】

1. 什么是技术方案的现金流量?如何表示现金流量?
2. 什么是投资?建设项目总投资由哪几部分构成?
3. 什么是固定资产投资?什么是流动资金投资?二者有什么区别?
4. 技术经济分析中常用的成本费用概念有哪些?各自的含义是什么?
5. 折旧费是否为现金流量?为何计算现金流量时要计算折旧费?
6. 与技术方案决策有关的税金有哪几种?

【本章练习题】

1. 某设备原值为 60 000 元,使用年限为 5 年,预计净残值率为 5%。试分别用平均年限法、年数总和法和双倍余额递减法计算各年折旧额及年末账面净值。

2. 某公司正考虑将现有手工操作的装配机更换为全自动装配机。企业所得税税率为 25%,有关资料见表 3-6。试分析此更新方案的现金流量。

表 3-6 第 2 题有关数据资料

手工装配机		全自动装配机	
目前变现价值(元)	12 000	新机器价格(元)	50 000
预计使用年限/年	15	运输及安装费(元)	6 000
已使用年限/年	10	预计使用年限/年	5
期末残值(元)	0	期末残值(元)	0
年折旧费(元)	2 000	操作工年薪(元)	0
操作工年薪(元)	13 000	年残次品费(元)	1 000
年加班费(元)	1 000	年维护费(元)	1 000
年残次品费(元)	6 000	折旧方法	直线折旧法
目前账面价值(元)	10 000		

第4章

资金时间价值及其等值计算

【本章思维导图】

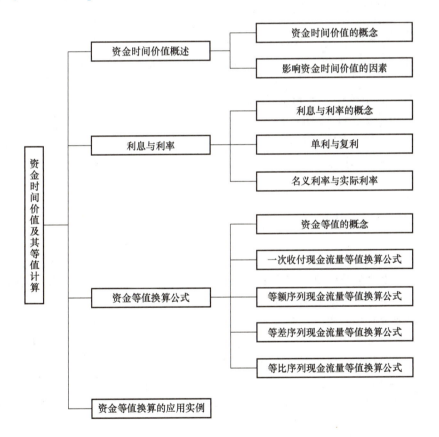

【本章重点】

➢ 理解资金时间价值的内涵。
➢ 正确理解利息与利率的概念。
➢ 正确理解名义利率和实际利率的概念。
➢ 掌握资金等值换算的方法。

【本章引导性案例】

生产实践活动必须考虑时间因素,试考虑下面的问题:

某投资项目有三个方案可供选择,具体数据见表 4-1。如果其他条件相同,那么企业应该选择哪个方案?

从直觉和常识判断,方案乙优于方案甲,因为它们尽管投资总额和年收益总额相等,但是方案乙可以早两年获得 3 000 元的收益。而方案乙与方案丙相比,方案丙优于方案乙,因为方案丙比方案乙晚一年支出 2 000 元。

表 4-1　三个投资方案的投资额和年收益情况　　　　　　（单位:元)

年份		0	1	2	3	4
方案甲	投资额	5 000				
	年收益			2 000	3 000	5 000
方案乙	投资额	5 000				
	年收益			5 000	3 000	2 000
方案丙	投资额	3 000	2 000			
	年收益			5 000	3 000	2 000

从这个问题可以发现,方案的优劣不仅与资金的投资和收入的多少有关,而且与发生的时间也紧密相关。今天的一笔资金能够立即用来投资,并在项目投产后获得更多的资金;而将来取得的资金则不能在今天投资,也就不能适时获得更多的资金。显然资金具有"时间价值"。

4.1　资金时间价值概述

资金的时间价值是指资金在不断运动过程中随着时间的推移而产生的增值,也就是资金随时间变化而产生的资金价值的变化量。可以从以下两方面来理解资金时间价值的含义。首先,资金投入流通,与劳动力相结合,其价值发生了增值,其增值的实质是劳动力在生产过程中创造了剩余价值。因此,从投资者的角度来看,资金的增值特性使资金具有时间价值。其次,从消费者的角度来看,资金一旦用于投资,就不能用于现期消费,因此资金时间价值体现为对放弃现期消费的损失所应给予的必要补偿。

影响资金时间价值的因素很多,其中主要有以下几点:

(1) 资金的使用时间。在单位时间的资金增值率一定的条件下,资金使用时间越长,则资金的时间价值越大;使用时间越短,则资金的时间价值越小。

(2) 资金数量的多少。在其他条件不变的情况下,资金数量越多,资金的时间价值就越大;反之,资金的时间价值则越小。

(3) 资金投入和回收的特点。在总投资一定的情况下,前期投入的资金越多,资金的负效益越大;反之,后期投入的资金越多,资金的负效益越小。而在资金回收额一定的情况下,离现在越近的时间回收的资金越多,资金的时间价值就越大;反之,离现在越远的时间回收的资金越多,资金的时间价值就越小。

(4) 资金周转的速度。资金周转越快，在一定的时间内等量资金的周转次数越多，资金的时间价值越大；反之，资金的时间价值越小。

总之，资金的时间价值是客观存在的，生产经营的一项基本原则就是充分利用资金的时间价值并最大限度地获得其时间价值，这就要加速资金周转，尽早回收资金，并不断从事利润较高的投资活动；任何资金的闲置，都是损失资金的时间价值。

资金的时间价值可以用绝对数表示，也可以用相对数表示。前者如利息额、利润额等，后者如利息率、利润率等。

4.2 利息与利率

4.2.1 利息与利率的概念

利息是指占用资金所付出的代价，或放弃使用资金所得到的补偿。如果将一笔资金（本金）存入银行，经过一段时间之后，储户可在本金之外再得到一笔利息，这一过程可以表示为

$$F_n = P + I_n \tag{4-1}$$

式中　F_n——本利和；
　　　P——本金；
　　　I_n——n 期的利息；
　　　n——计算利息的周期数。

利息是社会利润的一部分，是资金时间价值的一种表现形式，也是衡量资金时间价值的一种尺度。在日常生活中，一般把通过银行信贷而付出的代价或得到的报酬称为利息，这是一种狭义的利息概念。在技术经济学中，利息和利润都是资金的时间价值，可统称为广义的利息。

利息通常根据利率来计算。利率是指一个计息周期内所得到的利息额与本金之比，一般用百分数（或千分数）表示，即

$$i = \frac{I}{P} \times 100\% \tag{4-2}$$

式中　i——利率；
　　　I——计息周期内所得的利息额。

由于计息周期的不同，利率有年利率、季利率、月利率之分。技术经济分析中常用年利率。

利率也有广义和狭义之分。狭义的利率仅指银行利率。广义的利率是指资金时间价值率，泛指由于资金运动所产生的各种收益率，如投资收益率、资金利润率以及银行利率等。技术经济学中用的正是这种广义的利率概念。

利率是衡量资金时间价值的相对尺度。利率这一概念在技术经济学中是一条贯穿始终的基线，它提供了对不同时间现金流量进行比较的途径，是资金等值的重要条件，是平衡现在与未来的杠杆。

4.2.2 单利与复利

利息的计算有单利计息和复利计息两种方法。

单利计息是指仅用本金计算利息，利息不再生息。单利计息时，每期利息额相等。设 i 代表利率，则本金 P 在 n 期后的利息额 I_n 及本利和 F_n 分别为

$$I_n = Pni \tag{4-3}$$

$$F_n = P(1+ni) \tag{4-4}$$

【例 4-1】 甲公司从银行借入 1 000 万元，年利率为 8%，单利计息，借期 4 年，到期一次还本付息，则该公司第 4 年年末一次偿还的本利和为多少万元？

解：本利和 $F_n = P(1+ni) = 1\ 000\ 万元 \times (1+4\times 8\%) = 1\ 320\ 万元$。

该公司第 4 年年末一次偿还的本利和为 1 320 万元。

复利计息时，不仅本金计算利息，而且利息还要生息，即用本金与前期累计利息之和计算利息。复利计息的本利和公式为

$$F_n = P(1+i)^n \tag{4-5}$$

式（4-5）的推导过程见表 4-2。

表 4-2 复利计息本利和计算表

计息周期	期初本金	本期利息	期末本利和 F_n
1	P	Pi	$F_1 = P + Pi = P(1+i)$
2	$P(1+i)$	$P(1+i)i$	$F_2 = P(1+i) + P(1+i)i = P(1+i)^2$
3	$P(1+i)^2$	$P(1+i)^2 i$	$F_3 = P(1+i)^2 + P(1+i)^2 i = P(1+i)^3$
⋮	⋮	⋮	⋮
n	$P(1+i)^{n-1}$	$P(1+i)^{n-1} i$	$F_n = P(1+i)^{n-1} + P(1+i)^{n-1} i = P(1+i)^n$

【例 4-2】 某工程期初向银行借款 100 万元，若贷款年利率为 10%，一年计息一次，用复利法计算到期后应付的本利和及利息，还款期为 5 年。

解：本利和 $F_n = P(1+i)^n = 100\ 万元 \times (1+10\%)^5 = 161.051\ 万元$。

利息 $I_n = F_n - P = 161.051\ 万元 - 100\ 万元 = 61.051\ 万元$。

复利计息比较符合资金在社会再生产过程中运动的实际状况，在技术经济分析中，一般采用复利计息。

复利计算有间断复利和连续复利之分。按期（年、半年、季、月、周、日）计算复利的方法称为间断复利（即普通复利），按瞬时计算复利的方法称为连续复利。在实际使用中都采用间断复利，这一方面是出于习惯，另一方面是因为会计通常在年底结算一年的进出款，按年支付税金、保险金和抵押费用，因而采用间断复利考虑问题更适宜。

4.2.3 名义利率与实际利率

在实际经济活动中，计息周期有年、半年、季、月、周、日等。当利率的时间单位与计

息周期的时间单位不一致时,就产生了名义利率与实际利率的区别。表 4-3 中,整存整取三个月的存款年利率是 1.10%,但三个月的利息就不能使用 1.10% 直接计算,需要将其换算,用 1.10%÷4=0.275% 计算三个月的利息。这里 1.10% 是整存整取三个月存款的名义利率,而 0.275% 是实际利率。

表 4-3　××银行 2020 年 6 月份的存款利率

项　　目	年利率(%)
一、城乡居民及单位存款	
(一)活期	0.30
(二)定期	
1. 整存整取	
三个月	1.10
半年	1.30
⋮	⋮

实际利率是计算利息时实际采用的有效利率。例如,月利率 1%,每月计息一次,则 1% 是月实际利率,年实际利率应为 $(1+1\%)^{12}-1=12.68\%$。

用计息周期的实际利率乘以一年内计息次数得到的年利率,称为年名义利率。如上例中,$1\%\times12=12\%$,这 12% 即为年名义利率。实际计算利息时不用名义利率,而用实际利率。名义利率只是习惯上的表示方法。如"月利率 1%,每月计息一次",也可以表示为"年利率 12%,每月计息一次"。

设 r 表示年名义利率,i 表示年实际利率,m 表示一年中计息次数,则计息周期的实际利率为 r/m,根据复利计息公式,本金 P 在一年后的本利和为

$$F = P\left(1 + \frac{r}{m}\right)^m \qquad (4\text{-}6)$$

一年中得到的利息为

$$F - P = P\left[\left(1 + \frac{r}{m}\right)^m - 1\right] \qquad (4\text{-}7)$$

则年实际利率为

$$i = \frac{F-P}{P} = \frac{P\left[\left(1+\frac{r}{m}\right)^m - 1\right]}{P} = \left(1+\frac{r}{m}\right)^m - 1 \qquad (4\text{-}8)$$

即

$$i = \left(1 + \frac{r}{m}\right)^m - 1 \qquad (4\text{-}9)$$

从式 (4-9) 可以看出,当 $m=1$ 时,$i=r$;当 $m>1$ 时,$i>r$;当 $m\to+\infty$ 时,即为连续复利计息,$i=e^r-1$ (e 为自然对数的底,e=2.718 28)。

【例 4-3】　年利率为 12%,每季度计息一次,年初存款 100 元,年末本利和为多少?

解:12% 是年名义利率,每季度计息一次,每年计息次数 $m=4$。由式 (4-9) 得年实际利率为

$$i = \left(1 + \frac{12\%}{4}\right)^4 - 1 = 12.55\%$$

年末本利和为

$$F = P(1+i)^n = 100 \text{元} \times (1 + 12.55\%) = 112.55 \text{元}$$

4.3 资金等值换算公式

4.3.1 资金等值的概念

资金具有时间价值，因此同一数额的资金在不同的时点上具有不同的价值，而在不同时点上数额不等的资金有可能具有相同的价值。例如，现在的 100 元与一年后的 110 元，其数额并不相等，但如果年利率（资金时间价值率）为 10%，则两者是等值的。资金等值是指考虑时间因素后不同时点上数额不等的相关资金在一定利率条件下具有相等的价值。

不同时点上数额不等的资金如果等值，则它们在任何相同时点上的数额必然相等。如第一年年初的 100 元在年利率 10% 的条件下，第二年年末的本利和为 100 元 × (1 + 10%)^2 = 121 元，而第一年年末的 110 元在同样利率下，第二年年末的本利和也是 121 元，即 110 元 × (1 + 10%) = 121 元。由上述分析可知，影响资金等值的因素有三个，即资金额大小、资金发生的时间和资金时间价值率（利率）。

利用资金等值概念，将不同时点上的资金额按一定的资金时间价值率换算为等值资金的过程，称为资金的等值换算。

进行资金等值换算还需阐明以下几个概念：

（1）时值。资金的时值是指资金在其运动过程中处于某一时点的价值。

（2）现值。现值是指资金现在的价值，是资金处于资金运动起点时刻的价值，又称为本金，以符号 P 表示。

（3）终值。终值是指资金经过一定时间的增值后的资金值，是现值在未来时点上的等值资金。相对现值而言，终值又称为将来值、本利和，以符号 F 表示。

（4）等年值。等年值是指分期等额收付的资金值。由于各期间隔通常为一年，且各年金额相等，故又称为年金，以符号 A 表示。

（5）贴现与贴现率。把终值换算为现值的过程叫作贴现或折现。贴现时所用的利率称为贴现率或折现率。

4.3.2 一次收付现金流量等值换算公式

一次收付又称整收或整付，是指所分析的现金流量中无论是流入还是流出，均在某一时点上一次收入或支付。例如，期初一笔资金 P，在利率为 i 的条件下，等值于 n 年后的资金 F，其现金流量的等值关系如图 4-1 所示。

一次收付有两个等值换算公式。

1. 一次收付终值公式

$$F = P(1+i)^n = P(F/P, i, n) \tag{4-10}$$

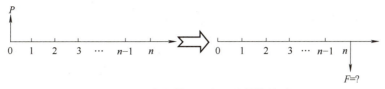

图 4-1 一次收付现金流量的等值关系

该公式表示在利率 i 的条件下，现值 P 与 n 期后的终值 F 的等值关系。它适用于已知 P、i、n 求 F 的情况。式中 $(1+i)^n$ 称为一次收付复利终值系数，用符号 $(F/P,i,n)$ 表示，其含义是单位资金经复利计息 n 期后的本利和，其数值可查复利系数表。

【例 4-4】 某项目现在投资 10 万元，年利率为 10%，5 年期满后一次收回本息，问能收回多少资金？

解：$F = 10$ 万元 $\times (1+10\%)^5 = 16.11$ 万元。

2. 一次收付现值公式

$$P = F\frac{1}{(1+i)^n} = F(P/F,i,n) \tag{4-11}$$

该公式是一次收付终值公式的逆运算，适用于已知 F、i、n 求 P 的情况。式中 $1/(1+i)^n$ 记为 $(P/F,i,n)$，称为一次收付复利现值系数，其含义是 n 期后的单位终值的现值，其值可查复利系数表。

【例 4-5】 某人计划 5 年后从银行提取 1 万元，如果银行利率为 5%，问现在应存入银行多少钱？

解：$P = F(P/F,i,n) = 10\,000$ 元 $\times (P/F,5\%,5) = 10\,000$ 元 $\times 0.783\,5 = 7\,835$ 元

4.3.3 等额序列现金流量等值换算公式

等额序列现金流量的特点是 n 个等额资金 A 连续地发生在每期期末（或期初）。例如，逐年等额存款或等额偿还借款就属于这种类型。等额序列现金流量图如图 4-2 所示。

1. 年金终值公式

图 4-2 等额序列现金流量图

$$F = A\frac{(1+i)^n - 1}{i} = A(F/A,i,n) \tag{4-12}$$

该公式表示在利率 i 的情况下，n 个等额资金 A 与第 n 期期末终值 F 之间的等值关系。它适用于已知 A、i、n 求 F 的情况。

式中 $[(1+i)^n - 1]/i$ 为年金终值系数，用符号 $(F/A,i,n)$ 表示，其含义是 n 期单位年金的终值，其值可查复利系数表。年金终值现金流量的等值关系如图 4-3 所示。

式 (4-12) 的推导过程如下：

$$F = A(1+i)^0 + A(1+i)^1 + \cdots + A(1+i)^{n-1}$$
$$F(1+i) = A(1+i)^1 + A(1+i)^2 + \cdots + A(1+i)^n$$
$$F(1+i) - F = Fi = A(1+i)^n - A = A[(1+i)^n - 1]$$

$$F = A\frac{(1+i)^n - 1}{i}$$

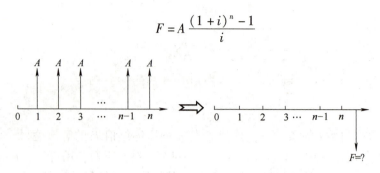

图 4-3　年金终值现金流量的等值关系

当然推导过程也可以用等比数列求和公式求得。

【例 4-6】　某施工企业每年年末存入银行 100 万元，用于 3 年后的技术改造，已知银行存款年利率为 5%，按年复利计息，则到第 3 年年末可用于技术改造的资金总额为多少？

解：已知 $A = 100$ 万元，$i = 5\%$，$n = 3$，由式（4-12）得

$$F = A(F/A, i, n) = 100 \text{ 万元} \times (F/A, 5\%, 3) = 100 \text{ 万元} \times 3.153 = 315.3 \text{ 万元}$$

【例 4-7】　如果你每年年末存 10 000 元，按照 6% 的利率计算，5 年后你得到多少钱？

解：$F = A(F/A, i, n) = A\dfrac{(1+i)^n - 1}{i} = 10\,000 \text{ 元} \times \dfrac{(1+6\%)^5 - 1}{6\%} = 56\,370 \text{ 元}$

2. 偿债基金公式（存储基金公式）

$$A = F\frac{i}{(1+i)^n - 1} = F(A/F, i, n) \tag{4-13}$$

该公式表示第 n 期期末的终值 F 与 n 个等额支付值 A 之间的等值关系。它适用于已知 F、i、n 求 A 的情况，其现金流量等值关系如图 4-4 所示。式中 $i/[(1+i)^n - 1]$ 为偿债基金系数，用符号 $(A/F, i, n)$ 表示，其含义是单位终值的年金。

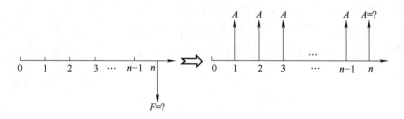

图 4-4　偿债基金现金流量等值关系

【例 4-8】　某企业资金利润率为 20%，从现在起每年年末应将多少利润投入再生产，才能在第 5 年年末取得 1 000 万元资金？

解：已知 $i = 20\%$，$n = 5$，$F = 1\,000$ 万元，求 A。由式（4-13）得

$$A = F(A/F, i, n) = 1\,000 \text{ 万元} \times (A/F, 20\%, 5) = 1\,000 \text{ 万元} \times 0.134\,38$$
$$= 134.38 \text{ 万元}$$

3. 资金回收公式

$$A = P\frac{i(1+i)^n}{(1+i)^n - 1} = P(A/P, i, n) \tag{4-14}$$

该公式表示利率 i、现值 P 与年金 A 之间的等值关系，它适用于已知 P、i、n 求 A 的情况。式中 $i(1+i)^n/[(1+i)^n - 1]$ 为资金回收系数，用符号 $(A/P, i, n)$ 表示，其含义是单位现值的年金，可由复利系数表查得其值。将 $F = P(1+i)^n$ 代入式（4-13），即可求得式（4-14）。式（4-14）的现金流量等值关系如图 4-5 所示。

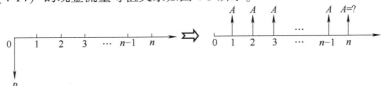

图 4-5 资金回收现金流量等值关系

【例 4-9】 某项目贷款 200 万元，银行 4 年内等额收回全部贷款，已知贷款利率为 10%，那么项目每年的净收益至少应为多少万元？

解：根据资金回收公式得

$$A = P(A/P, i, n) = 200\ \text{万元} \times (A/P, 10\%, 4) = 200\ \text{万元} \times 0.315\ 47$$
$$= 63.094\ \text{万元}$$

所以，项目每年的净收益至少应为 63.094 万元。

4. 年金现值公式

$$P = A\frac{(1+i)^n - 1}{i(1+i)^n} = A(P/A, i, n) \tag{4-15}$$

该式表示在利率为 i 的情况下，年金 A 与现值 P 之间的等值关系，其现金流量等值关系如图 4-6 所示。它适用于已知 A、i、n 求 P 的情况。式中 $[(1+i)^n - 1]/i(1+i)^n$ 为年金现值系数，用符号 $(P/A, i, n)$ 表示，其含义是单位年金的现值。式（4-15）可由式（4-14）直接导出。

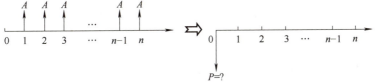

图 4-6 年金现值现金流量等值关系

【例 4-10】 某企业拟购买一台新设备，预计该设备每年获净收益 1 万元，设备寿命 10 年，残值不计。问在投资收益率不低于 10% 的条件下，企业可接受的设备最高售价是多少？

解：企业购买设备是为了取得收益，当设备在其寿命周期内创造的净收益现值恰好等于设备售价时，此售价即为可接受的最高售价。本题已知 $A = 1$ 万元，$n = 10$，$i = 10\%$，求 P。由式（4-15）得

$$P = A(P/A, i, n) = 1\ \text{万元} \times (P/A, 10\%, 10) = 1\ \text{万元} \times 6.145 = 6.145\ \text{万元}$$

等额序列也叫作年金序列。由于现金流量发生时间的不同,年金可分为后付年金、先付年金、延期年金和永续年金。

1) 后付年金也称普通年金,是指在每期期末有等额款项收付的现金流。以上介绍的等额序列现金流量四个等值换算公式都是针对普通年金而言的。

2) 先付年金也称预付年金,是指在每期期初有等额款项收付的现金流,如图4-7所示。先付年金的终值与现值分别按下列公式计算:

$$F = A\frac{(1+i)^n - 1}{i}(1+i) \tag{4-16}$$

$$P = A\frac{(1+i)^n - 1}{i(1+i)^n}(1+i) \tag{4-17}$$

3) 延期年金是指在最初 m 期没有款项收付,而后面连续 n 期有等额款项收付的现金流,如图4-8所示。延期年金终值公式与普通年金终值公式相同,其现值的计算公式为

$$P_0 = A\frac{(1+i)^n - 1}{i(1+i)^{n+m}} \tag{4-18}$$

图4-7 先付年金示意图

图4-8 延期年金示意图

4) 永续年金是指期限无限长的年金,即无穷等额序列现金流。有些工程,如铁路、公路、桥梁、水坝等,可以看作"永久性"工程。为了无限期地维持其寿命,必须每隔一定时间进行一次维修或重置,这就要有一笔维修或重置费用。为积累这笔费用,可在期初投入一笔足够大的资金以取得收益。如果每期费用相同,则各期的维修或重置费用构成了一个等额无穷序列(永续年金)。有些基金型的奖励项目也属于这种类型。由于期限无限长,所以永续年金没有终值,其现值公式可由普通年金现值公式导出。由年金现值公式,当 n 为无穷大时有

$$P = A\lim_{n\to\infty}\frac{(1+i)^n - 1}{i(1+i)^n} = \frac{A}{i} \tag{4-19}$$

式(4-19)就是无穷等额序列现值公式。

4.3.4 等差序列现金流量等值换算公式

在经济活动中,现金的收支常是不等额的,其中有一种比较典型的现金流量类型——等差序列现金流量。等差序列是按等额增加或减少的现金流量数列。例如,设备维护费用一般是逐年增加的,若每年按一个相对稳定的常数递增,就构成了一个等差递增现金流量。等差序列现金流量图如图4-9所示。

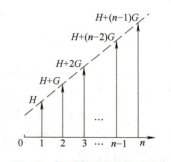

图4-9 等差序列现金流量图

等差序列现金流量的终值可以表示为

$$F = H(1+i)^{n-1} + (H+G)(1+i)^{n-2} + \cdots + [H+(n-1)G] \tag{4-20}$$

将式（4-20）等号左右各乘以（1+i）得

$$F(1+i) = H(1+i)^n + H(1+i)^{n-1} + G(1+i)^{n-1} \cdots + [H+(n-1)G](1+i) \quad (4\text{-}21)$$

将式（4-21）与式（4-20）相减得

$$Fi = H(1+i)^n - H + G[(1+i)^{n-1} + (1+i)^{n-2} + \cdots + 1] - nG \quad (4\text{-}22)$$

整理得

$$F = \left(H + \frac{G}{i}\right)\frac{(1+i)^n - 1}{i} - \frac{nG}{i} \quad (4\text{-}23)$$

由式（4-23）和式（4-11）得

$$P = \left(H + \frac{G}{i}\right)\frac{(1+i)^n - 1}{i(1+i)^n} - \frac{nG}{i(1+i)^n} \quad (4\text{-}24)$$

【例4-11】 如果你第一年年末在银行中存1 000元，以后每年存款在上一年的基础上增加50元，10年后你得到多少钱（利率为8%）？

解：本题中，$H=1\,000$元，$G=50$元，$i=8\%$，$n=10$。根据式（4-23）得

$$\begin{aligned}F &= \left(H + \frac{G}{i}\right)\frac{(1+i)^n - 1}{i} - \frac{nG}{i} \\ &= \left(1\,000\text{元} + \frac{50\text{元}}{8\%}\right) \times \frac{(1+8\%)^{10} - 1}{8\%} - \frac{10 \times 50\text{元}}{8\%} \\ &= 17\,291\text{元}\end{aligned}$$

【例4-12】 某企业新购进一台设备，估计可用5年，不计残值。使用该设备第一年需支付维护费用1 000元，以后逐年递增500元，年利率为10%，求设备维护费用的现值。

解：按题意画出现金流量图，如图4-10所示。本题中，$H=1\,000$元，$G=500$元，$n=5$，$i=10\%$，则

$$\begin{aligned}P &= \left(H + \frac{G}{i}\right)\frac{(1+i)^n - 1}{i(1+i)^n} - \frac{nG}{i(1+i)^n} \\ &= \left(1\,000\text{元} + \frac{500\text{元}}{10\%}\right) \times \frac{(1+10\%)^5 - 1}{10\% \times (1+10\%)^5} - \frac{5 \times 500\text{元}}{10\% \times (1+10\%)^5} \\ &= 6\,000\text{元} \times 3.79 - 15\,523.03\text{元} \\ &= 7\,216.97\text{元}\end{aligned}$$

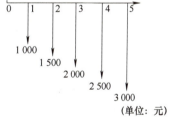

图4-10　例4-12 现金流量图

4.3.5　等比序列现金流量等值换算公式

在不等额序列现金流量中，还有一种典型的现金流量类型——等比序列（几何序列）现金流量，其特点是现金流量以某一固定比率逐期递增或递减。等比序列现金流量如图4-11所示。

设等比序列第一年年末基础金额为H，等比递增（减）率为g，则等比序列终值为

$$F = H(1+i)^{n-1} + H(1+g)(1+i)^{n-2} + \cdots + H(1+g)^{n-1} \quad (4\text{-}25)$$

当 $g \neq i$ 时，等式两边分别乘以 $(1+i)/(1+g)$ 可得

$$\frac{F(1+i)}{1+g} = H\frac{(1+i)^n}{1+g} + H(1+i)^{n-1} + \cdots + H(1+g)^{n-2}(1+i)$$

(4-26)

式（4-26）减去式（4-25）整理得

$$F = H\frac{(1+i)^n - (1+g)^n}{i-g}, \quad i \neq g$$

当 $g = i$ 时，由式（4-25）可以推导出

$$F = nH(1+i)^{n-1}$$

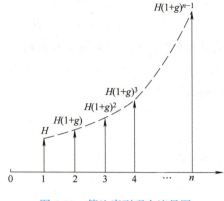

图 4-11　等比序列现金流量图

由以上推导过程可以得出

$$F = \begin{cases} H\dfrac{(1+i)^n - (1+g)^n}{i-g}, & i \neq g \\ nH(1+i)^{n-1}, & i = g \end{cases} \quad (4\text{-}27)$$

由式（4-11）和式（4-27）可以推导出

$$P = \begin{cases} H\dfrac{1-(1+g)^n(1+i)^{-n}}{i-g}, & i \neq g \\ \dfrac{nH}{1+i}, & i = g \end{cases} \quad (4\text{-}28)$$

【例 4-13】 如果第 1 年投资 10 000 元，以后每年的增长率为 10%，若利率是 8%，那么第 10 年年末一共累计多少钱？

解： 本题中，$H = 10\,000$ 元，$g = 10\%$，$i = 8\%$，$n = 10$。由式（4-27）得

$$F = H\frac{(1+i)^n - (1+g)^n}{i-g}$$

$$= 10\,000 \text{ 元} \times \frac{(1+8\%)^{10} - (1+10\%)^{10}}{8\% - 10\%} = 217\,410 \text{ 元}$$

【例 4-14】 某项目拟占用农业用地 1 000 亩㊀。经调查，该地的各种可行的替代用途中最大净收益为 6 000 元/亩。在项目计算期的 20 年内，估计该最佳可行替代用途的年净收益按平均递增 2% 的速度上升。社会折现率为 8%，假设项目从现在起开始建设，问该项目占用农用地的土地机会成本为多少？

解： 本题中，该项目占用农用地的土地机会成本就是该地各种可行的替代用途中的最大净收益。

$H = 1\,000$ 亩 $\times 0.6$ 万元/亩 $\times (1+2\%) = 612$ 万元，$i = 8\%$，$g = 2\%$，$n = 20$。由式（4-28）得

$$P = H\frac{1-(1+g)^n(1+i)^{-n}}{i-g}$$

㊀　1 亩 = 666.67 m²。

$$= 612 \text{ 万元} \times \frac{1-(1+2\%)^{20}(1+8\%)^{-20}}{8\%-2\%}$$

$$= 612 \text{ 万元} \times 11.35 = 6\,946.2 \text{ 万元}$$

4.4 资金等值换算的应用实例

资金时间价值原理和等值换算公式广泛应用于财务管理、投资决策、资产评估等领域。应当指出，建设项目或技术方案的现金流量，并非均为某种单一类型，有时需同时利用几个公式进行等值换算。通过下面的例题我们可以对资金时间价值和等值换算的公式有更深入的理解。

【例4-15】 某企业拟购买大型设备，价值为500万元，有两种付款方式可供选择：①一次性付款，优惠12%；②分期付款，则不享受优惠，首次支付必须达到40%，第1年年末付30%，第2年年末付20%，第3年年末付10%。

假若企业购买设备所用资金是自有资金，自有资金的机会成本为10%，问应选择哪种付款方式？又假若企业用借款资金购买设备，借款的利率为16%，则应选择哪种付款方式？

解：应选择付款少的方式。因为资金发生的时间不同，要进行比较必须将它们折算成相同时点上的值。对于本题，将发生的现金流量折算成现值计算起来比较简单。分期付款的现金流量图如图4-12所示。

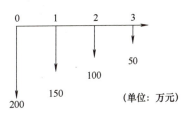

图4-12 例4-15 分期付款的现金流量图

(1) 若资金的成本为10%，则有：

1) 一次性付款，实际支出：

$$P = 500 \text{ 万元} \times (1-12\%) = 440 \text{ 万元}$$

2) 分期付款，相当于一次性付款：

$$P = 500 \text{ 万元} \times 40\% + \frac{500 \text{ 万元} \times 30\%}{1+10\%} + \frac{500 \text{ 万元} \times 20\%}{(1+10\%)^2} + \frac{500 \text{ 万元} \times 10\%}{(1+10\%)^3}$$

$$= 456.57 \text{ 万元}$$

(2) 若资金的成本为16%，则有：

1) 一次性付款，实际支出：

$$P = 500 \text{ 万元} \times (1-12\%) = 440 \text{ 万元}$$

2) 分期付款，相当于一次性付款：

$$P = 500 \text{ 万元} \times 40\% + \frac{500 \text{ 万元} \times 30\%}{1+16\%} + \frac{500 \text{ 万元} \times 20\%}{(1+16\%)^2} + \frac{500 \text{ 万元} \times 10\%}{(1+16\%)^3}$$

$$= 435.66 \text{ 万元}$$

因此，对该企业来说，若资金的机会成本为10%，则应选择一次性付款；若资金利率为16%，则应选择分期付款。

【例4-16】 某房地产商销售一别墅，刊登广告如下："一次性付款50万元，分期付款首付10万元，今后5年中每月付款8 898.88元。"有某公司经理看中此别墅，愿首付20万元，但房地产商要求按广告的利率执行，问公司经理今后 5 年中每月应付款多少？所负担的实际利率是多少？

解：无论采用哪种方式付款，付款额的现值累计和都是 50 万元，这是求解这道题的核心。根据题意列出方程组：

$$\begin{cases} 50 = 10 + 0.889\,888 \times (P/A, i_0, 60) \\ 50 = 20 + A_1 (P/A, i_0, 60) \end{cases}$$

解得：$A_1 = 0.667\,416$ 万元，$i_0 = 1\%$。进一步求得 $i = (1+1\%)^{12} - 1 = 12.68\%$，即所负担的实际年利率。

需要注意的是，这里的 i_0 是月利率，不是题中要求的实际利率，$i = 12.68\%$ 才是所负担的实际利率。

【例 4-17】 某人从 25 岁参加工作起至 59 岁，每年存入养老金 5 000 元，若利率为 6%，则他在 60~74 岁间每年可以领到多少钱？

解：本题现金流量图如图 4-13 所示。为了计算方便，将各年发生的现金流量折算到 59 岁末，可以得到

$$5\,000 \text{ 元} \times (F/A, 6\%, 35) = A_1 (P/A, 6\%, 15)$$

解得：$A_1 = 57\,370$ 元。他在 60~74 岁间每年可以领到 57 370 元。

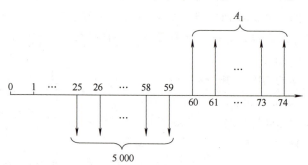

图 4-13　例 4-17 的现金流量图

【例 4-18】 某企业获得 8 万元贷款，偿还期为 4 年，年利率为 10%，若按下面四种还款方式还款：①每年年末还 2 万元本金和所欠利息；②每年年末只还所欠利息，本金在第 4 年年末一次还清；③每年年末等额偿还本金和利息；④第 4 年年末一次还清本金和利息。针对这四种还款方式分别计算每年还款额、4 年还款总额及还款额的现值。（$(A/P, 10\%, 4) = 0.315\,47$，$(F/P, 10\%, 4) = 1.464$）

解：(1) 第一种还款方式：

第 1 年还款额：2 万元 + 8 万元 × 10% = 2.8 万元

第 2 年还款额：2 万元 + 6 万元 × 10% = 2.6 万元

第 3 年还款额：2 万元 + 4 万元 × 10% = 2.4 万元

第 4 年还款额：2 万元 + 2 万元 × 10% = 2.2 万元

4 年还款总额：2.8 万元 + 2.6 万元 + 2.4 万元 + 2.2 万元 = 10 万元

4年还款额的现值：$\dfrac{2.8\text{万元}}{1+10\%}+\dfrac{2.6\text{万元}}{(1+10\%)^2}+\dfrac{2.4\text{万元}}{(1+10\%)^3}+\dfrac{2.2\text{万元}}{(1+10\%)^4}=8\text{万元}$

其现金流量图如图 4-14 所示。

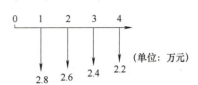

图 4-14　第一种还款方式的现金流量图

(2) 第二种还款方式：

第 1 年还款额：8 万元 × 10% = 0.8 万元

第 2 年还款额：8 万元 × 10% = 0.8 万元

第 3 年还款额：8 万元 × 10% = 0.8 万元

第 4 年还款额：8 万元 + 8 万元 × 10% = 8.8 万元

4 年还款总额：0.8 万元 + 0.8 万元 + 0.8 万元 + 8.8 万元 = 11.2 万元

4 年还款额的现值：$0.8\text{万元}\times\dfrac{(1+10\%)^4-1}{10\%\times(1+10\%)^4}+\dfrac{8\text{万元}}{(1+10\%)^4}=8\text{万元}$

其现金流量图如图 4-15 所示。

(3) 第三种还款方式：

每年还款额：8 万元 × (A/P,10%,4) = 2.52 万元

4 年还款总额：2.52 万元 × 4 = 10.08 万元

4 年还款额的现值：8 万元

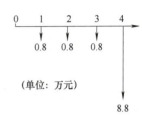

图 4-15　第二种还款方式的现金流量图

(4) 第四种还款方式：

第 1 年还款额：0

第 2 年还款额：0

第 3 年还款额：0

第 4 年还款额：8 万元 × (1 + 10%)⁴ = 11.712 万元

4 年还款总额：11.712 万元

4 年还款额的现值：8 万元

【例 4-19】　某债券是 1 年前发行的，面额为 500 元，年限为 5 年，年利率为 10%，每年支付利息，到期还本，若投资者要求在余下的 4 年中年收益率为 8%，问该债券现在的价格低于多少时，投资者才会买入？

解：债券在未来 4 年的收益流如图 4-16 所示。

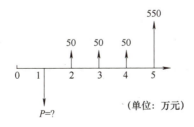

图 4-16　债券在未来 4 年的收益流

根据图 4-16 得

$$P = 50\text{元}\times(P/A,8\%,4)+500\text{元}\times(P/F,8\%,4)$$
$$= 50\text{元}\times 3.312+500\text{元}\times 0.735\,0 = 533\text{元}$$

因此，如果投资者要求的收益率为 8%，则该债券现在的价格低于 533 元时，投资者才

会买入。

【本章小结】

本章主要介绍了资金时间价值的概念及其影响因素、两种计息方式——单利和复利的计算公式和应用、名义利率和实际利率的关系及计算公式。在介绍等值换算的概念后，对常见的等值换算公式进行了推导，并对其相互关系进行了说明。资金等值换算公式汇总列于表4-4中。

表4-4 资金等值换算公式

序号	类型	公式名称	已知	求	公式
1	一次收付	一次收付终值公式	P、i、n	F	$F=P(1+i)^n=P(F/P,i,n)$
2		一次收付现值公式	F、i、n	P	$P=F\dfrac{1}{(1+i)^n}=F(P/F,i,n)$
3	等额序列	年金终值公式	A、i、n	F	$F=A\dfrac{(1+i)^n-1}{i}=A(F/A,i,n)$
4		偿债基金公式	F、i、n	A	$A=F\dfrac{i}{(1+i)^n-1}=F(A/F,i,n)$
5		资金回收公式	P、i、n	A	$A=P\dfrac{i(1+i)^n}{(1+i)^n-1}=P(A/P,i,n)$
6		年金现值公式	A、i、n	P	$P=A\dfrac{(1+i)^n-1}{i(1+i)^n}=A(P/A,i,n)$
7	等差序列	等差序列终值公式	H、G、i、n	F	$F=\left(H+\dfrac{G}{i}\right)\dfrac{(1+i)^n-1}{i}-\dfrac{nG}{i}$
8		等差序列现值公式	H、G、i、n	P	$P=\left(H+\dfrac{G}{i}\right)\dfrac{(1+i)^n-1}{i(1+i)^n}-\dfrac{nG}{i(1+i)^n}$
9	等比序列	等比序列终值公式	H、i、g、n	F	$F=\begin{cases}H\dfrac{(1+i)^n-(1+g)^n}{i-g},& i\neq g\\ nH(1+i)^{n-1},& i=g\end{cases}$
10		等比序列现值公式	H、i、g、n	P	$P=\begin{cases}H\dfrac{1-(1+g)^n(1+i)^{-n}}{i-g},& i\neq g\\ \dfrac{nH}{1+i},& i=g\end{cases}$

本书附录中给出了表4-4中序号1-6的常用系数值。

【本章思考题】

1. 什么是资金时间价值？影响资金时间价值的因素有哪些？
2. 单利计息与复利计息有何区别？
3. 什么是名义利率和实际利率？两者有何关系？

4. 什么是资金等值？什么是资金等值换算？
5. 常用的现金流量等值换算公式有哪几个？
6. 什么是现金流量的现值和终值？

【本章练习题】

1. 某项目第 1 年年初投资 2 000 万元，第 2 年年初又投资 2 500 万元，从第 3 年开始至第 10 年每年获净收益 2 200 万元，年利率为 10%，试画出现金流量图并计算其现值和等年值。

2. 若年利率为 12%，每季度计息一次，年初存款 1 000 元，5 年后的本利和是多少？

3. 某企业获得 10 万元贷款，偿还期 5 年，年利率为 10%，试就下面四种还款方式，分别计算每年还款额、5 年还款总额及还款额的现值：

（1）每年年末还 2 万元本金和所欠利息。

（2）每年年末只还所欠利息，本金在第 5 年年末一次还清。

（3）每年年末等额偿还本金和利息。

（4）第 5 年年末一次还清本息。

4. 计算在年利率为 10% 的情况下，每年年初付款 1 000 元与每年年末付款 1 000 元的现值之差。

5. 某投资者购买一种公司债券，该债券面值为 1 000 元，票面利率为 8%，每年年末付息一次，5 年后到期偿还债券面值，若市场利率为 10%，试计算该债券投资收益的现值。

6. 某公司计划以分期付款的方式销售 M 产品，该产品定价 4 500 元，要求顾客在交货后的第 1、第 2 年年末等额付款 1 500 元，利率为 10%，问顾客在购买时应付多少现金？

7. 某企业拟购进一台设备，付款方式有两种：一是分 5 年每年年初付款 5 万元，二是现在一次付清共 22 万元。若市场利率为 10%，考虑复利，应选择哪种付款方式（用两种方法分析）。

8. 某永久性投资项目，预计建成后年净收益为 5 600 万元，若期望投资收益率为 12%，求允许的最大投资现值。

第 5 章

投资项目经济评价指标

【本章思维导图】

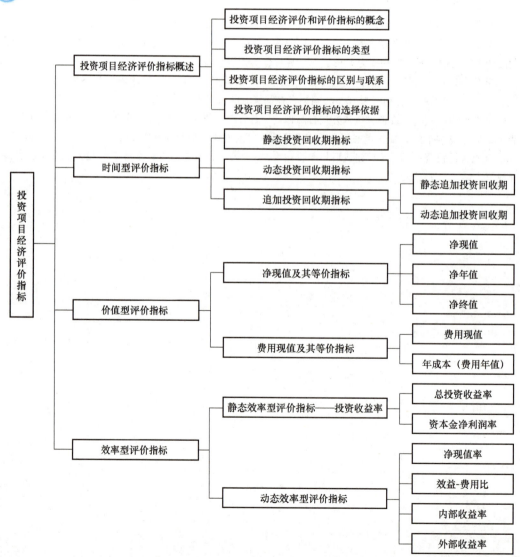

第 5 章　投资项目经济评价指标

【本章重点】

➤ 理解投资项目经济评价指标的概念、类型。
➤ 掌握投资回收期、追加投资回收期等时间型经济评价指标的概念、经济含义、计算方法和判别准则，了解项目建设期的概念。
➤ 掌握净现值、净年值、费用现值、年成本等价值型经济评价指标的概念、经济含义、计算方法和判别准则。
➤ 掌握投资收益率、净现值率、效益－费用比、内部收益率、外部收益率等效率型经济评价指标的概念、经济含义、计算方法和判别准则。
➤ 掌握基准收益（折现）率的含义和确定方法。
➤ 了解内部收益率的唯一性与选用方法。

【本章引导性案例】

雄安新区某造纸厂历史悠久，以安新县盛产的芦苇为主要纤维原料，一贯采用中性亚硫酸钠法制备纸浆。现有旧式造纸机 12 台，每年可生产纸浆 4.5 万 t，纸 4.7 万 t，主要产品为凸版印刷纸、单面胶版纸、书写纸、白板纸和有光纸，常年畅销京津冀广大地区。随着国家对新区可持续发展的环保要求变化，现存问题主要是：①用中性亚硫酸钠法制浆，不能回收蒸煮废液，排入河道造成严重污染，如不整改，面临停产。②主要原料亚硫酸钠由烧碱和硫酸制备，大量消耗了紧缺的烧碱，时常供应不足。③凸版纸只能用于落后的凸版印刷，新的轮转胶印法必须使用胶印书刊纸，它是凸版纸的升级换代产品，在我国市场属于紧缺商品。为此，该造纸厂拟进行项目改扩建投资，从日本引进一条年产 2.4 万 t 胶印书刊纸的长网中速抄纸机生产线，并将中性亚硫酸钠法制浆改为硫酸盐法制浆，同时建立烧碱回收系统。那么，该改扩建投资项目在经济效益上，如何进行技术经济分析和经济效益论证评价呢？选择什么评价指标更为合理呢？

投资的主要目的是获得合理的经济效益。为了达到这一目的，投资决策起着至关重要的作用。不论是从全局还是局部利益考虑，投资决策的主要依据是项目评价的结论。任何属性的项目，其经济评价的核心内容都是经济效益评价。为了确保项目投资决策的正确性和科学性，经济效益评价指标是进行技术经济分析和论证工作十分重要的工具。

5.1 投资项目经济评价指标概述

1. 投资项目经济评价和评价指标的概念

（1）投资项目经济评价的概念。项目经济评价是指对各种经济特性的分析和评价。项目经济评价是投资项目可行性研究的有机组成部分和重要内容，是投资项目决策的重要手段，是一项十分重要的技术经济分析和论证工作。

投资项目经济评价是指在对影响项目的各项技术经济因素预测、分析和计算的基础上，形成投资备选方案，通过对备选方案的经济评价，衡量投资项目的直接经济效益和间接经济效益，为最终投资决策提供科学可靠依据的活动。

（2）投资项目经济评价的分类。投资项目经济评价按照评价角度、目标及费用与效益识别方法的不同，可以分为财务评价和经济效益费用评价两个方面。财务评价以企业经营的项目为主体，以国家现行的财税制度为依据，考察项目的经济效益；经济效益费用评价从全局出发，以最优规划价格（影子价格）为基础考察项目对全社会利益的贡献情况。

投资项目经济评价按照评价工作在项目生命周期内所处的时间阶段，可分为投资前期评价、投资期评价和投资运行期评价。

1）投资前期评价又被称为事前评价，属于预测性和探索性评价，若投资项目的经济效益不佳，可另选新项目。事前评价采用的数据是假设数据，是根据生产规模或者设备产能参数预测得到的。

2）投资期评价又被称为事中评价，属于"进行中"评价，在此期间若发现问题，可采用改进措施，或暂时终止，以保证预期投资效益的实现。事中评价的数据由实际发生数据和预测数据两部分组成。

3）投资运行期评价又被称为事后评价，是在项目投产后，将设计能力和实际生产能力、预计经济效益与实际达到的经济效益相比较，考察投资项目是否符合投资目标及设计要求。事后评价采用会计账目和实际生产记录的数据。

按照项目类型的不同，经济评价的侧重点也有所不同，分为可用各项指标直接表示的直接经济效益评价和使用福利经济学表示的社会效益评价。

（3）投资项目经济评价指标的概念。投资项目经济评价指标是多种多样的，它们从不同的角度反映投资项目的经济性。投资者可以根据不同的评价目标、评价深度和当前可获得的数据资料多少，以及项目本身和所处条件的不同，选用不同的评价指标和方法。为了使经济评价的指标体系科学化、标准化、规范化和实用化，本章以经济效益理论为理论基础，以2006年国家颁布的《建设项目经济评价方法与参数》（第3版）为依据，结合技术经济分析方法，主要介绍投资项目经济评价的各类指标、计算方法和判别标准。

评价指标是衡量投资项目态势的尺度，是投资项目综合质量和数量的测度。评价指标包括两部分，分为指标名和指标值，构建指标的基本目的是把复杂的投资态势变为可以度量、计算、比较和评估的数字。

评价指标的基本功能是：

1）反映投资的态势。
2）检测投资目标的实现程度。
3）比较实际工作与计划的偏差。
4）评价投资项目的工作绩效。

由于经济效益是一个综合性指标，而且项目也很复杂，任何一种具体的评价指标都只能反映项目的某一侧面或某些侧面，却忽视了另外的因素，因此，凭一个指标难以实现全面评价项目的目的。况且，项目所要实现的目标不尽相同，也应采用不同的指标予以反映，需从多个方面进行分析考察，所以需要构建指标体系。指标体系是从不同维度描述投资态势的工具，是综合评价项目水平的系统结构框架，是从总目标出发的一组具有内在联系的指标按照逐级说明事物的逻辑关系构建的子目标集合，并且可体现不同维度的重要性水平。

2. 投资项目经济评价指标的类型

投资项目经济评价指标根据项目对资金的回收速度、获利能力和资金的使用效率可以分为三类：第一类是以项目投资的资金回收时间作为计量单位的时间型指标；第二类是反映绝对值的价值型指标；第三类是反映项目对可支配各类资源利用效率的效率型指标。这些指标均能反映项目投资直接经济效益的大小，区别仅在于反映项目投资直接经济效益的角度和程度不同。

净现值、净年值、费用现值和年成本（费用年值）是以货币表述的价值型指标。费用现值和年成本（费用年值）分别是净现值和净年值的特例，即在项目的技术方案比选时，前两者只考察项目技术方案的费用支出。净现值与净年值是等效评价指标，费用现值与年成本（费用年值）是等效评价指标。投资收益率、净现值率、内部收益率和外部收益率则是反映项目投资效率的效率型指标。静态投资回收期与动态投资回收期是兼顾经济性与风险性的时间型指标。

图 5-1 给出了各评价指标的类型及其关系。

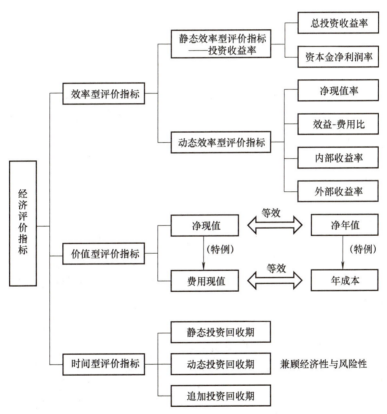

图 5-1　评价指标的类型及其关系

3. 投资项目经济评价指标的区别与联系

投资项目经济评价指标之间既有区别又有联系，主要有：

（1）静态评价指标与动态评价指标间的关系。根据是否考虑资金时间价值，将常用评价指标分为静态评价指标与动态评价指标。静态评价指标不考虑资金时间价值，动态评价指标则考虑资金时间价值。

静态评价指标的特点是计算简便、直观，因而被广泛用来对投资效果进行粗略估算。它的主要缺点是没有考虑资金时间价值和不能反映项目整个寿命周期的全面情况。动态评价指标反映评价投资项目效益大小的"真实"程度要比静态评价指标好。因此，在对项目进行经济评价时，应以动态分析为主，必要时可用某些静态评价指标进行辅助分析。

(2) 时间型评价指标与效率型评价指标间的关系。可以证明，对于初始投资为 K_0、每年净收益为等额的项目而言，其投资回收期与静态投资收益率在数学上有互为倒数的关系。这也说明，时间型评价指标实际上也表示了效率的意义，故也可将时间型评价指标和效率型评价指标统称为效率型指标。

(3) 投资回收期、净现值与内部收益率的关系。可以证明，在单个项目投资决策是否可行时，采用投资回收期、净现值与内部收益率指标的评价结果是一致的。但是，在多个项目或单个项目的多个备选方案优选的经济比较与决策时，用净现值和内部收益率两个指标评价，结果未必一致，这时要进行增量投资分析。

4. 投资项目经济评价指标的选择依据

投资项目经济评价指标可应用在以下两方面：①单一方案投资经济效益的大小与好坏的衡量，以决定取舍；②多个方案经济性优劣的比较，以决定方案选优。

投资项目经济评价指标应根据项目的具体情况、评价的主要目标、指标的用途和决策者最为关心的问题等来选择。由于投资项目的经济效益是一个综合概念，必须从不同的角度去衡量才能清晰、全面，因此进行项目经济评价应尽量考虑一个适当的评价指标体系，避免用某一两个指标来判断方案投资的经济性。

为了便于讨论分析，以下对一些主要的时间型评价指标、价值型评价指标、效率型评价指标分别进行讨论。

5.2 时间型评价指标

时间型评价指标是反映项目投资回收速度的经济效益指标，从时间维度考虑投资项目的经济性与风险性，以这类指标的分析评价为核心，形成了一组经济评价方法，主要有投资回收期法和追加投资回收期法。

投资回收期是指用项目每年的净收益回收其全部投资所需要的时间，通常以年表示。投资回收期是反映项目投资回收速度的重要指标。

根据是否考虑资金的时间价值，投资回收期分为静态投资回收期和动态投资回收期两类。

5.2.1 静态投资回收期指标

1. 概念

静态投资回收期指标是指不考虑资金的时间价值，以项目每年的净收益回收全部投资所需要的时间。静态投资回收期宜从技术方案投资年开始算起，若从技术方案投产年开始算起，则应予以特别注明。

从投资年开始时刻（即零时刻）开始，依次求出以后各年的净现金流量之和，即累计净现金流量，直至累计净现金流量等于零的年份为止，则对应累计净现金流量等于零的年份数，即为该项目从投资年开始算起的静态投资回收期。其计算公式为

$$\sum_{t=0}^{P_n}(CI-CO)_t = \sum_{t=0}^{P_n}NCF_t = 0 \quad (t=0,1,2,\cdots,n) \tag{5-1}$$

式中 CI——现金流入；

CO——现金流出；

NCF_t——第 t 年的净现金流量。

或

$$P_t = \min_t\{\sum_{t=1}^{P_t} R_t \geq K_0\} \tag{5-2}$$

式中 R_t——第 t 年的净收益，$t=0，1，2，\cdots，n$。

式（5-2）的意义是：静态投资回收期 P_t 是使括号内不等式成立时的最小 t 值。

2. 计算方法

静态投资回收期可借助技术方案投资现金流量表，根据净现金流量计算，其具体计算又分为两种情况。

（1）各年净收益相同时的计算。令 R_t 代表项目投入运行后第 t 年的净收益（即净现金流量），K_0 为项目的全部投资，则静态投资回收期 P_n 应满足：

$$\sum_{t=1}^{P_{n-1}} R_t < K_0 \leq \sum_{t=1}^{P_n} R_t \tag{5-3}$$

项目生产期内若每年净收益相等，即

$$R_{t-1} = R_t = R_{t+1} = R$$

则从投资开始年算起的静态投资回收期为

$$P_t = \frac{K_0}{R} + 建设期 \tag{5-4}$$

项目建设期是从投资开始年算起到投产年之间的时间间隔，通常是建设生产车间或进行生产设备调试的时间。因此，从投产年算起的静态投资回收期为

$$P_t = \frac{K_0}{R} \tag{5-5}$$

【例 5-1】 某项目的净现金流量图如图 5-2 所示，求该项目的静态投资回收期。

图 5-2 某项目的净现金流量图

解：依题意，已知该项目投入运行后的年净收益是等额的，项目的全部投资 $K_0 = 8$ 万元 $+ 4$ 万元 $= 12$ 万元。则根据式（5-4）得到从投资年开始算起的静态投资回收期为

$$P_t = \frac{12}{4}年 + 1年 = 4年$$

根据式（5-5）得到从投产年算起的静态投资回收期为

$$P_t = \frac{12}{4}\text{年} = 3 \text{ 年}$$

（2）各年净收益不相同时的计算。一般情况下，项目每年的净收益不尽相同，有时变化还很大。这时投资回收期根据项目各年的净现金流量表求得，也就是在技术方案投资现金流量表中累计净现金流量由负值变为零的时点。其计算公式为

$$P_t = \text{累计净现金流量出现正值的年份} - 1 + \frac{\text{上年累计净现金流量的绝对值}}{\text{当年净现金流量}}$$

即

$$P_t = T - 1 + \frac{\left|\sum_{i=0}^{T-1}(CI-CO)_i\right|}{(CI-CO)_T} \tag{5-6}$$

式中　T——累计净现金流量开始出现正值的年份。

【例 5-2】　某项目的净现金流量计算表见表 5-1。求该项目的静态投资回收期。

表 5-1　净现金流量计算表　　　　　　　　　　（单位：万元）

年　份	第 0 年	第 1 年	第 2 年	第 3 年	第 4 年	第 5 年	第 6 年	第 7 年
NCF_t	-8	-4	6	4	5	4	5	4
ΣNCF_t	-8	-12	-6	-2	3	7	12	16

解：根据式（5-6）得

$$P_t = 4\text{ 年} - 1\text{ 年} + \frac{|-2|}{5}\text{年} = 3.4 \text{ 年}$$

3. 判别准则

将计算出的静态投资回收期 P_t 与所确定的基准投资回收期 P_b 进行比较，若 $P_t \leq P_b$，表明技术方案投资能在规定的时间内收回，则技术方案可以考虑接受；反之，若 $P_t > P_b$，则技术方案不可行。

4. 静态投资回收期指标的优缺点

（1）优点

1）概念明确，简单易用，在一定程度上显示了资本的周转速度。

2）该指标不但在一定程度上反映了项目的经济性，而且反映了项目风险的大小。项目投资决策者面临着未来不确定性因素的挑战，这种不确定性所带来的风险随着时间的延长而增加，因为离现实越远，人们所能确知的事物就越少。为了减少这种风险，就必然希望投资回收期越短越好。

3）该指标判别标准是回收资金的速度越快越好，迎合了一部分怕担风险投资者的心理，因而静态投资回收期是被易于接受和乐于使用的一种经济评价指标。

对于那些技术上更新迅速的技术方案，或资金相当短缺的技术方案，或未来的情况很难预测而投资者又特别关心资金补偿的技术方案，采用静态投资回收期评价具有很好的实用意义。

（2）缺点。静态投资回收期指标只能作为一种辅助指标，而不能单独使用。其原因是：

1）它没有考虑资金的时间价值。

2）它仅以投资的回收快慢作为决策依据，没有考虑回收期以后的情况，也没有考虑项目备选方案在整个计算期内的总收益和获利能力，因而它是一个短期指标。

3）在多方案比选时，用静态投资回收期指标排序，可能导致错误的结论。例如，有 A、B 两个项目，净现金流量如图 5-3 所示。

按式（5-6）可得：$P_{tA} = 3.33$ 年；$P_{tB} = 2.00$ 年。

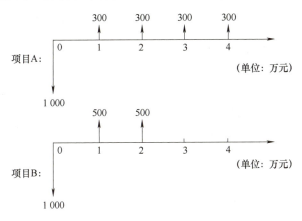

图 5-3 项目 A 与项目 B 的净现金流量图

因为 $P_{tB} < P_{tA}$，所以项目 B 优于项目 A。然而，采用静态投资回收期指标对单方案进行经济评价时，应将计算出的静态投资回收期与基准投资回收期 P_b 做比较，只有当 $P_t \leq P_b$ 时，该项目才可被接受。

5.2.2 动态投资回收期指标

1. 概念

动态投资回收期指标是指考虑资金的时间价值，在给定的基准投资收益率，又被称为基准折现率（i_0）下，投资项目各年净收益的现值来回收全部投资的现值所需要的时间。

从投资年开始时刻（即零时刻）开始，依次求出以后各年的净现金流量现值之和，即累计净现金流量现值，直至累计净现金流量现值等于零的年份为止，则对应累计净现金流量现值等于零的年份数，即为该项目从投资年开始算起的动态投资回收期。

令 P_d 代表从投资年开始算起的动态投资回收期，I_0 代表全部投资折现到 $t = 0$ 时点的现值（不考虑建设期时，I_0 即为初始投资 K_0），则 P_d 满足下式：

$$\sum_{t=1}^{P_d - 1} R_t (P/F, i_0, t) < I_0 \leq \sum_{t=1}^{P_d} R_t (P/F, i_0, t) \tag{5-7}$$

P_d 用净现金流量表示为

$$\sum_{t=0}^{P_d} (CI - CO)_t (P/F, i_0, t) = \sum_{t=0}^{P_d} NCF_t (P/F, i_0, t) = 0 \tag{5-8}$$

2. 计算方法

动态投资回收期根据各年净收益是否相同有以下两种计算方法：

（1）各年净收益相同时的计算。若 $R_{t-1} = R_t = R_{t+1} = R$，且不考虑建设期，引用资金回收公式及动态投资回收期 P_d 的定义，可直接写出下述公式：

$$R - K_0 (A/P, i_0, P_d) = 0$$

则有

$$R - K_0 \frac{i_0 (1 + i_0)^{P_d}}{(1 + i_0)^{P_d} - 1} = 0$$

移项整理后得

$$(1+i_0)^{P_d} = \frac{R}{R-i_0 K_0}$$

两边取对数并整理得

$$P_d = \frac{\lg R - \lg(R-i_0 K_0)}{\lg(1+i_0)} \tag{5-9}$$

从上面公式推导过程得知，式中的投资总额 K_0 应为一次投入的初始投资。因此，若为分期投资，则应将其折算成投资期初一次投资的现值总和后，才能代入式（5-9）进行计算。

（2）各年净收益不相同时的计算。实际计算中，由于各年净现金流量常常不是等额的，故动态投资回收期常用与求静态投资回收期相似的各年净收益不同的计算法求解，其计算公式为

$$P_d = 累计净现金流量现值出现正值的年份 - 1 + \frac{上年累计净现金流量现值的绝对值}{当年净现金流量现值}$$

即

$$P_d = T - 1 + \frac{\left|\sum_{t=0}^{T-1}(CI-CO)_t(P/F,i,t)\right|}{(CI-CO)_T(P/F,i,T)} \tag{5-10}$$

式中 T——累计净现金流量现值开始出现正值的年份。

3. 判别准则

将计算出的动态投资回收期 P_d 与所确定的基准投资回收期 P_b 进行比较，若 $P_d \leq P_b$，表明技术方案投资能在规定的时间内收回，则技术方案可以考虑接受；反之，若 $P_d > P_b$，则技术方案不可行。

【例 5-3】 某项目有关数据见表 5-2。基准投资收益率 $i_0 = 10\%$，试计算动态投资回收期 P_d。已知基准投资回收期 $P_b = 8$ 年，试判断该项目是否可行。

表 5-2 动态投资回收期计算表（$i_0 = 10\%$） （单位：万元）

年份	0	1	2	3	4	5	6	7	8	9	10
投资支出	20	500	100								
其他支出				300	450	450	450	450	450	450	450
收入				450	700	700	700	700	700	700	700
净现金流量	−20	−500	−100	150	250	250	250	250	250	250	250
折现值	−20	−454.6	−82.6	112.7	170.8	155.2	141.1	128.3	116.6	106.0	96.4
累计折现值	−20	−474.6	−557.2	−444.5	−273.7	−118.5	22.6	150.9	267.5	373.5	469.9

解：据式（5-8），计算各年净现金流量的累计折现值。计算结果见表 5-2。将表 5-2 最末一行的有关数据代入式（5-10），得

$$P_d = 6\,年 - 1\,年 + \frac{|-118.5|}{141.1}\,年 = 5.84\,年$$

用动态投资回收期指标评价投资项目备选方案的标准是 $P_d \leq P_b$，因此该项目可行。

5.2.3 投资回收期指标应用注意事项

1. 投资回收期起点的规定

投资回收期从何时算起，对投资回收期计算的结果有很大影响。一般而言，投资回收期宜从技术方案投资年开始算起，若从技术方案投产年开始算起，应予以特别注明。

2. 基准投资回收期的确定

应用投资回收期法评价项目是否可行时，必须将其与基准投资回收期 P_b 进行比较。只有当其小于或等于基准投资回收期，即 $P_t \leq P_b$ 或 $P_d \leq P_b$ 时，才认为该方案在经济上是可取的。基准投资回收期 P_b 随部门和行业的不同而不同，恰当地确定基准投资回收期，在技术经济分析中有重要作用。我国目前规定部门和行业的基准投资回收期参考详见《建设项目经济评价方法与参数》（第3版）。

3. 投资和净收益的一致性

在计算投资回收期时，投资总额 K_0 一般应包括固定资产、新增流动资金，即"全部投资"，又可表示为 TI。在实际计算中，由于对投资与净收益的含义有不同的理解，在计算时也有不完全包含上述各项的，因此，在评价不同项目的经济效益和同一项目的多方案比较时，必须注意投资和净收益计算的一致性，这样才有可比性。

4. 投资回收期的必要不充分性

投资回收期没有考虑投资回收以后方案的收益，没有考虑投资项目的实际使用年限，没有考虑投资项目的期末残值，没有考虑将来累计或追加投资的效果。一句话，投资回收期指标没有考虑投资项目整个寿命周期的经济效益。因此，它通常只作为其他评价方法的辅助方法，而不单独使用。

5. 投资回收期的适用范围

投资回收期只能反映本项目策划投资方案的回收速度，而不能反映备选方案之间的比较结果，因此，不能单独用于投资项目的两个或两个以上备选方案的比较评价。此时尚需考虑追加投资回收期。

6. 静、动态投资回收期指标的选择依据

针对同一投资项目而言，静态投资回收期短，动态投资回收期长。在一般情况下，选用动态投资回收期更加准确。与静态投资回收期指标相比，动态投资回收期指标的优点是考虑了资金时间价值，但计算却复杂多了，并且在投资回收期不长和基准收益率不大的情况下，两种投资回收期的差别不大，不至于影响投资项目备选方案的选择。因此，动态投资回收期指标不常用。只有在静态投资回收期较长和基准收益率较大的情况下，才需要计算动态投资回收期。

5.2.4 追加投资回收期指标

追加投资回收期指标是用增量分析法进行项目经济评价的时间型评价指标之一，适用于两个项目的经济比较与选择。追加投资回收期实际上是投资增量的回收期。当对同一项目投资额不同的两个备选方案进行比较时，必须考虑追加（差额）投资部分的经济效益，才能得出正确的评价结论。

1. 追加投资回收期法的适用条件

追加投资回收期指标多用于两个相互替代项目，或同一项目两个投资方案之间的经济比较，因此不能反映单个项目或者方案的经济效益。应用追加投资回收期法的条件是 $K_2 > K_1$，以及 $C_1 > C_2$（或 $R_2 > R_1$），并且投资小的项目或者方案（例如方案 I）已被证明是可行的，在此前提下，若投资大的项目或者方案（如方案 II）的追加投资回收期 $\Delta P \leq P_b$ 时，则项目（方案）II 优于项目（方案）I，说明项目（方案）II 比项目（方案）I 追加的投资在基准投资回收期内回收，否则项目（方案）I 优于项目（方案）II。

2. 静态追加投资回收期

应用追加投资回收期对多项目（方案）进行择优决策的方法是：先按各可行项目备选方案投资额的大小顺序，由小到大依次排列，然后采用环比法计算追加投资回收期，逐个比较，进行替代式淘汰，最后留下的一个方案则为最优方案。

基本假设前提：

（1）K_1、K_2 分别代表方案 I 和方案 II 的初始投资，且 $K_2 > K_1$。

（2）C_1、C_2 分别代表方案 I 和方案 II 的年等额经营费用（经营成本），且 $C_1 > C_2$。

（3）R_1、R_2 分别代表方案 I 和方案 II 的年等额净收益，且 $R_2 > R_1$。

推论 1：

如果方案 II 比方案 I 所多追加的投资（$\Delta K = K_2 - K_1$）能节约经营费用（年经营成本节约额 $\Delta C = C_1 - C_2$），那么追加投资回收期 ΔP 就是补偿追加投资所需要的时间。

对于两个计算期足够长和有足够回收速度的方案 I 和方案 II，追加投资回收期 ΔP（设 $K_2 > K_1$）由下式计算：

$$\sum_{t=0}^{\Delta P} (\mathrm{NCF}_2 - \mathrm{NCF}_1)_t = 0 \tag{5-11}$$

$$\Delta P = \frac{K_2 - K_1}{C_1 - C_2} = \frac{\Delta K}{\Delta C} \quad (K_2 > K_1, C_1 > C_2) \tag{5-12}$$

推论 2：

如果方案 II 比方案 I 所多追加的投资（$\Delta K = K_2 - K_1$）能增加年净收益（$\Delta R = R_2 - R_1$），那么追加投资回收期 ΔP 就是补偿追加投资所需要的时间。

$$\Delta P = \frac{K_2 - K_1}{R_2 - R_1} = \frac{\Delta K}{\Delta R} (K_2 > K_1, R_2 > R_1) \tag{5-13}$$

【**例 5-4**】某机械厂要对某成套生产设备进行技术改造，技术改造项目组经过精心准备，提出了三个备选方案。各方案的投资总额及年经营费用见表 5-3，且方案 I 已被认为是合理的，基准投资回收期 $P_b = 5$ 年，试选出最优方案。

表 5-3 数据表

方案	投资总额（万元）	年经营费用（万元）
I	275	230
II	335	215
III	365	210

解：采用环比法。因为方案 I 投资最少，且已经被认为是合理的，以其为比较基础，计算方案 II 相对方案 I 的追加投资回收期 ΔP_{21} 为

$$\Delta P_{21} = \frac{335-275}{230-215} \text{年} = 4 \text{ 年}$$

由于 $\Delta P_{21} < P_b = 5$ 年，说明方案Ⅱ优于方案Ⅰ，将方案Ⅰ淘汰，方案Ⅱ代替方案Ⅰ，再计算方案Ⅲ相对于方案Ⅱ的追加投资回收期 ΔP_{32} 为

$$\Delta P_{32} = \frac{365-335}{215-210} \text{年} = 6 \text{ 年}$$

由于 $\Delta P_{32} > P_b = 5$ 年，说明方案Ⅲ不可取，应舍弃。故最优方案为方案Ⅱ。

3. 动态追加投资回收期

根据追加投资回收期的定义，则有：

假设前提1：在追加投资回收期 ΔP 年内，年经营成本节约额 ΔC 各年数额相同，在考虑资金时间价值 i 的基础上，进行各年终值总额累计值计算，应该等于追加投资总额 ΔK 在 ΔP 年年末的终值。

推论1：

$$\Delta K(1+i)^{\Delta P} = \Delta C(1+i)^{\Delta P-1} + \Delta C(1+i)^{\Delta P-2} + \cdots + \Delta C(1+i) + \Delta C$$

即

$$\Delta K(1+i)^{\Delta P} = \Delta C \frac{(1+i)^{\Delta P}-1}{i}$$

整理后，两边取对数可得

$$\Delta P = \frac{\lg\Delta C - \lg(\Delta C - i\Delta K)}{\lg(1+i)} \tag{5-14}$$

假设前提2：在追加投资回收期 ΔP 年内，年净收益增加额 ΔR 各年数额相同，在考虑资金时间价值 i 的基础上，进行各年终值总额累计值计算，应该等于追加投资总额 ΔK 在 ΔP 年年末的终值。

推论2：

$$\Delta K(1+i)^{\Delta P} = \Delta R(1+i)^{\Delta P-1} + \Delta R(1+i)^{\Delta P-2} + \cdots + \Delta R(1+i) + \Delta R$$

即

$$\Delta K(1+i)^{\Delta P} = \Delta R \frac{(1+i)^{\Delta P}-1}{i}$$

整理后，两边取对数可得

$$\Delta P = \frac{\lg\Delta R - \lg(\Delta R - i\Delta K)}{\lg(1+i)} \tag{5-15}$$

因此，考虑资金时间价值时，追加投资回收期要长一些，其长短取决于年利率 i。

假设前提3：如果给定基准收益率 i_0，并且（考虑两个方案）当年净现金流量不同，分别为净现金流量 NCF_1 与净现金流量 NCF_2，那么存在：

推论3：

可利用差额净现金流量计算出动态追加投资回收期，其公式为

$$\sum_{t=0}^{\Delta P}(NCF_2 - NCF_1)(P/F, i_0, t) = 0 \tag{5-16}$$

4. 追加投资回收期指标的优缺点

用追加投资回收期指标进行项目的经济评价，最大的优点是简单、方便。这个指标还有

一定的自身局限性，具体表现在：

(1) 只能衡量两个项目之间的相对经济性，不能决定一个项目（方案）比另一个项目（方案）到底好多少。

(2) 特定条件下易引起项目评价判断失误。例如，对于项目（方案）Ⅰ和项目（方案）Ⅱ而言，若 $K_1=100$ 万元，$K_2=101$ 万元，$C_1=100.01$ 万元/年，$C_2=100$ 万元/年，则计算出 $\Delta P=100$ 年。当 $P_b=10$ 年时，会认为项目（方案）Ⅱ与项目（方案）Ⅰ相比，追加投资极不经济。而事实上，这两个项目（方案）的经济性几乎相等，只是因为数学计算方法导致的差别很大，所以需要人工判断是否存在数学计算方法导致的失误。

(3) 项目（方案）较多时，用这种方法来选择最优项目（方案），显得很麻烦，且易出错。为了简化对比工作，多采用价值型评价指标来选择最优项目（方案）。

5.3 价值型评价指标

价值型评价指标是通过比较投资项目在整个寿命周期内的价值来选择备选项目最优方案的指标，可分为收益比较和成本比较两个基本大类。收益比较的价值型评价指标有净现值、净年值、净终值，成本比较的价值型指标有费用现值、年成本（费用年值）。

5.3.1 净现值及其等价指标

1. 净现值

(1) 定义。净现值（NPV）指标是指将项目整个计算期内各年的净现金流量，按某个给定的折现率，折算到计算期期初（第0期）的现值代数和。净现值计算公式为

$$\mathrm{NPV}=\sum_{t=0}^{n}\mathrm{NCF}_t(P/F,i_0,t) \tag{5-17}$$

式中 i_0——给定的基准折现率，通常选取产品或服务所在行业的基准投资收益率；

n——方案的计算期，等于投资项目的建设期、投产期与正常生产期年数之和，常规选择为项目的自然寿命周期。

(2) 判别准则。在投资项目经济评价中，若 NPV≥0，则该方案在经济上可以接受；若 NPV<0，则该方案在经济上不可以接受。

在给定的折现率 $i=i_0$ 的条件下，若 NPV=0，表明项目的动态投资回收期（从投资开始时刻算起）等于方案的计算期，说明该方案的投资收益率达到了行业（或部门）规定的基准收益率水平。

NPV>0（$i=i_0$ 时），表明方案的动态投资回收期小于该方案的计算期，说明该方案的投资收益率达到行业（或部门）规定的基准收益率外，还有超额收益（大于 NPV 的值）。也就是说，该方案的投资收益率高于行业（或部门）规定的基准收益率水平。

(3) 净现值指标优缺点分析

1) 优点：考虑了资金时间价值，并全面考虑了技术方案在整个计算期内现金流量的时间分布的状况；经济意义明确直观，能够直接以货币额表示技术方案的盈利水平；判别准则直观明了，被广泛用于投资项目的经济评价中。

2) 缺点：首先必须确定一个符合经济现实的基准收益率，而基准收益率的确定往往比

较困难；在互斥方案评价时，净现值必须慎重考虑互斥方案的寿命，如果互斥方案寿命不等，必须构造一个相同的分析期限，才能进行各个方案之间的比选；净现值也不能真正反映技术方案投资中单位投资的使用效率；不能直接说明技术方案运营期间各年的经营成果；没有给出该投资过程确切的收益大小，不能反映投资的回收速度。

（4）净现值指标应用注意事项。计算净现值时，需要注意的事项如下：

1）现金流量表上每年的 NCF_t 的预测。由于净现值指标考虑了项目在计算期内各期的净现金流量，因此，NCF_t 预测的准确性至关重要，直接影响到项目净现值的大小。特别是对计算期比较长的方案，准确地预测计算期内各年净现金流量（NCF_t）常常是一件困难的事情。原因是，对于投资项目决策的时间点是在项目运营之前，项目运营时的实际生产效率和管理效率与预测效率之间一定是有差距的；另外，项目使用资金的成本随着宏观经济政策和金融市场的运行不断变化，项目绩效随着战略计划、市场供需竞争者策略及营销状态也是动态变化的，给实际现金流量带来不确定性。

2）基准投资收益率，即基准折现率 i 的选取。由式（5-17）可以看到，对于某一特定的项目而言，NCF_t 和 n 是确定的，此时净现值仅是折现率 i 的函数（称为净现值函数）。

净现值函数曲线如图 5-4 所示。

在图 5-4 中，A 点是折现率 $i=0$（即不考虑资金时间价值）时的净现值，等于该方案计算期内各年净现金流量的累计值，即 $\sum_{t=0}^{n} NCF_t$（称为累计净现金流量）；B 点的净现值等于 0，此时折现率为 i'；净现值函数曲线是一条以 $-K_0$ 为渐近线的曲线，此时折现率趋于 $+\infty$。K_0 是方案在投资开始时刻（第 0 期）的投资额。由图 5-4 所示的净现值函数曲线可以看到，选取不同的折现率，将导致同一项目净现值大小不同，进而影响经济评价结论的准确性。因此，计算方案的净现值，选取合适的基准折现率是至关重要的，也是考验经济分析水平的关键性工作。

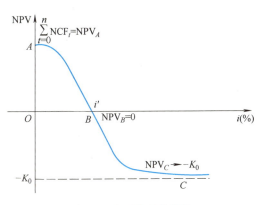

图 5-4 净现值函数曲线

一般来说，基准投资收益率是投资者收益期望的最底线，由市场供需情况决定，但是也被项目实际经营水平所影响，尤其是在以满足用户需求为主的技术创新项目中，基准投资收益率没有可参考的数据可以预测；但是在建设项目中，在投资之初又被叫作基准折现率 i，它的选取有以下三种情况：

① 选取社会折现率 i_s，即 i_s。通常只有当下面两种方法的实施发生困难时，才采用此种方法。社会折现率 i_s 通常是已知的。

② 选取行业（或部门）的基准折现率 i_c，即 $i=i_c$。根据该项目的生产技术或企业的业务性质，选取相应行业（或部门）规定的基准折现率 i_c，可避免社会折现率 i_s 不考虑行业（或部门）差别的简化，使 NPV 的计算更趋于合理。

③ 选取计算折现率 i_0，即 $i=i_0$。从代价补偿的角度，可用下式计算折现率：

$$i_0 = i_{01} + i_{02} + i_{03} \tag{5-18}$$

式中　i_0——计算折现率；

i_{01}——考虑时间因素应补偿的收益率;

i_{02}——考虑社会平均风险因素应补偿的收益率;

i_{03}——考虑通货膨胀因素应补偿的收益率。

使用计算折现率 i_0,将使 NPV 的计算更加接近客观实际,但求算 i_0 很困难。

【例 5-5】 某项目的初始投资为 1 000 万元,不考虑建设期,该方案能经营 4 年,每年净收益为 400 万元。已知行业基准折现率为 10%。试计算净现值的大小,并画出净现值函数曲线。

解: 依式(5-17)有

$$NPV = \sum_{t=0}^{n} NCF_t(P/F,i,t) = \sum_{t=0}^{4} NCF_t(P/F,i,t) = -1\,000\,万元 + 400\,万元 \times (P/A,10\%,4) = 268\,万元$$

为画净现值函数曲线,计算如表 5-4 所示的数据,并按表中数据描点和连线,得到图 5-5 所示的净现值函数曲线。

表 5-4 数据计算表

i(%)	0	10	20	22	30	40	50	$+\infty$
NPV(万元)	600	268	36	0	-134	-260	-358	-1 000

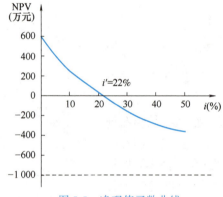

图 5-5 净现值函数曲线

2. 净年值

净年值(NAV)也称净年金,是指项目计算期内各年净现金流量的年度等额。根据资金的等值计算公式有

$$NAV = NPV(A/P,i,n) \qquad (5\text{-}19)$$

或

$$NAV = NFV(A/F,i,n) \qquad (5\text{-}20)$$

3. 净终值

净终值(NFV)是指项目计算期内各年净现金流量折算到计算期末(即第 n 年年末)的代数和。根据资金的等值计算公式有

$$NFV = NPV(F/P,i,n) \qquad (5\text{-}21)$$

或

$$NFV = NAV(F/A,i,n) \qquad (5\text{-}22)$$

由式(5-19)至式(5-22)可知,对于某特定项目而言,净现值、净年值、净终值在投资项目经济评价中的作用是等效(价)的。

$$NPV = NAV(P/A,i,n) = NFV(P/F,i,n) \tag{5-23}$$

4. 指标选择依据与适用条件

无论采用哪一个价值型评价指标，在计算期选择相同的情况下，对该项目方案的经济评价结论是一致的。但在实践中，人们多习惯于使用净现值指标，而净终值指标几乎不被使用，净年值指标则常用在寿命周期不等的技术方案经济比选中。

5.3.2 费用现值及其等价指标

1. 费用现值

（1）定义。费用现值指标法是指将项目方案逐年的投资与寿命周期内各年的经营费用按基准收益率换算成期初的现值，然后对各备选方案的费用现值总和进行比较，以求出最优方案的一种方法，所以又称为现值成本比较法。根据现值的思想，可以直接写出总费用现值的计算公式为

$$PC = \sum_{j=0}^{m} K_j(P/F,i,j) + \sum_{l=1}^{n} C_l(P/F,i,l) - K_L(P/F,i,n) \tag{5-24}$$

式中　　PC——总费用现值；

　　　　K_j——第 j 年的投资额；

　　　　C_l——第 l 年的经营费用；

　　　　K_L——期末残值；

　　　　n——方案的寿命周期。

当令 $I_0 = \sum_{j=0}^{m} K_j(P/F,i,j)$ 且 $C_1 = C_2 = \cdots = C_n = C$ 时，式（5-24）可简化为

$$PC = I_0 + C(P/A,i,n) - K_L(P/F,i,n) \tag{5-25}$$

（2）适用范围。该法用于收益相同、不好确定收益、只有成本数据、不考虑收益只考虑成本项目或方案的比较优选，例如博物馆等公益性非经营性建设项目。

【例 5-6】　某厂在购置某成套设备时，有 A、B 两个方案可供选择，其费用情况见表 5-5，试比较两方案的优劣（设基准收益率 $i_0 = 10\%$）。

表 5-5　费用情况

项　　目	A 方案	B 方案
设备购入价（万元）	120	80
年经营费用（万元）	25	36
使用时间/年	8	8
残值（万元）	2	1

解：两方案使用寿命相同，可直接按式（5-24）比较其优劣。

$$PC_A = 120\text{ 万元} + 25\text{ 万元} \times (P/A,10\%,8) - 2\text{ 万元} \times (P/F,10\%,8)$$
$$= 120\text{ 万元} + 25\text{ 万元} \times 5.335 - 2\text{ 万元} \times 0.466\,5$$
$$= 252.4\text{ 万元}$$
$$PC_B = 80\text{ 万元} + 36\text{ 万元} \times (P/A,10\%,8) - 1\text{ 万元} \times (P/F,10\%,8)$$

$$= 80\ \text{万元} + 36\ \text{万元} \times 5.335 - 1\ \text{万元} \times 0.4665$$
$$= 271.6\ \text{万元}$$

$PC_B - PC_A = 19.2\ \text{万元}$

结果表明,选择 A 方案相对 B 方案,在整个使用期内节约 19.2 万元,原因是 B 方案的年经营费用在使用期内所占比重太大,故 A 方案优于 B 方案。

当两方案的经济寿命不同时,为使计算出的各个方案的总费用现值具有可比性,通常以两个方案经济寿命的最小公倍数作为统一的计算期,并假定每一方案在这一计算期内反复实施(重复假设,具体含义如图 5-6 所示),然后把它们在计算期内的费用换算成现值,求其和进行比较。

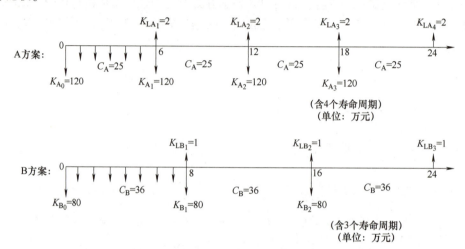

图 5-6 最小公倍数重复实施的现金流量图

【例 5-7】 在例 5-6 中,若将 A 方案的使用年数改为 6 年,其余均与例 5-6 相同,试比较 A、B 两方案的优劣。

解:此时 A、B 方案寿命周期不相等,使用年数 6 与 8 的最小公倍数为 24,以 $n=24$ 年为统一的计算期,由重复假设知,两方案在 24 年内的现金流量如图 5-6 所示。故有

$$PC_A = \sum_{j=0}^{3} K_{A_j}(P/F,10\%,6j) + C_A(P/A,10\%,24) - \sum_{j=1}^{4} K_{LA_j}(P/F,10\%,6j)$$

$= 120\ \text{万元} + 120\ \text{万元} \times (P/F,10\%,6) + 120\ \text{万元} \times (P/F,10\%,12) + 120\ \text{万元} \times (P/F,10\%,18) + 25\ \text{万元} \times (P/A,10\%,24) - 2\ \text{万元} \times (P/F,10\%,6) - 2\ \text{万元} \times (P/F,10\%,12) - 2\ \text{万元} \times (P/F,10\%,18) - 2\ \text{万元} \times (P/F,10\%,24) = 469.9\ \text{万元}$

$$PC_B = \sum_{j=0}^{2} K_{B_j}(P/F,10\%,8j) + C_B(P/A,10\%,24) - \sum_{j=1}^{3} K_{LB_j}(P/F,10\%,8j)$$

$= 80\ \text{万元} + 80\ \text{万元} \times (P/F,10\%,8) + 80\ \text{万元} \times (P/F,10\%,16) + 36\ \text{万元} \times (P/A,10\%,24) - 1\ \text{万元} \times (P/F,10\%,8) - 1\ \text{万元} \times (P/F,10\%,16) - 1\ \text{万元} \times (P/F,10\%,24) = 457.4\ \text{万元}$

由于 $PC_B < PC_A$,故 B 方案优于 A 方案。

结论与前面相反。原因是很明显的：A 方案的投资大，使用年限短。

2. 年成本（费用年值）

年成本指标又被称为费用年值指标，是指求出项目各备选方案的投资额、年经营费用和残值的等价同额年费用之和，选和值最小的方案为最优方案。

在图 5-7 所示的现金流量图上，K_0 为投资，K_L 为残值，C 为年经营费用，则根据上述将费用换算成等价同额年费用的思想，年成本 AC 值公式可直接写为

$$AC = K_0(A/P,i,n) + \left[\sum_{l=1}^{n} C_l(P/F,i,l)\right](A/P,i,n) - K_L(A/F,i,n) \quad (5\text{-}26)$$

图 5-7　年成本法图解

若投资是分期进行的，应先将它们换算成期初现值之和，即换算成一次性期初投资 K_0，然后再乘以资金回收系数 $(A/P,i,n)$，将其换算成等价同额年费用（见例 5-7，当 $n=24$ 年时的计算）。若 $C_1 = C_2 = \cdots = C_n = C$，则

$$\left[\sum_{l=1}^{n} C_l(P/F,i,l)\right](A/P,i,n) = C(P/A,i,n)(A/P,i,n) = C$$

此时式（5-26）可简化为

$$AC = K_0(A/P,i,n) + C - K_L(A/F,i,n) \quad (5\text{-}27)$$

再利用 $(A/F,i,n) = (A/P,i,n) - i$ 的关系，式（5-27）又可简化为

$$AC = (K_0 - K_L)(A/P,i,n) + C + K_L i \quad (5\text{-}28)$$

或

$$AC = (K_0 - K_L)(A/F,i,n) + C + K_0 i \quad (5\text{-}29)$$

3. 指标选择依据与适用条件

当项目备选方案的收益或使用寿命周期相同时，可直接用费用现值法比较优劣，且能把投资方案的优劣表示成较为直观的单一的现值。

当对比方案的寿命周期不同时，用费用现值法来判别方案的优劣较为烦琐，且易出错，一般都不采用，而多用年成本法。

为了克服费用现值法的缺点，年成本法不仅把投资和年经营成本统一起来，而且还结合时间因素进行评价，从而在对寿命周期不同的方案进行评价时，不需要在相同的年数间进行比较，就可得到正确的结论。

5.4　效率型评价指标

效率型评价指标是反映投资使用效率高低的一类经济评价指标，该类指标主要有投资收益率、净现值率、效益-费用比、内部收益率、外部收益率等。其中投资收益率属于静态评价指标，净现值率、效益-费用比、内部收益率、外部收益率属于动态评价指标。

5.4.1 静态效率型评价指标——投资收益率

1. 概念

投资收益率是衡量技术方案获利水平的评价指标,它是技术方案建成投产达到设计生产能力后一个正常生产年份的年净收益额与技术方案投资的比率。它表明技术方案在正常生产年份中,单位投资每年所创造的年净收益额。对生产期内各年的净收益额变化幅度较大的技术方案,可计算生产期年平均净收益额与技术方案投资的比率,其计算公式为

$$R = \frac{A}{I} \times 100\% \tag{5-30}$$

式中 R——投资收益率;

A——技术方案年净收益额或年平均净收益额;

I——技术方案投资。

2. 判别准则

将计算出的技术方案投资收益率(R)与所确定的基准投资收益率(R_C)进行比较,若 $R \geq R_C$,则技术方案考虑接受;若 $R < R_C$,则技术方案不可行。

3. 实际应用

根据分析的目的不同,技术方案的投资收益率又具体分为:总投资收益率(ROI)和资本金净利润率(ROE)。

(1)总投资收益率(ROI)。总投资收益率(ROI)表示技术方案总投资的盈利水平,其计算公式为

$$ROI = \frac{EBIT}{TI} \times 100\% \tag{5-31}$$

式中 TI——技术方案总投资(包括建设投资、建设期贷款利息和全部流动资金);

EBIT——技术方案运营期内正常年份的年息税前利润或运营期内年平均息税前利润,年息税前利润 = 年利润总额 + 计入年总成本费用的利息费用。

公式中所需的财务数据,均可从相关财务报表中获得。若技术方案的总投资收益率高于同行业的收益率参考值,则表明用总投资收益率表示的技术方案盈利能力满足要求。

(2)资本金净利润率(ROE)。技术方案资本金净利润率(ROE)表示技术方案资本金的盈利水平,按下式计算:

$$ROE = \frac{NP}{EC} \times 100\% \tag{5-32}$$

式中 EC——技术方案资本金;

NP——技术方案正常年份的年净利润或运营期内年平均净利润,净利润 = 利润总额 - 所得税。

公式中所需的财务数据,均可从相关财务报表中获得。若技术方案资本金净利润率高于同行业的净利润率参考值,则表明用资本金净利润率表示的技术方案的盈利能力满足要求。

下面综合分析这两个指标在实际中的应用情况。总投资收益率(ROI)用来衡量整个技术方案的获利能力,要求技术方案的总投资收益率(ROI)应大于行业平均投资收益率;显

然，总投资收益率越高，从技术方案所获得的收益就越多。资本金净利润率（ROE）则用来衡量技术方案资本金的获利能力，资本金净利润率（ROE）越高，资本金取得的利润就越多，权益投资盈利水平也就越高；反之，则情况相反。对于技术方案而言，若总投资收益率或资本金净利润率高于同期银行利率，适度举债是有利的；反之，过高的负债比率将损害企业和投资者的利益。由此可见，总投资收益率或资本金净利润率指标不仅用来衡量技术方案的获利能力，还可以作为技术方案筹资决策参考的依据。

4. 指标优缺点分析

（1）优点。投资收益率（R）指标经济含义明确、直观，计算简便，在一定程度上反映了技术方案投资效果的优劣，可适用于各种投资规模。

（2）缺点。没有考虑技术方案投资收益的时间因素，忽视了资金时间价值的重要性；指标的计算主观随意性太强，技术方案正常生产年份的选择比较困难，其确定带有一定的不确定性和人为因素。因此，以投资收益率指标作为主要的决策依据不太可靠，它主要用在技术方案制订的早期阶段或研究过程，且计算期较短、不具备综合分析所需详细资料的技术方案，尤其适用于工艺简单而生产情况变化不大的技术方案的选择和投资经济效果的评价。

5.4.2 动态效率型评价指标

1. 净现值率

（1）定义。净现值率（NPVR）又称为净现值指数、动态投资收益率，是指项目的净现值与投资现值之比，其计算公式为

$$\text{NPVR} = \frac{\text{NPV}}{\text{PVI}} \times 100\% = \frac{\sum_{t=0}^{n} \text{NCF}_t (P/F, i, t)}{\sum_{t=0}^{n} K_t (P/F, i, t)} \quad (5\text{-}33)$$

式中　NPV——投资项目的净现值；
　　　PVI——各年全部投资按照基准折现率折算的现值之和。

（2）判别准则。净现值率表明单位投资的盈利能力或资金的使用效率，若为单一项目或单一投资方案经济评价时，NPVR≥0，则认为该方案可以接受；若为多个方案经济评价时，NPVR 大者，则为优先接受方案。

【例 5-8】 某建设项目拟订出两个方案。第一方案的净现值为 1 473 万元，投资现值为 8 197 万元；第二方案的净现值为 1 026 万元，投资现值为 5 088 万元。试以净现值和净现值率指标选择最优方案。

解： 依题意有

$$\text{NPV}_1 = 1\ 473\ \text{万元} \quad \text{NPV}_2 = 1\ 026\ \text{万元}$$
$$\text{PVI}_1 = 8\ 197\ \text{万元} \quad \text{PVI}_2 = 5\ 088\ \text{万元}$$

据式（5-33）有

$$\text{NPVR}_1 = \frac{\text{NPV}_1}{\text{PVI}_1} \times 100\% = \frac{1\ 473\ \text{万元}}{8\ 197\ \text{万元}} \times 100\% = 18.0\%$$

$$NPVR_2 = \frac{NPV_2}{PVI_2} \times 100\% = \frac{1\ 026\ 万元}{5\ 088\ 万元} \times 100\% = 20.2\%$$

可见，若按净现值指标，由于 $NPV_1 > NPV_2$，应选第一方案；若按净现值率指标，由于 $NPVR_1 < NPVR_2$，应选第二方案。

(3) 适用范围。净现值指标仅反映一个项目所获净收益现值的绝对量大小，而没有考虑所需投资的使用效率。净现值大的方案，其净现值率不一定也大。因此，在项目的多个备选方案的评价与优选中，净现值率是一个重要的补充评价指标。

2. 效益-费用比

(1) 定义。效益-费用比（R_{BC}）是指一个项目在整个计算期内年收益（B_t）的现值之和（B）与年费用（C_t）的现值之和（C）之比。其计算公式为

$$R_{BC} = \frac{B}{C} = \frac{\sum_{t=0}^{n} B_t (P/F, i, t)}{\sum_{t=0}^{n} C_t (P/F, i, t)} \tag{5-34}$$

(2) 判别准则。对于投资项目经济评价，若 $R_{BC} \geq 1$，则该投资项目的备选方案是可以接受的，否则应拒绝。

由 NPV 和 R_{BC} 的定义可知：

$$NPV = B - C \tag{5-35}$$

即

$$\frac{B}{C} = \frac{NPV}{C} + 1 \tag{5-36}$$

如果 $R_{BC} \geq 1$，则必有 $NPV \geq 0$；反之亦然。所以，对于投资项目经济评价来说，NPV 和 R_{BC} 两个指标是等效的。但由于 R_{BC} 计算比较烦琐，因此，人们常使用 NPV 指标。

3. 内部收益率

(1) 定义。内部收益率（IRR）是一个同净现值一样被广泛使用的项目经济评价指标，是指项目的净现值为 0（或收益现值等于费用现值即 $B/C = 1$）时的折现率。由于它所反映的是项目投资所能达到的收益率水平，其大小完全取决于项目经营本身，因而称为内部收益率。其计算公式为

$$\sum_{t=0}^{n} NCF_t (P/F, IRR, t) = 0 \tag{5-37}$$

内部收益率 IRR 的值域是 $[-1, +\infty)$，对于大多数项目投资方案来说，$0 \leq IRR < +\infty$。

IRR 常用于企业经营时，投资项目的财务盈利能力分析，常称为财务内部收益率（FIRR），用于判别项目在财务上是否可接受。

(2) 经济含义与判别准则。内部收益率可以理解为项目对占用资金的恢复能力（或可承受的最大投资贷款利率）。即对于一个项目来说，如果基准折现率（或投资贷款利率）取其内部收益率时，则投资项目在整个计算期内的投资恰好得到全部回收，净现值等于 0。也就是说，该投资项目在该备选方案的资金配置计划中，动态投资回收期等于项目的计算期。内部收益率越高，一般来说该投资备选方案的投资效益就越好。

内部收益率指标用于单个方案经济评价时，如果 $IRR \geq i_0$ 或大于等于实际投资的贷款利

率，则该投资方案是可以接受的；反之，如果 IRR < i_0 或小于实际投资的贷款利率，则该投资方案是不可行的。

【例 5-9】 一个工厂用 1 000 元购买一台设备，寿命周期为 4 年，净现金流量图如图 5-8 所示。按公式计算出该方案的内部收益率为 10%，试说明该方案尚未恢复的（即占用的）资金在 10% 的折现率下，在计算期末（即第 4 年年末）可以全部恢复。具体的恢复过程如图 5-9 和表 5-6 所示。

图 5-8 净现金流量图

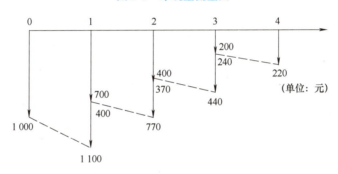

图 5-9 资金恢复过程示意图

表 5-6 资金恢复过程计算表

t 年年末	未恢复的资金（元）
0	-1 000
1	-700
2	-400
3	-200
4	0

如果第 4 年年末的净现金流量不是 220 元而是 260 元，那么按 10% 的折现率计算，到计算期末除全部恢复所占用的资金外，还有 40 元的富余。若要使在计算期末刚好恢复全部占用资金，则折现率应高于 10%，即内部收益率应大于 10%。

（3）计算方法。由式（5-37）可见，求解内部收益率的实质是求解以折现率为未知数的多项高次代数方程。当各年的净现金流量不等，且计算期较长时，求解 IRR 是比较烦琐的。一般来说，求解 IRR 有人工试算法和计算机编程计算法两种方法。

1）人工试算法。对计算期不长、生产期内年净收益变化不大的项目，在有复利系数表可利用的情况下，人工试算法并不十分困难。人工试算法分为线性插值法和图解法两种，线性插值法更被广为接受和使用，计算精度满足投资项目经济评价的决策要求。

线性插值法如图 5-10 所示。

图中 i_0 即为 IRR。采用人工试算法寻找 i_0 往往比较困难，但可以方便地找到 i'，以 i' 近似代替 i_0 (即 IRR 的近似值)。因此，线性插值法是首先找到 (试算) 该方案净现值为正值和负值的两个近似折现率 i_1 和 i_2。为了使近似值有足够的精度，通常要求 $i_2 - i_1 \leq 2\%$。然后根据相似三角形对应边成比例关系导出下式，作为 IRR 的近似值：

$$\text{IRR} \approx i' = i_1 + \frac{\text{NPV}_1}{\text{NPV}_1 + |\text{NPV}_2|} \times (i_2 - i_1) \quad (5\text{-}38)$$

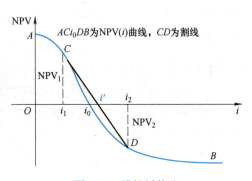

图 5-10 线性插值法

【例 5-10】 已知某方案的现金流量图如图 5-11 所示，试求算其 IRR。

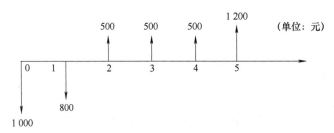

图 5-11 某方案的现金流量图

解：据式 (5-37) 有

$$-1\,000\,\text{元} - 800\,\text{元} \times (P/F, \text{IRR}, 1) + 500\,\text{元} \times (P/A, \text{IRR}, 4)(P/F, \text{IRR}, 1) + 700\,\text{元} \times (P/F, \text{IRR}, 5) = 0$$

查表并试算，先取 $i_1 = 12\%$，有

$$\text{NPV}_1 = -1\,000\,\text{元} - 800\,\text{元} \times (P/F, 12\%, 1) + 500\,\text{元} \times (P/A, 12\%, 4)(P/F, 12\%, 1) + 700\,\text{元} \times (P/F, 12\%, 5) = 39\,\text{元}$$

由于 $\text{NPV}_1 > 0$，故提高折现率，令 $i_2 = 15\%$，有

$$\text{NPV}_2 = -1\,000\,\text{元} - 800\,\text{元} \times (P/F, 15\%, 1) + 500\,\text{元} \times (P/A, 15\%, 4)(P/F, 15\%, 1) + 700\,\text{元} \times (P/F, 15\%, 5) = -106\,\text{元}$$

由于 $\text{NPV}_2 < 0$，故 $12\% < \text{IRR} < 15\%$。为了使插值结果具有足够的精度，再取 $i_3 = 14\%$，有

$$\text{NPV}_3 = -1\,000\,\text{元} - 800\,\text{元} \times (P/F, 14\%, 1) + 500\,\text{元} \times (P/A, 14\%, 4)(P/F, 14\%, 1) + 700\,\text{元} \times (P/F, 14\%, 5) = -60.5\,\text{元}$$

应用式 (5-38) 有

$$\text{IRR} \approx i_1 + \frac{\text{NPV}_1}{\text{NPV}_1 + |\text{NPV}_3|}(i_3 - i_1)$$

$$= 12\% + \frac{39\,\text{元}}{39\,\text{元} + |-60.5|\,\text{元}}(14\% - 12\%) = 12.78\%$$

因此，方案的内部收益率约为 12.78%。

2）计算机编程计算法。对于复杂的项目，采用人工试算法求内部收益率很费时间，需要经过多次大量计算才能成功。若利用计算机求解，就十分容易。利用计算机编程求解，多应用牛顿迭代公式：

$$x_{n+1} = x_n - \frac{f(x_n)}{f'(x_n)} \tag{5-39}$$

计算机求解内部收益率的程序框图如图 5-12 所示。

（4）适用范围和局限性。以上讨论的内部收益率情况仅适用于"正常"的项目经济评价，这类项目的净现值曲线类似图 5-10 所示的情况，即项目的净现金流量从第 0 年开始至少有一项是负值，接下去是一系列正值。可以证明，在此情况下备选方案的 IRR 有唯一解。

1）当项目的投资方案

$$\sum_{t=0}^{n} \text{NCF}_t \geq 0 \text{ 时，有 } 0 \leq \text{IRR} < +\infty \text{ 成立。}$$

2）当项目的投资方案

$$\sum_{t=0}^{n} \text{NCF}_t < 0 \text{ 时，有 } -1 < \text{IRR} < 0\text{，成立。}$$

内部收益率指标的最大优点是它能直观地反映项目投资的最大盈利能力或最大的利息偿还能力（当投资来源为银行贷款时）。但由于 IRR 计算公式所给的仅是必要条件，因而 IRR 指标在使用上也有一定的局限性，具体表现在以下五个方面：

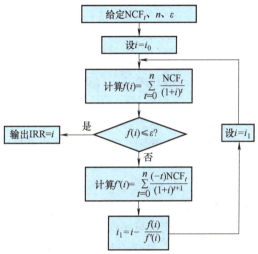

图 5-12　计算机求解内部收益率的程序框图

1）只有现金流入或现金流出的投资方案，不能使用 IRR 指标。此时不存在有明确经济意义的 IRR。

2）非先投资后收益的情况，不能使用 IRR 指标，即先取得收益，然后用收益偿付有关的费用，如设备租赁，在这种情况下，只有 IRR $\leq i_0$ 的方案才可接受。

3）当投资方案在寿命周期内净现金流量的正负符号改变不止一次时，就会出现多个使净现值等于 0 的折现率，这种情况下，不能使用 IRR 指标。此时，IRR 无法定义。

4）由于 IRR 是根据投资方案本身预测数据计算出来的，而不是专门给定的，所以 IRR 不能直接反映资金时间价值的大小。

5）如果只根据 IRR 指标大小进行项目的投资决策，可能会使那些投资大、IRR 低，但收益总额很大、对国民经济全局有重大影响的投资方案落选。因此，IRR 指标往往和 NPV 指标结合起来使用。因为有时 NPV 大的投资方案，其 IRR 不一定大；反之亦然。

（5）项目内部收益率的唯一性问题。

下面以例 5-11 为例来探讨内部收益率的唯一性问题。

【例 5-11】　某项目净现金流量见表 5-7。

表 5-7　某项目净现金流量

年　份	0	1	2	3
净现金流量（万元）	-100	470	-720	360

经计算知，使该项目净现值为 0 的折现率有三个：$i_1 = 20\%$，$i_2 = 50\%$，$i_3 = 100\%$，如图 5-13 所示。

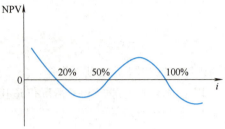

图 5-13　内部收益率多解示意图

实际上，求解内部收益率的式 (5-37) 是一个高次方程。为清楚起见，令 $(1+\text{IRR})^{-n} = x_n$，$(\text{CI} - \text{CO})_t = a_t (t = 0, 1, \cdots, n)$，则式 (5-37) 可写成

$$a_0 + a_1 x_1 + a_2 x_2 + \cdots + a_n x_n = 0$$

这是一个 n 次方程，必有 n 个根（包括复数根和重根），故其正实数根可能不止一个。根据笛卡儿符号法则，若方程的系数序列 a_0，a_1，a_2，$\cdots$，a_n 的正负号变化次数为 p，则方程的正根个数（1 个 k 重根按 k 个根计算）等于 p 或者比 p 少一个正偶数，当 $p = 0$ 时，方程无正根，当 $p = 1$ 时，方程有且仅有一个单正根。也就是说，在 $-1 < \text{IRR} < +\infty$ 的域内，若项目净现金流序列 $(\text{CI} - \text{CO})_t (t = 0, 1, \cdots, n)$ 的正负号仅仅变化一次，内部收益率方程肯定有唯一解，而且当净现金流序列的正负号有多次变化，内部收益率方程可能有多解。

例 5-11 中，净现金流序列 -100，470，-720，360 的正负号变化了 3 次，其内部收益率方程恰有 3 个正数根。

为了方便区分，可以给出定义：净现金流量的符号只变化一次的项目称为常规项目，如例 5-10 的项目；净现金流量序列符号变化多次的项目称为非常规项目，如例 5-11 的项目。

就典型情况而言，在项目寿命周期初（投资建设期和投产初期），净现金流量一般为负值（现金流出大于现金流入），项目进入正常生产期后，净现金流量就会变成正值（现金流入大于现金流出）。所以，绝大多数投资项目属于常规项目。只要其累计净现金流量大于 0，IRR 就有唯一的正数解。

非常规投资项目，IRR 方程可能有多个正实数根，这些根中是否有真正的内部收益率呢？这需要按照内部收益率的经济含义进行检验：以这些根作为盈利率，看在项目寿命周期内是否始终存在未被回收的投资。以例 5-11 中的 $i_1 = 20\%$ 为例，投资回收过程如图 5-14 所示。

在图 5-14 中，初始投资（100 万元）在第 1 年年末完全收回，且项目有净盈余 350 万元；在第 2 年年末又有未收回的投资 300 万元，第 3 年即寿命周期末又全部收回。根据内部收益率的经济含义可知，第 2 年年初

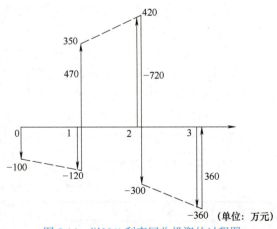

图 5-14　以 20% 利率回收投资的过程图

的 350 万元净盈余,其 20% 的盈利率不是在项目之内,而是在项目之外获得的,故这 20% 不是项目的内部收益率。同样对于 $i_2=50\%$、$i_3=100\%$ 做类似的计算,就会发现寿命周期内(第 1 年)都存在初始投资不但全部回收而且有盈余的情况,故它们也不是项目的内部收益率。

可以证明,对于非常规项目,只要 IRR 方程存在多个正根,则所有的根都不是真正的项目内部收益率。但若非常规项目的方程只有一个正根,则这个根就是项目的内部收益率。

在实际工作中,对于非常规项目可以用通常的方法(如人工试算法)先求出一个 IRR 的解,对这个解按照内部收益率的经济含义进行检验,若满足内部收益率经济含义的要求(项目寿命周期内始终存在未被回收的投资),则这个解就是内部收益率的唯一解,否则项目无内部收益率,不能使用内部收益率指标进行评价。

对于非常规项目 IRR 解的检验,既可以采用类似于图 5-14 的图示法,也可以采用下面的递推公式法。令

$$
\begin{aligned}
F_0 &= (CI-CO)_0 \\
F_1 &= F_0(1+i^*) + (CI-CO)_1 \\
F_2 &= F_1(1+i^*) + (CI-CO)_2 \\
&\vdots \\
F_t &= F_{t-1}(1+i^*) + (CI-CO)_t \\
&= \sum_{j=0}^{t}(CI-CO)_j(1+i^*)^{t-j}
\end{aligned}
\tag{5-40}
$$

式中 i^* ——根据项目现金流量序列试算出的 IRR 解;

F_t ——项目 0~t 年的净现金流量以 t 年为基准年、以 i^* 为折现率的终值之和。

若 i^* 能满足:

$$
\begin{cases} F_t < 0, t=0,1,2,\cdots,n-1 \\ F_t = 0, t=n \end{cases}
\tag{5-41}
$$

则 i^* 就是项目唯一的内部收益率,否则就不是项目的内部收益率,这个项目也不再有其他的具有经济意义的内部收益率。

【例 5-12】 某项目的净现金流量见表 5-8。试判断这个项目有无内部收益率。

表 5-8 某项目的净现金流量 (单位:万元)

年 份	0	1	2	3	4	5
净现金流量	-100	60	50	-200	150	100

解:该项目净现金流量序列的正负号有三次变化,是一个非常规项目。先计算出内部收益率的一个解,$i^*=12.97\%$,将有关数据代入式(5-40),计算结果见表 5-9。

表 5-9 IRR 解检验的计算结果($i^*=12.97\%$) (单位:万元)

年 份	0	1	2	3	4	5
F_t	-100	-52.97	-9.85	-211.12	-88.52	0

计算结果满足式(5-41),故 12.97% 就是项目的内部收益率。

4. 外部收益率

（1）定义。假定项目所有投资，按某个折现率 ERR 折算的终值，恰好可用该项目每年的净收益，按基准收益率 i_0 折算的终值来抵偿时，这个折现率称为外部收益率。其计算公式为

$$\sum_{t=0}^{n} K_t(F/P, \text{ERR}, n-t) = \sum_{t=0}^{n} R_t(F/P, i_0, n-t) \tag{5-42}$$

式中　K_t——第 t 年的投资；

　　　R_t——第 t 年的净收益。

（2）经济含义与判别准则。外部收益率（ERR）的经济含义可理解为：假设把一笔资金 K_0 投资于某一方案，在经济上无异于将这笔资金存入一个年利率为 ERR 且以复利计算的银行中所获得的价值。因此，同 IRR 一样，ERR 越大，说明项目投资方案的经济性越好。用于单个方案经济评价时，若 $\text{ERR} \geqslant i_0$，则该方案可以接受；反之，则拒绝该方案。

【例 5-13】　已知某方案的净现金流量图如图 5-15 所示。若 $i_0 = 10\%$，试求 ERR，并判别经济可行性。

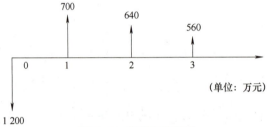

图 5-15　净现金流量图

解：据 ERR 计算公式有

$1\,200\,\text{万元} \times (1 + \text{ERR})^3 = 560\,\text{万元} + 640\,\text{万元} \times (1 + 10\%) + 700\,\text{万元} \times (1 + 10\%)^2$

即

$$(1 + \text{ERR})^3 = 1.759\,2$$

可得 $\text{ERR} = 20.7\%$。显然 $\text{ERR} \geqslant i_0$，故该方案在经济上可行。

【本章小结】

投资项目经济评价是指在对影响项目的各项技术经济因素预测、分析和计算的基础上，形成投资备选方案，通过对备选方案的经济评价，衡量投资项目的直接经济效益和间接经济效益，为最终投资决策提供科学可靠依据的活动。项目经济评价指标是对项目经济可行性进行评价的基本工具。

根据项目对资金的回收速度、获利能力和资金的使用效率可以分为时间型评价指标、价值型评价指标和效率型评价指标。从经济效益角度，评价投资项目常用的指标有投资回收期、净现值、净年值、费用现值、年成本（费用年值）、投资收益率、净现值率、内部收益率和外部收益率。本章从投资项目经济评价指标的分类和指标之间的关系入手，分别介绍了每个经济评价指标的概念、计算公式、经济含义、判别准则、适用条件、优缺点分析等，并使用例题详细说明。

第 5 章 投资项目经济评价指标

【本章思考题】

1. 简述投资项目经济评价的概念。
2. 什么是静态评价指标？什么是动态评价指标？
3. 经济评价指标间的关系如何？怎样选择评价指标？
4. 简述静态投资回收期的优缺点及其适用范围。
5. 什么是时间型评价指标？常见的时间型评价指标有哪些？各指标的概念、计算方法和判别准则是什么？
6. 什么是价值型评价指标？常见的价值型评价指标有哪些？各指标的概念、计算方法和判别准则是什么？
7. 什么是效率型评价指标？常见的效率型评价指标有哪些？各指标的概念、计算方法和判别准则是什么？
8. 内部收益率的经济含义是什么？有几种求解方法？它的适用范围和局限性是什么？

【本章练习题】

1. 已知甲、乙两个方案的投资分别为 10 000 元和 7 000 元，年经营成本分别为 5 000 元和 6 000 元，若基准投资回收期为 4 年，则甲、乙两个方案哪个更优？若基准投资回收期为 2 年，则哪个方案更优？

2. 某项目建设期为 1 年，第 2 年达产。预计方案投产后每年的收益见表 5-10。若基准投资收益率为 10%，试根据所给数据求解下列问题：
(1) 画出现金流量图。
(2) 在表中填上净现金流量。
(3) 在表中填上累计净现金流量。
(4) 计算静态投资回收期。
(5) 若不考虑建设期，计算动态投资回收期。
(6) 计算静态投资收益率。
(7) 计算净现值。

表 5-10 第 2 题数据表 （单位：万元）

年 份	建设期		生产期						
	0	1	2	3	4	5	6	7	8
投资	2 500								
年收益			500	1 000	1 500	1 500	1 500	1 500	1 500
净现金流量									
累计净现金流量									

3. 某项目投资建设期为 m 年，每年年末等额投资，该项目投产后每年的净收益为等额，无残值，项目寿命周期为 n 年，试证明静态投资回收期 P_t 与内部收益率 IRR 存在如下关系：

$$P_t = m \frac{(1+\text{IRR})^n - 1}{(1+\text{IRR})^n - (1+\text{IRR})^{n-m}}$$

4. 某项目的计算期为 10 年，经计算其内部收益率恰好等于基准收益率（12%），问该方案的净现值和动态投资回收期各为多少？

5. 某油井开采方案，第 0 年投资 500 万元，以后每年产油净收益 200 万元，估计可开采 12 年。油井在第 12 年年末报废，残值为 50 万元。试计算其内部收益率，并解释其经济含义。

6. 在正常情况下，某年产 100 万 t 的水泥厂建设期为 2 年，项目可使用 18 年，全部投资在 8.128 年内可回收（按投资时刻起算的静态投资回收期），试估计这个工厂所能达到的内部收益率水平。

7. 某企业购置一间临时仓库约需 8 000 元，但一经拆毁即无残值。假定每年仓储净收益为 1 260 元，问：
（1）若使用 8 年，其 IRR 为多少？
（2）如果行业基准收益率为 10%，则该仓库至少应使用多少年才值得投资？

8. 某投资方案净现金流量见表 5-11，i_0 为 10%，计算期为 4 年，试计算方案净现值并评价方案。

表 5-11 第 8 题数据表　　　　　　　　　　　　（单位：万元）

年　末	0	1	2	3	4
净现金流量	-1 000	400	400	400	400

9. 某工厂计划花费 6 万元购置一台计算机用于企业管理，预测现金流量见表 5-12。该厂要求收益率为 20%，试问此投资是否经济合理？

表 5-12 第 9 题数据表　　　　　　　　　　　　（单位：万元）

年　末	0	1	2	3
净现金流量	-6	3	3	3

第6章

投资项目决策方法

【本章思维导图】

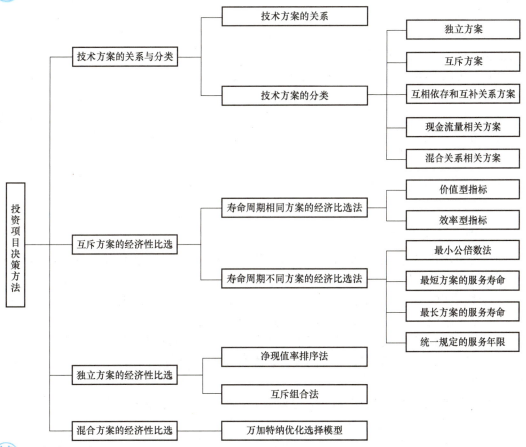

【本章重点】

➢ 理解技术方案的关系与分类。
➢ 掌握互斥方案的经济性比选方法。
➢ 掌握独立方案的经济性比选方法。
➢ 了解混合方案的经济性比选方法。

【本章引导性案例】

某学校拟建运动看台，委托的设计部门提出两种方案。方案甲：钢筋混凝土建造，该方案需要投资35万元，每年保养费为2 000元。方案乙：木结构建造。该方案投资包括：①泥土填实，需要投资20万元；②每年油漆一次，需要费用1万元；③每12年更换座位需要4万元；④36年泥土部分不变，全部木结构拆除更新，需要费用10万元。假设利率为5%，在永久使用的情况下，哪个方案更经济呢？校代会的代表大多数倾向于方案甲，他们认为，方案甲虽然前期投入多，但是钢筋混凝土的结构对于永久使用的看台最终的费用应该少，但是工商管理学院的老师认为不能从表面决定选择哪一个方案。他们从技术经济学多方案选择的角度，进行了一个计算，实际情况又是如何呢？

在技术方案的经济分析中常见的是方案的比较和选择问题。由于技术的进步，为实现某种目标会形成众多的技术方案，这些技术方案或采用不同的技术工艺和设备，或是不同的规模和坐落位置，或是利用不同的原材料和半成品等。当这些方案在技术上都是可行的，经济上也是合理的，经济分析的任务就是从中选择最优的方案。在有限的方案中并不一定包含着客观上是最优的方案，但只要形成尽可能多的方案，以及在形成方案过程中尽可能有意识地运用各种技术方面和经济方面的信息，那么所选的方案可以说是近似于最优。

本章讨论对同一投资项目多个备选方案的经济性比选方法，主要包括技术方案比较的原则、技术方案之间的关系及独立方案、互斥方案和混合方案的比选方法等。

6.1 技术方案的关系与分类

6.1.1 技术方案的关系

对于投资项目来说，单方案的评价，运用价值型指标、效率型指标及时间型指标得出的结论应该是一致的。但多方案的评价，采用不同类型的指标，得出的评价结论未必一致。这是因为在多方案的评选问题中，人们考察的对象不是单一的方案，而是多个方案组成的一个方案群；所追求的目标不是单方案的局部最优，而是方案群的整体最优。因此，首先应明确技术方案之间的相互关系，然后才能考虑用适宜的评价指标和方法进行方案比选。

根据这些方案之间是否存在资源约束，多方案可分为有资源限制的结构类型和无资源限制的结构类型。

有资源限制的结构类型是指多方案之间存在资金、劳动力、材料、设备或其他资源量的限制，在技术经济分析中最常见的是投资资金的约束。

无资源限制的结构类型是指多方案之间不存在上述资源限制问题，当然这并不是指资源是无限多的，而是有能力得到足够的资源。

总之，技术方案之间无非就是相关与不相关两种关系。

6.1.2 技术方案的分类

技术方案主要有以下几类：

1. 独立方案

若技术方案各自的现金流是独立的，不具有相关性，并且任意方案的采用与否都不影响其他方案是否采用，则这类技术方案之间是独立关系，由它们构成的多个方案群就是独立投资方案群。例如，某交通部门面临若干高速公路项目，约有数百个提案参选。建设其中一条高速公路在任何技术方法上并不会妨碍建设其他高速公路项目。关键在于将被建造的公路与那些因资金不足而延缓建造的公路之间没有技术联系，它们都是相互独立的。通常拟建设的项目清单都基于一个假设，即并非项目清单上的所有项目都将要建设，因为可用的资金不足以支付整个清单上的项目费用。

独立方案的采用与否，只取决于方案自身。各独立方案之间的效果具有可加性，即各方案的投资、经营成本与效益之间具有可加性。因此，在没有资源约束的情况下，多个独立方案与单方案的评价方法是相同的。

2. 互斥方案

如果由于技术的或经济的原因，接受某一投资方案就必须放弃其他投资方案，那么，这些方案就是互斥关系。例如，过一条河必须修建一座桥，假设可供选择的设计方案为使用强化混凝土或钢材建造桥梁，这两种方案就是互斥性投资方案，因为仅有一个备选方案将被采纳。特定项目经济规模的确定、项目厂址的选择、特定水电站坝高项目的选择等，都是这类互斥关系的例子。互斥型方案可表示为

$$\sum_{i=1}^{N} X_i \leq 1 \tag{6-1}$$

式中 $X_i = \begin{cases} 1, & \text{表示选中了第 } i \text{ 个方案} \\ 0, & \text{表示没有选中第 } i \text{ 个方案} \end{cases}, i = 1, 2, 3, \cdots, N$

3. 互相依存和互补关系方案

方案之间有时会出现经济上依存和互补的问题，它们之间的互相依存和互补关系可能是对称的，也可能是不对称的。例如，炼铁、炼钢与轧钢项目就是互补型的；又如，计算机外围设备的购买取决于主机的选型，环境污染严重的项目能否被采用取决于环保项目的实施等。依存和互补关系的项目具有可加性，一般这些项目应合并为一个项目进行评价分析。这是因为这些方案之间具有不可分性，也就是说，在进行投资决策时，常常一个项目被否定了，整个项目的局部或一小部分也不应被采用。例如，区域增长极内各投资项目要以主导产业投资项目为核心，合理配套安排相关支持性和关联性投资项目，这些项目之间存在着互相依存和互补关系。

4. 现金流量相关方案

即使方案之间不完全互斥，也不完全互补，如果若干方案中任何一个方案的取舍会导致其他方案现金流量的变化，则这些方案之间也具有相关性。例如，有两种在技术上都可行的方案，一个是在某河上建一座收费公路桥，另一个是在桥址附近建收费轮渡码头。即使这两个方案之间不存在互不相容的关系，但任何一个方案的实施或放弃都会影响另一方案的收入，从而影响方案的评价结论。这样，两方案之间就存在现金流量相关关系。

5. 混合关系相关方案

方案之间的相互关系可能包含了多种类型，对此可称之为混合关系相关方案，简称混合方案。

混合关系相关方案在结构上主要可组织成以下两种形式：

（1）在一组独立多方案中，每个独立方案下又有若干个互斥方案的形式。这种方案的层次结构图如图 6-1 所示。

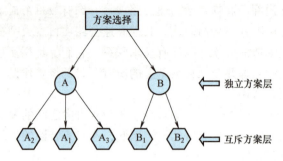

图 6-1　第一种类型混合关系相关方案的层次结构图

（2）在一组互斥多方案中，每个互斥方案下又有若干个独立方案的类型。这组方案的层次结构图如图 6-2 所示。

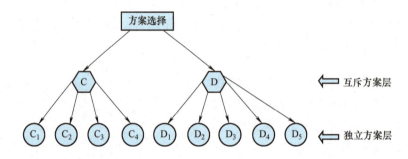

图 6-2　第二种类型混合关系相关方案的层次结构图

混合关系相关方案在技术经济分析中是最多见的，其主要表现有：由于资金、能源和原材料的可用量有限，选择某些方案就不得不放弃另外一些方案；由于方案之间在生产运行上具有关联性，在方案选择阶段无法独立确定各个方案的投入量和产出量；由于方案产品之间具有互补性或替代性，各方案产品的市场需求量之间就具有相关性；由于方案之间在技术上具有匹配性要求，方案选择就要考虑依存性；等等。

6.2　互斥方案的经济性比选

互斥方案的经济性比选是在多个互斥方案进行比较时，只能选取其中之一。

互斥方案的经济评价包含两部分内容：①考察各个方案自身的经济效果，即进行绝对（经济）效果检验；②考察哪个方案最优，即进行相对（经济）效果检验。两种检验的目的不同，缺一不可。

互斥方案经济效果评价和比选时，参加比选的方案应具有可比性。主要应注意：考察的时间段及计算的可比性；收益与费用的性质及计算范围的可比性；方案风险水平的可比性和评价所使用假定的合理性。

各互斥方案的经济效益比较，可采用价值型指标（如净现值），也可采用效率型指标（如内部收益率）。下面讨论互斥方案评价与比选的几类方法。

6.2.1 寿命周期相同方案的经济比选法

只有服务寿命相同的方案，才能直接进行经济效益比较。若采用价值型指标，则选择价值型指标最大者为最优方案；若采用效率型指标，则需要考察不同方案之间增量（差额）投资的经济效益。

投资额不等的互斥方案比选的实质是判断增量投资（或追加投资）的经济合理性，即投资大的方案相对于投资小的方案多投入的资金是否能带来满意的增量收益。显然，若增量投资能够带来满意的增量收益，则投资额大的方案优于投资额小的方案；若增量投资不能够带来满意的增量收益，则投资额小的方案优于投资额大的方案。

通过计算增量净现金流量评价增量投资经济效果，对投资额不等的互斥方案进行比选的方法称为增量分析法或差额分析法，这是互斥方案比选的基本方法。

净现值、净年值、投资回收期、内部收益率等评价指标都可以用于增量分析。

【例 6-1】 某企业为降低产品成本，拟订出三个互斥的技术方案，各方案的服务寿命均为 10 年，相关数据见表 6-1。试在基准收益率为 15% 的条件下选择经济上最有利的方案。

表 6-1 相关数据

方 案	初始投资（元）	每年净现金流量（元）	服务年限/年
A_1	5 000	1 400	10
A_2	8 000	1 900	10
A_3	10 000	2 500	10

1. 采用价值型指标

（1）按价值型指标评选（如净现值）。各方案净现值如下：

$$NPV_{A_1} = -5\,000 \text{ 元} + 1\,400 \text{ 元} \times (P/A, 15\%, 10) = 2\,026.6 \text{ 元}$$

$$NPV_{A_2} = -8\,000 \text{ 元} + 1\,900 \text{ 元} \times (P/A, 15\%, 10) = 1\,536.1 \text{ 元}$$

$$NPV_{A_3} = -10\,000 \text{ 元} + 2\,500 \text{ 元} \times (P/A, 15\%, 10) = 2\,547.5 \text{ 元}$$

可见 $NPV_{A_3} > NPV_{A_1} > NPV_{A_2}$，故 A_3 为最优方案。若采用净终值或净年金指标，结论也是一致的。

（2）按增量投资价值型指标评选（如取增量投资净现值）。按增量投资净现值评选方案的标准是：当基础方案可行时，保留投资额大且增量投资净现值大于或等于 0 的方案。按增量投资净现值进行方案比较的方法是环比法，步骤如下：

1) 把各方案按投资额由小到大排列，并增设一个"维持现状"方案 A_0，作为计算增量投资经济效益的基础方案。"维持现状"方案是不投资方案或简称零方案，这时假设已有的资金用于其他方面的投资可以获得基准收益率。即不管投资额为多大，其 $IRR = i_0$，也即 $NPV(i_0) = 0$。

2) 以"维持现状"方案 A_0 作为临时基础方案，首先计算方案 A_1 相对于 A_0 方案的增量投资和逐年净现金流量之差,构成一个新的增量投资净现金流量。然后计算 A_1 较 A_0 增量投资的净现值,以 $NPV_{A_1 \to A_0}$ 表示:

$$NPV_{A_1 \to A_0} = -5\ 000\ 元 + 1\ 400\ 元 \times (P/A, 15\%, 10) = 2\ 026.6\ 元$$

由于 $NPV_{A_1 \to A_0} > 0$,说明 A_1 优于 A_0,应保留 A_1 方案作为下一步继续比较的基础方案。反之,若 $NPV_{A_1 \to A_0} < 0$,则应保留 A_0 方案。

3)以 A_1 方案为基础方案,计算 A_2 方案较 A_1 方案增量投资的净现值:

$$NPV_{A_2 \to A_1} = -(8\ 000\ 元 - 5\ 000\ 元) + (1\ 900\ 元 - 1\ 400\ 元)(P/A, 15\%, 10)$$
$$= -490.5\ 元$$

由于 $NPV_{A_2 \to A_1} < 0$,说明 A_2 的增量投资是不合算的,应保留 A_1 方案,舍去 A_2 方案。

4)仍以 A_1 作为基础方案,计算 A_3 方案较 A_1 方案增量投资净现值:

$$NPV_{A_3 \to A_1} = 520.9\ 元$$

说明 A_3 方案的增量投资是合算的,应保留 A_3 方案,舍去 A_1 方案,故 A_3 方案为最优方案。

同样,也可用增量投资净终值和净年值指标,其结论是一致的。可见,对寿命相同互斥方案的经济效益进行比较,采用全投资价值型指标与采用增量投资价值型指标进行方案评选,结论是一致的。需要指出的是,当各互斥方案的投资都能得以满足时,方案比较一般不考虑单位投资的使用效率,即不考虑投资额的不同。

通过以上实例分析,可以总结出投资额不等的互斥方案的净现值增量分析法。

设 A、B 为投资额不等的互斥方案,A 方案比 B 方案投资大,两方案的增量净现值可由下式求出:

$$\Delta NPV = \sum_{t=0}^{n} (NPV_{A_t} - NPV_{B_t})(1 + i_0)^{-t} = NPV_A - NPV_B \tag{6-2}$$

式中 ΔNPV——增量净现值;

NPV_{A_t}——A 方案第 t 年的净现值;

NPV_{B_t}——B 方案第 t 年的净现值。

用增量分析法进行互斥方案比选时,若 $\Delta NPV \geq 0$,表明增量投资可以接受,投资(现值)大的方案经济效果好;若 $\Delta NPV < 0$,表明增量投资不可接受,投资(现值)小的方案经济效果好。

由式(6-2)可知,增量净现值等于两个互斥方案的净现值之差。显然,用增量分析法计算两方案的增量净现值进行互斥方案比选,与分别计算两方案的净现值根据净现值最大准则进行互斥方案比选的结论是一致的。因此,实际工作中应根据具体情况选择方便的比选方法。当有多个互斥方案时,直接用净现值最大准则选择最优方案比两两比较的增量分析更为简便。分别计算各备选方案的净现值,根据净现值最大准则选择最优方案可以将方案的绝对经济效果检验和相对经济效果检验结合起来,判别准则可表述为:净现值最大且非负的方案为最优方案。这一判别准则可以推广至净现值的等效指标净年值,即净年值最大且非负的方案为最优方案。对于仅有或仅需要计算费用现金流的互斥方案,只需要进行相对效果检验,通常使用费用现值或费用年值指标,在一般情况下不需要进行增量分析,方案选择的判别准则是:费用现值或费用年值最小的方案是最优方案。

2. 采用效率型指标

（1）按效率型指标评选（如内部收益率）。上例中各方案的内部收益率如下：

由 $-5\,000 + 1\,400(P/A, \text{IRR}_{A_1}, 10) = 0$，得

$$\text{IRR}_{A_1} = 25\%$$

同样可求得

$$\text{IRR}_{A_2} = 19.9\%$$
$$\text{IRR}_{A_3} = 21.9\%$$

结果表明，各方案的内部收益率均大于基准收益率15%，说明 A_1、A_2、A_3 均为可接受方案，其中以 IRR_{A_1} 为最大，A_1 方案为最优。但前面已证明它不是最优方案，与采用价值型指标的评价结论不一致。这说明用效率型指标进行多方案比较，其结论并不一定可靠。

（2）按增量投资效率型指标评选（如差额内部收益率）。按增量投资内部收益率与按增量投资净现值评选方案的做法基本相同，只是取舍方案的标准不一样。按增量投资内部收益率评选方案的标准是：在投资额由小到大进行方案比较时，应保留投资额大且增量投资内部收益率大于基准收益率的方案。具体步骤如下：

1）增设一零方案 A_0，计算 A_1 方案较 A_0 方案的增量投资内部收益率，然后进行取舍。由 $-5\,000 + 1\,400(P/A, \text{IRR}_{A_1 \to A_0}, 10) = 0$，得 $\text{IRR}_{A_1 \to A_0} = 25\% > 15\%$，说明 A_1 方案较 A_0 方案的增量投资是合理的，故应保留 A_1 方案作为下一步比较的基础方案，并舍弃 A_0 方案。

2）计算 A_2 方案较 A_1 方案的增量投资内部收益率，决定取舍。由 $-3\,000 + 500(P/A, \text{IRR}_{A_2 \to A_1}, 10) = 0$，得 $\text{IRR}_{A_2 \to A_1} = 10.5\% < 15\%$，说明 A_2 方案较 A_1 方案的增量投资不合算，故应保留 A_1 方案，舍弃 A_2 方案。

3）计算 A_3 方案较 A_1 方案的增量投资内部收益率，决定取舍。由 $-5\,000 + 1\,100(P/A, \text{IRR}_{A_3 \to A_1}, 10) = 0$，得 $\text{IRR}_{A_3 \to A_1} = 17.6\% > 15\%$，说明 A_3 方案增量投资合算，故保留，舍弃 A_1 方案。结果 A_3 为最优方案，这与用价值型评价指标的比较结论是一致的。

按内部收益率评选，A_1 方案为最优，而按增量投资内部收益率评选，A_3 方案为最优。这时应按增量投资内部收益率的取舍标准确定最优方案。这是因为 A_3 较 A_1 增量投资内部收益率17.6%的含义是：在 A_3 方案的全部投资额中，与 A_1 方案相等的那部分投资能取得与 A_1 方案相等的内部收益率25%，此外，比 A_1 方案多出的投资部分所获得的内部收益率17.6%也超过了基准收益率15%，因而增量投资是合算的，说明 A_3 方案的盈利能力大于 A_1 方案，为最优方案。

同样可以证明，时间型指标也只能用于单方案评价，而不能直接用于互斥方案的比较。当用于互斥方案比较时，必须采用增量投资时间型评价指标，如增量投资回收期等。但需注意，这种指标不适用于只有年经营费用和期初投资的排他型方案的比选。

通过以上实例分析，可以总结出投资额不等互斥方案的内部收益率增量分析法。

计算差额内部收益率的方程式为

$$\sum_{t=0}^{n}(\text{NCF}_{A_t} - \text{NCF}_{B_t})(1+\Delta\text{IRR})^{-t} = \sum_{t=0}^{n}\Delta\text{NCF}_t(1+\Delta\text{IRR})^{-t} = 0 \qquad (6\text{-}3)$$

式中 NCF_{A_t} ——A 方案 t 时刻的净现金流量；

NCF_{B_t}——B 方案 t 时刻的净现金流量。

差额内部收益率定义的另一种表述方式是：两互斥方案净现值（或净年值）相等时的折现率。其计算方程式也可以写成

$$\sum_{t=0}^{n} NCF_{A_t}(1+\Delta IRR)^{-t} - \sum_{t=0}^{n} NCF_{B_t}(1+\Delta IRR)^{-t} = 0 \qquad (6\text{-}4)$$

利用式（6-3）和式（6-4）求解 ΔIRR 的结果是一样的。

用差额内部收益率比选方案的判别准则是：若 $\Delta IRR > i_0$，则投资（现值）大的方案为优；若 $\Delta IRR < i_0$，则投资（现值）小的方案为优。用差额内部收益率进行比较的情形如图6-3所示。

图6-3中，A 点为 F、G 两方案净现值曲线的交点，在这一点两方案的净现值相等。A 点所对应的折现率为两方案的差额内部收益率 ΔIRR。由图可以看出，当 $\Delta IRR > i_0$ 时，$NPV_F > NPV_G$，当 $\Delta IRR < i_0$ 时，$NPV_G > NPV_F$。采用 ΔIRR 比选方案与 NPV 比选方案得出的结论是一致的。

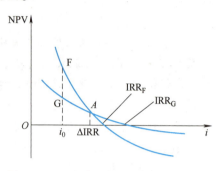

图6-3 用于方案比较的差额内部收益率

由此可知，在对互斥方案进行比较选择时，净现值最大准则（以及净年值最大准则、费用现值和费用年值最小准则）是正确的判别准则。而内部收益率最大准则不可靠，如果将投资大的方案相对于投资小的方案的增量投资用于其他投资机会，会获得高于差额内部收益率的盈利率，用内部收益率最大准则进行方案比选的结论就是正确的，如图6-3所示。如果所取的 i_0 大于 ΔIRR，则用内部收益率最大准则与净现值最大准则比选方案得出的结论是一致的。但是，倘若 i_0 小于差额内部收益率，用内部收益率最大准则就会导致错误的抉择。由于 i_0 是独立、确定的，不依赖于具体待比选方案的差额内部收益率，故用内部收益率最大准则进行方案比选是不可靠的。

综上所述，内部收益率评价互斥方案的步骤和方法如下：

① 根据各个方案自身的净现金流，计算每个方案的内部收益率（或NPV、NAV），淘汰内部收益率小于基准收益率 i_0（或 NPV<0、NAV<0）的方案，即淘汰通不过绝对效果检验的方案。

② 按照投资从小到大的顺序排列经绝对效果检验保留下来的方案。首先计算前两个方案的 ΔIRR。若 $\Delta IRR > i_0$，则保留投资大的方案；若 $\Delta IRR < i_0$，则保留投资小的方案。

③ 将第②步得到的保留方案与下一个方案进行比较——计算两方案的差额内部收益率，取舍判据同上。以此类推，直至检验过所有可行方案，找出最优方案为止。

值得指出的是，ΔIRR 只能反映增量现金流的经济性（相对经济效果），不能反映各方案自身的经济性（绝对经济效果），故差额内部收益率只能用于方案间的比较（相对效果检验），不能仅根据 ΔIRR 数值的大小判定方案的取舍。图6-4对此做了说明。

图6-4a、6-4b 所示的两种情况下，方案 A 与方案 B 均能通过绝对效果检验（$IRR_A > i_0$，$IRR_B > i_0$），可以根据 ΔIRR 与 i_0 的比较判定方案的取舍：图6-4a 中 $\Delta IRR > i_0$，投资大的方案 A 优于投资小的方案 B；图6-4b 中 $\Delta IRR < i_0$ 时，方案 B 优于方案 A。图6-4c 中，方案 A 与方案 B 均不能通过绝对效果检验（$IRR_A < i_0$，$IRR_B < i_0$），故不管 ΔIRR 大小如何，两个

方案都不应选取。图 6-4d 中，方案 A 通过绝对效果检验（$IRR_A > i_0$），且 $\Delta IRR > i_0$，可以判断方案 A 为最优可行方案。

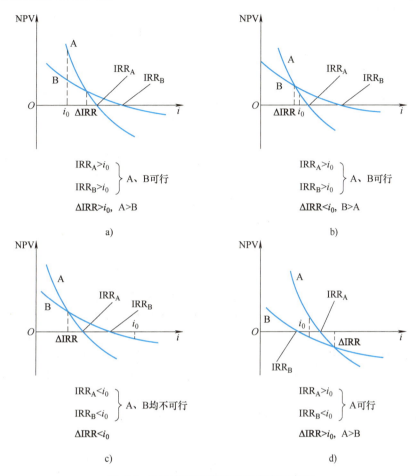

图 6-4　用内部收益率法比选方案示意图

差额内部收益率也可用于仅有费用现金流的互斥方案比选，比选结论与费用现值法和费用年值法一致。在这种情况下，实际上是把增量投资所导致的对其他费用的节约看成是增量收益。计算仅有费用现金流的互斥方案的差额内部收益率的方程，可以比照式（6-2）或式（6-3），按两方案费用现值相等或增量费用现金流现值之和等于 0 的方式建立。

【例 6-2】 若两个能够满足同样需要的互斥方案 A 和 B 的费用现金流见表 6-2。试在两个方案之间做出选择（$i_0 = 10\%$）。

表 6-2　方案 A、B 的费用现金流　　　　　　　　　　　　　　　（单位：万元）

方　　案	第 0 年投资	第 1~15 年其他费用支出
A	100	11.68
B	150	6.55
增量费用现金流（B - A）	50	-5.13

本问题为仅有费用现金流的方案比选，可用费用现值（费用年值）或差额内部收益率判别优劣。

（1）用费用现值比选。

$$PC_A = 100 \text{ 万元} + 11.68 \text{ 万元} \times (P/A, 10\%, 15) = 100 \text{ 万元} + 11.68 \text{ 万元} \times 7.606$$
$$= 188.84 \text{ 万元}$$
$$PC_B = 150 \text{ 万元} + 6.55 \text{ 万元} \times (P/A, 10\%, 15) = 150 \text{ 万元} + 6.55 \text{ 万元} \times 7.606$$
$$= 199.82 \text{ 万元}$$

由于 $PC_A < PC_B$，根据费用现值最小的选优准则，可判定方案 A 优于方案 B，故应选取方案 A。

（2）用差额内部收益率比选。根据表 6-2 最末一行的增量费用现金流，列出求解 ΔIRR 的方程：

$$50 - 5.13(P/A, \Delta IRR, 15) = 0$$

解得 $\Delta IRR = 6\%$，$\Delta IRR < i_0$，故可判定投资小的方案 A 优于投资大的方案 B，故应选取方案 A。

当两个互斥方案投资额相等时，用 ΔIRR 比选方案会出现无法利用前面所述判别准则进行判别的情况。这里再提出另一判别准则，供前述判别准则失效时使用。此判别准则为：

在两个互斥方案的差额内部收益率 ΔIRR 存在的情况下，若 $\Delta IRR > i_0$，或 $-1 < \Delta IRR < 0$，则方案寿命周期内"年均净现金流"大的方案优于"年均净现金流"小的方案；若 $0 < \Delta IRR < i_0$，则"年均净现金流"小的方案优于"年均净现金流"大的方案。对于仅有费用现金流的互斥方案比选，若 $\Delta IRR > i_0$，或 $-1 < \Delta IRR < 0$，则方案寿命周期内"年均费用现金流"小的方案优于"年均费用现金流"大的方案；若 $0 < \Delta IRR < i_0$，则"年均费用现金流"大的方案优于"年均费用现金流"小的方案。

设方案 j 的寿命周期为 n 年，则

$$\text{方案 j 的年均净现金流} = \frac{\sum_{t=0}^{n_j}(CI_j - CO_j)_t}{n_j} = \frac{\sum_{t=0}^{n_j} NPV_j}{n_j} \tag{6-5}$$

对于只有费用现金流的方案：

$$\text{方案 j 的年均费用现金流} = \frac{\sum_{t=0}^{n_j} CO_{jt}}{n_j} \tag{6-6}$$

用差额内部收益率比较互斥方案的相对优劣具有经济概念明确、易于理解的优点。但若比选的互斥方案较多时，计算工作相对烦琐和困难。这一方法的主要问题是，有时可能出现差额内部收益率不存在的情况。另外，如前所述，内部收益率方程在净现金流符号多次变化的情况下可能存在多个实数解。一般来说，增量净现金流较之单一方案的净现金流更易出现符号多次变化的情况，所以用差额内部收益率比选方案对此应特别注意，如果出现增量净现金流符号多次变化的情况，应按照内部收益率的经济含义对其解进行检验。

6.2.2 寿命周期不同方案的经济比选法

实际工作中，相比较的备选方案的服务寿命常常是不同的。服务寿命不同的方案是不能

直接进行比较的。因此,进行寿命不同方案的比选时,必须首先解决各方案服务寿命不等的问题,然后再按寿命相同方案的评选方法去评选方案优劣。

为了满足寿命周期不同方案比选的要求,有下列几种方法:

1. 最小公倍数法

以各备选方案服务寿命的最小公倍数,作为各方案比较时的共同服务年限。在此年限内,当某方案寿命终了时,继续用同一方案更替,直到共同服务年限为止。重复更新假设意味着各方案的现金流量以一个方案的寿命为周期重复出现。

2. 取最短方案的服务寿命作为各方案的共同服务年限

以最短方案的服务寿命作为各方案的共同服务年限的方法,仅限于考虑比较方案在某一研究期内的效果。可依据实际情况,令寿命周期较长的方案在共同服务期末仍保留一定的未使用价值。

对未使用价值的处理方式有三种:①承认方案在服务期末存在未使用价值,但没有必要回收;②认为方案在服务期期末不存在未使用价值;③预测方案未使用价值在共同服务期期末的价值(残值),并作为现金流入,当对残值预测有困难时,可用回收固定资产余值(即净值)来处理。

3. 取最长方案的服务寿命作为各方案的共同服务年限

以最长方案的寿命周期作为各方案的共同服务年限,令寿命周期较短的方案在寿命周期终了时继续用同一方案更替,直到共同服务年限为止。期末仍保留一定的未使用价值。

4. 统一规定的服务年限

在达到统一服务年限前,有的方案可能需要重复更替,有的方案在期满时仍有一定的未使用价值。

以上的重复更新假设是以不考虑方案技术进步为前提的。若考虑技术进步的影响,可根据实际情况对方案进行更替。

共同服务年限究竟采用上述哪种方法为宜,取决于各备选方案的内部情况和市场等外部情况。例如,可依据方案所生产产品的更新周期预测结果来确定。

现举例说明这几种方法的应用。

【例 6-3】 有两个互斥方案 A 和 B,其初始投资、年净现金流量及服务寿命列于表 6-3 中,试在基准收益率 10% 的条件下选择方案。

表 6-3 相关数据

方 案	初始投资(万元)	年净现金流量(万元)	服务寿命/年
A	100	40	4
B	200	53	6

分以下几种情况讨论:

1. 最小公倍数法

依据重复更新假设,取两方案服务寿命的最小公倍数为其共同服务年限,$T=12$ 年,现金流量图如图 6-5 所示。

(1) 采用净现值法比较。以 $NPV_{A,12}$ 和 $NPV_{B,12}$ 分别代表 A、B 两个方案在 12 年服务期内的净现值。

$$NPV_{A,12} = -100 \text{万元} - 100 \text{万元} \times (P/F,10\%,4) - 100 \text{万元} \times (P/F,10\%,8) + 40 \text{万元} \times (P/A,10\%,12) = 57.61 \text{万元}$$

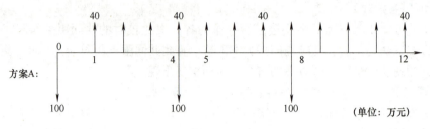

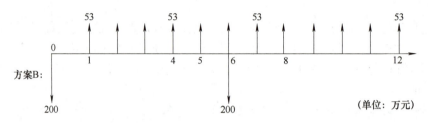

图 6-5 重复更新方案现金流量图

$$NPV_{B,12} = -200 \text{万元} - 200 \text{万元} \times (P/F,10\%,6) + 53 \text{万元} \times (P/A,10\%,12) = 48.242 \text{万元}$$

结果表明：方案 A 优于方案 B。

（2）采用净年值法比较。以 $NAV_{A,12}$ 和 $NAV_{B,12}$ 分别代表 A、B 两个方案在 12 年服务期内的净年值。

$$NAV_{A,12} = NPV_{A,12}(A/P,10\%,12) = 8.5 \text{万元}$$
$$NAV_{B,12} = NPV_{B,12}(A/P,10\%,12) = 7.1 \text{万元}$$

得出同样的结论：方案 A 优于方案 B。

若仅取一个周期，计算两方案的净年值为

$$NAV_{A,4} = -100 \text{万元} \times (A/P,10\%,4) + 40 \text{万元} = 8.5 \text{万元}$$
$$NAV_{B,6} = -200 \text{万元} \times (A/P,10\%,6) + 53 \text{万元} = 7.1 \text{万元}$$

可证明存在下列规律（证明略）：

$$NAV_{A,4} = NAV_{A,12}; \quad NAV_{B,6} = NAV_{B,12}$$

即在重复更新假设下，设某方案的寿命周期为 n 年，重复更新周期数为 m，则存在：

$$NAV_{1 \times n} = NAV_{m \times n}$$

因此，当两个方案的寿命周期不同，且满足重复更新假设的条件下，最简便的方法是只计算各方案在一个周期内的净年值，然后进行比较。

若采用增量比较，也可以进行这种情况的方案评选。

需要注意，采用最小公倍数法进行比较，不适合于产品和设备技术更新快的项目，因为在这种情况下，重复更新假设很难得以满足。

2. 采用最短方案的服务寿命作为各方案的共同服务年限

本例中，以方案 A 的服务年限为共同服务年限。共同服务期的现金流量以预测未来使用价值情况为例，如图6-6所示。

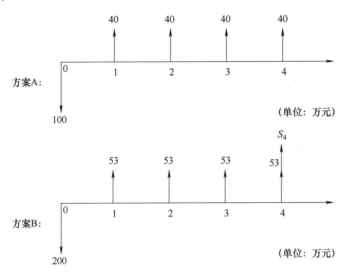

图6-6 最短方案的服务寿命的现金流量图

图中S_4代表第4年年末方案B的未使用价值。对未使用价值的处理分为如下几种情况：

(1) 认为期末存在未使用价值，但没有必要回收时，$S_4=0$。即承认方案B可使用6年，但4年后停止使用，故将其投资方案时间价值折算到6年之中，仅取前4年的净现值与方案A进行比较。

$NPV_A = -100 \text{万元} + 40 \text{万元} \times (P/A,10\%,4) = 26.8 \text{万元}$

$NPV_{B1} = -200 \text{万元} \times (A/P,10\%,6)(P/A,10\%,4) + 53 \text{万元} \times (P/A,10\%,4) = 22.4 \text{万元}$

结果表明：方案A优于方案B。

(2) 认为期末不存在未使用价值。即不承认方案B可使用6年，只承认它使用4年。

$NPV_{B2} = -200 \text{万元} \times (A/P,10\%,4)(P/A,10\%,4) + 53 \text{万元} \times (P/A,10\%,4)$
$= -200 \text{万元} + 53 \text{万元} \times (P/A,10\%,4) = -32 \text{万元}$

结果表明：方案A优于方案B。采用这种方法，方案B的服务寿命越长，对方案B就越不利。

两种情况的误差恰好等于未使用价值的现值，即

$200 \text{万元} \times (A/P,10\%,6)(P/A,10\%,2)(P/F,10\%,4) = 54.4 \text{万元}$

$NPV_{B2} - NPV_{B1} = 22.4 \text{万元} - (-32) \text{万元} = 54.4 \text{万元}$

(3) 预测未使用价值（残值）。设方案B在共同服务期期末可收回的残值为60万元，则

$NPV_{B3} = -200 \text{万元} + 53 \text{万元} \times (P/A,10\%,4) + 60 \text{万元} \times (P/F,10\%,4) = 9 \text{万元}$

结果表明：方案A优于方案B。

3. 采用最长方案的服务寿命作为各方案的共同服务年限

本例中，以方案B的服务寿命6年作为共同服务年限，假设方案A可以重复更新。这时，方案A在重复更新后可服务2年，仍有2年未使用。若共同服务期期末有残值，此种情况的现金流量如图6-7所示。

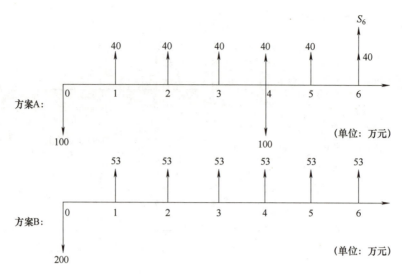

图 6-7 最长服务寿命现金流量图

图中 S_6 代表方案 A 重复更新后服务期期末的未使用价值,可按上述类似方法求解。

4. 统一规定服务年限

如本例中,规定共同服务年限为 4 年或 5 年。这种方法与前述处理方法相同,不再详述。

综上所述,对寿命周期不等的互斥方案进行比选,要求方案之间具有时间可比性。为满足这一条件,需要解决两个方面的问题:①设定一个合理的共同分析期;②给寿命周期不等于分析期的方案选择合理的方案持续假设或残值回收假定。

在对寿命不等的互斥方案进行比选时,尤其是当参加比选的方案数目众多时,年值法是最简便的方法。年值法使用的指标有净年值与费用年值。

净年值法最大且非负的方案为最优可行方案。

用年值法进行寿命周期不等的互斥方案比选,实际上隐含做出了这样一种假定:各备选方案在寿命周期结束时均可按原方案重复实施,或以与原方案经济效果水平相同的方案持续。因为一个方案无论重复实施多少次,其年值是不变的,所以年值法实际上假定了各方案可以无限次重复实施。在这一假定前提下,年值法以"年"为时间单位比较各方案的经济效果,从而使寿命周期不等的互斥方案具有可比性。

对于仅有或仅需计算费用现金流的互斥方案,可以比照净年值指标的计算方法,用费用年值指标进行比选。判别标准是:费用年值最小的方案为最优。

【例 6-4】 两互斥方案的费用现金流见表 6-4,试选出最优方案 ($i_0 = 10\%$)。设两互斥方案 C、D 具有相同的产出,方案 C 的寿命周期 $N_C = 10$ 年,方案 D 的寿命周期 $N_D = 15$ 年。

表 6-4 方案 C、D 费用现金流

方案	投资(万元)		经营费用(万元)	
	第 0 年	第 1 年	第 2~10 年	第 11~15 年
C	100	100	60	—
D	100	140	40	40

本例为仅需要计算费用现金流的寿命周期不等的互斥方案比选,可用费用年值指标进行比选。

$AC_C = [100\text{万元} + 100\text{万元} \times (P/F,10\%,1) + 60\text{万元} \times (P/A,10\%,9)(P/F,10\%,1)] \times (A/P,10\%,10)$

$\quad = (100\text{万元} + 100\text{万元} \times 0.9091 + 60\text{万元} \times 5.759 \times 0.9091) \times 0.16275 = 82.2\text{万元}$

$AC_D = [100\text{万元} + 140\text{万元} \times (P/F,10\%,1) + 40\text{万元} \times (P/A,10\%,14)(P/F,10\%,1)] \times (A/P,10\%,15)$

$\quad = (100\text{万元} + 140\text{万元} \times 0.9091 + 40\text{万元} \times 7.367 \times 0.9091) \times 0.13147 = 65.1\text{万元}$

由于 $AC_D < AC_C$,故选取 D 方案。

6.3 独立方案的经济性比选

独立方案,如果资源条件允许,则所有技术先进可行、经济合理的方案都可采纳。但现实情况是资源有限,需要根据资源拥有状况,评价、选择投资方案的组合,使方案组合达到最佳经济效益。下面仅以资金受限制为例,说明独立方案的评价方法。

在资金有限的情况下,局部看来不具有互斥性的独立方案也转化为相关方案。对这类方案进行评价选择,可假定各投资方案在技术上是可行的,也符合区域总体经济、技术发展规划的需要,只要能在给定资金预算总额限制的前提下取得最大的经济效益(即实现净现值最大化),这就是所谓"受资金限制的方案选择"问题。

受资金限制的方案选择使用的方法主要有净现值率排序法和互斥组合法。

6.3.1 净现值率排序法

净现值率排序法是在计算各投资方案净现值率的基础上,将净现值率大于或等于 0 的方案按净现值率大小从大到小排序,并依此次序选取方案,直至所选取方案的总投资额最大限度地接近或等于投资限额为止。本方法所要求实现的目标是在一定的投资限额约束下使所选方案的净现值最大。

【例 6-5】 某地区投资预算为 1 000 万元。备选方案、各方案净现金流量及其有关指标值见表 6-5。试按净现值率排序法选择最佳方案组合 ($i_0 = 12\%$)。

表 6-5 各方案净现金流量及其有关指标计算

方案	第 0 年投资 (万元)	第 1~10 年净收入 (万元)	净现值 NPV (万元)	净现值率 NPVR	按净现值率 NPVR 排序
A	-100	20	13.00	0.130	4
B	-150	28	8.20	0.055	7
C	-100	18	1.70	0.017	9
D	-120	24	15.60	0.130	4
E	-140	25	1.25	0.009	10
F	-80	19	27.35	0.340	1
G	-120	25	21.25	0.177	3

（续）

方案	第0年投资（万元）	第1~10年净收入（万元）	净现值 NPV（万元）	净现值率 NPVR	按净现值率 NPVR 排序
H	−80	17	16.05	0.200	2
I	−120	22	4.30	0.036	8
J	−110	22	14.30	0.130	4
K	−90	15	−5.25	−0.058	12
L	−130	23	−0.05	−0.000 38	11

从表6-5中，首先将净现值和净现值率小于0的K、L项目淘汰。然后，按净现值率从大到小的顺序选择项目，则满足资金约束条件的方案为F、H、G、A、D、J、B、I、C（E方案也被淘汰），所用资金总额为980万元。上述选择为最理想选择，净现值总额为121.75万元，取舍率为NPVR＝0.017。

按净现值率排序原则选择项目方案，其基本思想是单位投资的净现值越大，在一定投资限额内所能获得的净现值总额就越大。净现值率排序法简便易算，这是它的优点。但由于投资方案的不可分性，净现值率排序法在许多情况下，不能保证现有资金的充分利用，不能实现净现值最大的目标。只有在下列情况下，它才能实现或接近净现值最大的目标：

（1）各方案投资占投资预算的比例很小。
（2）各方案投资额相差无几。
（3）各入选方案投资累加额与投资预算限额相差无几。

实际上，在各种情况下都能保证实现最优选择（净现值最大）的更可靠的方法是互斥组合法。

6.3.2 互斥组合法

互斥组合法是指在受资金限制的情况下，对项目方案首先进行互斥组合，然后再从多个互斥组合中选择一组投资总额最大限度地接近（或等于）资金限额而经济效益又最大的互斥组合作为最优项目方案，并以此为分配资金的对象。所谓互斥组合，是指方案组与组之间为互斥关系，而组内各方案之间为独立关系的方案组合。下面举例说明。

【例6-6】 某地区有三个独立方案A、B、C，其有关的现金流量和评价指标见表6-6（基准收益率为8%）。该地区投资限额为450万元，试选择方案。

表6-6 各方案的现金流量和评价指标

方　案	第0年投资（万元）	第1~10年净收入（万元）	净现值 NPV（万元）	净现值率 NPVR
A	−100	23	54.33	0.543
B	−300	58	89.18	0.297
C	−250	49	78.79	0.315

首先用净现值率排序法来评选方案。

由表 6-6 可知各项目净现值与净现值率均大于 0，按净现值率由大到小排序选择，应选 A、C 方案，净现值总额为 54.33 万元 + 78.79 万元 = 133.12 万元。

上述选择是否为最佳选择？下面用互斥组合法的选择结果进行验证。

互斥组合法的工作步骤如下：

第一步，对于 m 个非直接互斥的项目方案，列出全部的相互排斥的组合方案（实际上是穷举所有可能的方案组合），共 2^m-1 个。本例原有 3 个方案，互斥组合方案共有 7（2^3-1）个。这 7 个组合方案彼此互不相容，互相排斥。其具体构成及相应的评价指标见表 6-7。

表 6-7　A、B、C 三个方案的互斥组合方案

序　号	组 合 状 态	第 0 年投资（万元）	第 1~10 年净收入（万元）	净现值（万元）
1	A	-100	23	54.33
2	B	-300	58	89.18
3	C	-250	49	78.79
4	A、B	-400	81	143.51
5	A、C	-350	72	133.12
6 *	B、C	-550	107	167.97
7 *	A、B、C	-650	130	222.30

第二步，保留投资额不超过投资限额且净现值或净现值率大于或等于 0 的组合方案，淘汰其余组合方案。保留的组合方案按互斥方案的评选方法进行评选，即净现值最大的为最优可行方案。本例中，由于投资限额为 450 万元，因此，组合方案 6、7 为不可行方案（表中带 * 号），首先淘汰掉。其余保留的可行方案组合中以第 4 组合方案净现值最大，即为最优可行方案——（A，B）方案。

本例中，按互斥组合法选择的最优方案（A，B）净现值总额为 143.51 万元，所以，按净现值率排序法所选择的 A、C 方案（净现值总额为 133.12 万元）不是最优选择。

但是，在方案众多且多种相关关系并存的情况下，不能采用互斥组合法，其原因表现在两个方面：一方面，由各方案组成的组合方案的数目与方案个数成指数关系，若有 n 个方案，则可能的组合方案就有 2^n-1 个，如 $n=20$，则组合方案总数将达到 $2^{20}-1=1\,048\,575$ 个。若采用常规的互斥组合法评价优选由这 20 个方案组成的方案群，就要穷举 100 多万个组合方案，并逐一进行筛选、计算、比较。显然，其工作量非常大，将难以进行。另一方面，当方案之间在生产运行上具有关联性或方案产品市场需求之间具有关联性时，由于生产状态和市场状态的连续性，实际上会有无穷多个方案组合，使互斥组合法无法使用。

6.4　混合方案的经济性比选

混合方案是投资项目技术方案分析评价中最常见的形式，其评价选择的方法比较复杂，对混合方案评价选择一般借助数学模型来解决。

下面介绍一个典型的 0-1 整数规划模型——万加特纳优化选择模型。

该模型以净现值最大为目标函数。在该目标函数及一定的约束条件下，力图寻求某一项

目组合方案，使其净现值比其他任何可能的组合方案的净现值都大。

该模型将影响项目方案相关性的各种因素以约束方程的形式表达出来，这些因素有以下六类：

(1) 资金、人力、物力等资源可用量限制。
(2) 方案之间的互斥性。
(3) 方案之间的依存关系。
(4) 方案之间的紧密互补关系。
(5) 方案之间的非紧密互补性。
(6) 方案的不可分性。

模型的目标函数为所选方案的净现值最大，即

$$\max Z = \sum_{j=0}^{n} (\text{NPV}_j \, X_j) \tag{6-7}$$

式中　j——项目方案序号，$j = 1, 2, \cdots, m$；

X_j——决策变量，$X_j = \begin{cases} 0, \text{拒绝} j \text{项目。} \\ 1, \text{接受} j \text{项目。} \end{cases}$

该目标函数表明，模型将在 m 个待选项目方案中选择净现值最大的那个组合方案。

(1) 资金、人力、物力等资源可用量限制约束：

$$\sum_{j=1}^{n} C_{jt} X_j \leq b_t \, (t = 1, 2, 3, \cdots, n) \tag{6-8}$$

式中　C_{jt}——方案 j 在第 t 年资源需用量；

b_t——某种资源第 t 年的可用量。

(2) 方案之间的互斥性约束：

$$X_a + X_b + \cdots + X_k \leq 1 \tag{6-9}$$

式中　$X_a, X_b, \cdots, X_k$——m 个待选项目方案中的互斥方案 a, b, $\cdots$, k 的决策变量。

该式表明互斥方案至多选一个。

(3) 方案之间的依存关系约束：

$$X_c \leq X_d \tag{6-10}$$

式中，c 依存于 d 方案，即若 d 不被选取（$X_d = 0$），则 c 必定不被选取（$X_c = 0$）；若 d 被选取（$X_d = 1$），才可考虑 c 的选取（$X_c = 0$ 或 1）。

(4) 方案之间的紧密互补关系约束：

$$X_e = X_f \tag{6-11}$$

式中，项目方案 e、f 为紧密互补型方案，即二者或者都不被选取，或者同被选取。

(5) 方案之间的非紧密互补关系约束：

$$\begin{cases} X_g + X_{gh} \leq 1 \\ X_h + X_{gh} \leq 1 \end{cases} \tag{6-12}$$

式中，g、h 为非紧密互补型方案。例如 g 为生产橡胶的方案，h 为生产轮胎的方案，两者同时被选取（gh）也是一个待选组合方案——橡胶轮胎联合生产项目，而且也可能会由于其专业化生产和规模经济性带来额外的节约和收益。但 gh 与 g 和 h 是互斥方案，这就是上述式子的意义。

(6) 方案的不可分性约束：

$$X_j = 0, 1 \quad (j = 1, 2, \cdots, m) \tag{6-13}$$

即任一方案 j，或者被选取（$X_j = 1$），或者被拒绝（$X_j = 0$），不允许只取完整方案的一个局部而舍弃其余部分，用数学语言表述即不允许 X_j 为一小数（$0 < X_j < 1$）。

由于实际经济活动中项目群的选择面临的约束条件是多种多样的，在解决实际的项目群决策问题时，这个模型中有许多约束方程可能不适用，有些重要的约束关系则可能在该模型中未予描述而需要另外列出相应的约束方程。

下面举一个简单的例子，通过对比分析说明 0-1 整数规划方法。

【例 6-7】 现有 A、B、C、D 四个项目，每个项目仅有一个项目方案。其经济数据见表 6-8。当全部投资的限额为 2 400 万元时，应当如何根据经济效益最佳原则进行决策（基准收益率为 12%）？

表 6-8 项目 A、B、C、D 的经济数据 （单位：万元）

项　目	第 0 年初始投资	第 1～10 年净收益	净现值（$i_0 = 12\%$）
A	−800	160	104
B	−1 000	200	130
C	−1 100	220	143
D	−1 500	300	195

按照常规的方案组合法，必须先列出由这四个项目所能组成的 15 个互斥项目群方案，逐一检查各方案组合投资额是否在限额以内，再对不超出限额的方案逐一计算净现值，并按净现值准则进行方案比选，结果见表 6-9。其中，由于超出投资限额而不可行的方案有 7 个，余下 8 个方案中净现值最大且大于 0 的方案是第 7 号方案。即 A、D 两方案中选，净现值之和为 299 万元。

表 6-9 各项目方案的净现值

序号	决策变量[①]				净现值（万元）	投资额	投资限额以内方案排序	备　注
	A	B	C	D				
1	1	0	0	0	104	800	8	
2	0	1	0	0	130	1 000	7	
3	0	0	1	0	143	1 100	6	
4	0	0	0	1	195	1 500	5	
5	1	1	0	0	234	1 800	4	
6	1	0	1	0	247	1 900	3	
7	1	0	0	1	299	2 300	1	可以接受的最优方案
8	0	1	1	0	273	2 100	2	
9	0	1	0	1	325	2 500		超出投资限额不可行
10	0	0	1	1	338	2 600		同上
11	1	1	1	0	377	2 900		同上

(续)

序号	决策变量[①]				净现值（万元）	投资额	投资限额以内方案排序	备注
	A	B	C	D				
12	1	1	0	1	429	3 300		同上
13	1	0	1	1	442	3 400		同上
14	0	1	1	1	468	3 600		同上
15	1	1	1	1	572	4 400		同上

① 决策变量取"1"，表示上马该项目；决策变量取"0"，则不上马该项目。

如果在本例中采用优化技术进行方案选择，则可以构造如下纯整数规划模型：

目标函数是使所选项目的净现值之和最大，即

$$\max NPV = [-800 + 160(P/A, 12\%, 10)]X_A +$$
$$[-1\,000 + 200(P/A, 12\%, 10)]X_B +$$
$$[-1\,100 + 220(P/A, 12\%, 10)]X_C +$$
$$[-1\,500 + 300(P/A, 12\%, 10)]X_D$$

或

$$\max NPV = 104X_A + 130X_B + 143X_C + 195X_D$$

并满足投资限额约束

$$800X_A + 1\,000X_B + 1\,100X_C + 1\,500X_D \leq 2\,400$$

式中 X_A、X_B、X_C、X_D——0-1 决策变量。

利用整数规划计算机软件上机求解，得 $X_A = X_D = 1$，$X_B = X_C = 0$，即接受 A、D 项目，拒绝 B、C 项目，目标函数 NPV = 299 万元。优选结果与表 6-9 完全相同。

对照表 6-9 的常规组合法可知，整数规划模型中满足约束的各项目群方案是隐含的，它能保证优化计算是在可行域解空间内进行的。这样，可以不必知道满足投资约束的具体方程是什么，也就无须像表 6-9 那样一一列出，模型方法的这种优点（特别是当方案数目巨大时）是显而易见的。可见，采用整数规划模型可以使项目群优选的工作效率大大提高。

【本章小结】

投资项目的经济性比选是在若干备选项目中选出最为经济、合理的方案。本章通过理论、例题、思考题和练习题等阐述了资金受限独立方案、互斥方案和混合方案的比选方法及步骤。

互斥方案比选中，无论采取价值型指标还是效率型指标，其基本方法都是通过增量分析法或差额分析法，来判断增量投资（或追加投资）的经济合理性。对于资源受限的独立项目，采用的方法主要有净现值率排序法和互斥组合法。净现值率排序法是将净现值大于或等于 0 的各投资项目的净现值率从大到小排序，依次选取项目方案，直至所选取方案的总投资额最大限度地接近或等于投资限额为止。互斥组合法是对项目方案首先进行互斥组合，再从多个互斥组合中选择一组投资总额最接近或等于资金限额同时经济效益最大的互斥组合作为最优项目方案。混合方案其评价选择的方法比较复杂，一般借助数学模型来解决。

【本章思考题】

1. 在技术方案的经济评价中，如何选择合适的方法，才会得出一系列方案中最优的方案？
2. 技术方案包括哪几类？
3. 给出一个具有不同寿命周期的现实问题的备选方案例子。当你进行投资分析时，为什么有必要使备选方案的服务寿命相等？
4. 投资方案的经济性比选中，只要方案的内部收益率大于基准贴现率，方案就是可取的，这个结论对吗？为什么？
5. 在资金约束条件下，独立方案经济性比选的方法是什么？

【本章练习题】

1. 企业为完成某一项任务提出五种备选方案。分析期为 5 年，对政府部门来说最低期望收益率为 15%。每个方案所需总投资、年净收益和期末残值见表 6-10。

表 6-10　各投资项目方案经济数据　　　　　　　　　　（单位：万元）

方案	1	2	3	4	5
总投资	50	60	70	80	100
年净收益	15	18	20	25	28
期末残值	10	12	15	18	20

哪一种方案将被选中？请使用：

（1）增量 NPV 法。
（2）单个方案 NPV 法。

2. 假设 A、B、C、D 为互斥方案，在不同利率下的净现值见表 6-11。

表 6-11　各投资项目方案的净现值　　　　　　　　　　（单位：万元）

方案	利率				
	0	5%	10%	15%	20%
A	500	280	50	−150	−400
B	350	280	200	140	80
C	250	200	170	140	100
D	180	80	−50	−140	−280

（1）如果基准收益率为 20%，将选择哪种方案？
（2）如果选择 B 方案，则基准收益率是多少？
（3）若基准收益率为 10%，则实施 B 方案企业在经济上的损失是多少？

3. 有四种功能相同的设备方案 A、B、C、D，使用寿命均为 10 年，残值不计。初始投资和年经营费用见表 6-12。设基准收益率为 10%，试用增量投资内部收益率法进行方案选择。

表 6-12　第 3 题数据　　　　　　　　　　（单位：元）

指标	A	B	C	D
初始投资	3 000	3 800	4 500	5 000
年经营费用	1 800	1 700	1 400	1 300

4. 两互斥投资方案 A、B，年净现金流量见表 6-13。

表 6-13　第 4 题数据　　　　　　　　　　　　　　　　　　（单位：万元）

方　　案	0	1	2	3	4
A	-1 000	500	500	500	500
B	-2 000	800	800	800	800

试讨论以下问题：

(1) 基准收益率在什么范围内应挑选 A 方案？在什么范围内应挑选 B 方案？

(2) 若 B 方案服务寿命为 6 年，第 5、6 年的净现金流量均为 800 万元，试在基准收益率为 10% 的条件下选择方案。

5. 某企业现有若干互斥投资方案，数据见表 6-14。各方案服务寿命均为 7 年，"0" 表示不投资方案。试讨论以下问题：

(1) 当基准收益率为 10% 时，哪个方案最优？

(2) 当考虑到非经济性因素，B 方案必须实施，要使 B 方案在经济上也是最优的，此时的基准收益率应在多大的范围内？

表 6-14　第 5 题数据　　　　　　　　　　　　　　　　　　（单位：元）

方　　案	0	A	B	C	D
初始投资	0	2 000	3 000	4 000	5 000
年净收益	0	500	900	1 100	1 380

6. 一座高楼考虑使用四种电梯中的一种，经济数据见表 6-15。

表 6-15　各投资项目方案经济数据

电 梯 种 类	A	B	C	D
初始成本（千美元）	300	380	460	500
年运行费用和维护费用（千美元）	50	35	28	22
经济寿命/年	15	20	28	40

大楼的所有者认为在税前不考虑通货膨胀时的收益率至少为 15% 才合理，问哪种电梯方案将被采纳？

7. 某公司投资预算为 1 200 万元，有 6 个独立方案可供选择，寿命周期均为 10 年，各方案的现金流量见表 6-16，基准收益率为 12%，试选择合适的方案。

表 6-16　各方案的经济数据　　　　　　　　　　　　　　　　（单位：万元）

方　　案	A	B	C	D	E	F
投资额	300	500	250	450	550	510
年净收益	100	135	90	120	170	100

第 7 章

不确定性分析

【本章思维导图】

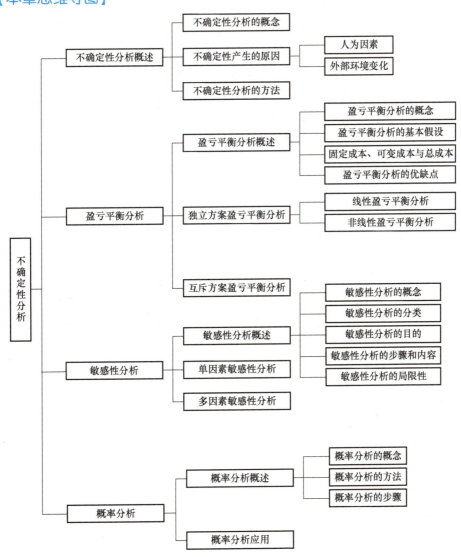

【本章重点】

➢ 理解几种不确定性分析方法的目的。
➢ 掌握几种与不确定性分析方法相关的基本概念。
➢ 掌握几种不确定性分析方法之间的区别。
➢ 掌握几种不确定性分析方法的适用条件。

【本章引导性案例】

作为宝洁旗下的一大沐浴品牌,激爽自2002年6月上市以来被宝洁公司寄予厚望。激爽是针对中国市场创立的本土沐浴品牌,被定位为"清爽加振奋",大打"清凉牌",市场目标直指六神,试图从其占据的夏季沐浴露市场切出一块蛋糕。新品以低于本土品牌的价格迅速抢占全国各大超市。年终放榜,激爽以一个新品的姿态闯入全国沐浴品牌前十名,并拿下了接近2%的市场份额。接下去的两年,激爽却没有大的起色,市场份额始终徘徊在3%左右。2005年7月,保洁公司决定停止激爽的生产。有数据显示,激爽上市三年来,公司一直给予它很强的市场支持,广告投放超过10亿元,显然对于宝洁而言,激爽是一个高投入低回报的失败产品。

专家分析表明,激爽失败的原因主要包括以下几个方面:

(1) 广告诉求的超前性。类似"振奋精神、舒缓精神"的沐浴概念虽然在欧美已经十分普遍,但在当时国内消费者对沐浴露的价值需求更多的是清洁和其他功能享受,诸如清凉、止痒、除菌、滋润、呵护和香味等,而对于激爽所宣扬的洗澡带来的心灵体验,国内消费者还没有产生共鸣。因此,宝洁这种企图通过打广告改变消费习惯的做法并不合适。

(2) 价格战定位不准。激爽的主要市场竞争对手是六神,自上市以来,激爽以低于本土品牌的价格迅速抢占全国各大超市,但价格战容易遭到竞争对手的强烈反击。2004年年初,激爽最高降幅达到了30%也未能挽回颓势。

(3) 目标市场定位不准。宝洁在全国市场铺得太开,一线、二线和三线城市同时推出,而沐浴露产品本来就是在大城市比较被认可。

本案例说明,项目投产后存在诸多风险,只有那些满足当时当地的资源条件、符合消费者需求、核心竞争力强的技术和产品才能脱颖而出。为了选出抗风险能力较强的技术方案或提高项目风险应对能力,需要提前对技术方案开展不确定性分析。

由于影响技术方案经济效果的因素众多,且这些因素的未来变化带有不确定性,加上预测方法和工作条件的局限性,会导致基础数据的估算与预测结果不可避免地存在一定的偏差,因而会给投资者带来风险。为了尽量避免投资决策失误,需要准确判断投资方案对不确定因素变化的承受能力,深入了解各种外部条件变量对技术方案经济效果的影响程度,把握投资方案经济效果的概率分布情况,为投资者实施投资行为提供决策依据。

7.1 不确定性分析概述

技术方案经济效果评价是建立在分析人员对未来事件所做的预测与判断基础之上的。由于技术方案所处的政治、经济和技术等外部环境因素会随着时间的推移不断发生变化，加上分析人员预测能力和判断能力的有限性，致使开展技术方案经济效果评价所需的各种预测数据不可避免地会与实际情况存在偏差。这种偏差形成了技术方案经济效果中的不确定性因素，从而为投资者带来了潜在的风险。例如，通货膨胀、物价上涨或贷款利率变动等经济因素的变化，会使得技术方案达不到预期的经济效果，甚至发生亏损。为了尽量避免投资决策失误，需要识别和了解影响技术方案经济效果的各种因素，采用科学的方法对这些因素展开不确定性分析。

7.1.1 不确定性分析的概念

不确定性分析是指为了提高技术方案经济效果评价的可靠性，避免技术方案投产后不能获得预期的收益，分析各种不确定性因素的变化对技术方案经济效果影响程度的方法。

通常情况下，在对技术方案进行评价时，不仅要利用静态的预测数据来分析技术方案的经济效果，即开展确定性分析，还要考虑这些预测数据的动态变化对技术方案经济效果的影响，即开展不确定性分析，以评价技术方案抵御风险的能力。通过不确定性分析可识别出哪些不确定性因素对技术方案经济效果影响较大。如果在考虑到不确定性因素对技术方案的影响之后，其实际经济效果仍不低于预期效果，说明技术方案在经济上是可行的。另外，当考虑到不确定性因素对技术方案的影响之后，其实际经济效果低于预期效果，投资者可通过对这些不确定性因素展开有效的监督和控制，把其控制在可控的范围之内来避免或减少因不确定性因素对技术方案的不利影响，保障预期经济效果的实现。

7.1.2 不确定性产生的原因

不确定性是指某一事件或活动在未来可能发生，也可能不发生。人们事先不知道事件或活动发生的所有可能后果，或者虽然知道所有可能的结果但无法获悉其发生的概率。在技术方案经济效果评价中存在着许多不确定性，其产生的原因主要涉及以下两个方面：

1. 人为因素

开展技术经济效果评价所采用的数据是分析人员在参照相关资料的基础上预测和判断出来的。由于个人预测和判断能力的有限性，这种基于个人经验和知识而获得的数据多少会在一定程度上与实际的数据存在偏差。尤其是高度创新性的项目缺乏科学的参考数据，以及那些不能用货币计量和完全需要靠个人主观判断来确定的数据，其预测结果与实际结果产生偏差的可能性更大。

2. 外部环境变化

在技术方案实施过程中，政策、经济和技术等外部环境因素的变化，经常会导致实际的评价效果偏离预期。例如，在政策因素方面，减免税收和贷款利息降低等财务税收优惠政策的出台，会直接影响技术经济方案的经济效果；在经济因素方面，通货膨胀或货币紧缩会导致物价产生波动，从而对技术方案经济效果评价中所用的价格产生影响，进而导致例如年营业收入和年经营成本等预期数据与实际发生偏差；在技术因素方面，技术进步会引起产品和工艺的更新替代，致使建立在原有技术条件和生产水平基础之上而估计出来的年营业收入和年经营成本等指标会与实际指标值产生偏差。

综上所述，技术方案的不确定性既可能来自于技术方案内部，即人为因素，也可能来自于技术方案外部，即政策、经济和技术等外部因素。减弱或消除技术方案的内部不确定性，可以通过选择有较高分析能力的人员的方式来实现；而技术方案的外部不确定性，则可以通过在技术方案实施前认真分析外部环境的可能变化，并建立相应应急机制或方案的方式来减弱或消除。

7.1.3 不确定性分析的方法

通常情况下，比较常用的不确定性分析方法包括盈亏平衡分析、敏感性分析和概率分析三种。通过盈亏平衡分析，可掌握不确定性因素对项目盈亏的影响程度，可计算出实现技术方案盈亏平衡的各种不确定性因素的临界值，为投资者提供决策依据。通过敏感性分析，可以了解哪些不确定性因素是影响技术方案经济效益的最敏感因素，提高投资者决策的准确性。同时，敏感性分析还可以使投资者对那些较为敏感的不确定性因素加以关注和深入研究，提高预测的可靠性。概率分析不仅能够使人们了解哪些因素可能发生变动，而且还能估计出各种因素发生变动的概率，进而可以确定技术方案经济效益的可能变动范围，为投资者决策提供科学的依据。

7.2 盈亏平衡分析

盈亏平衡分析是通过分析投资方案的产品销售量、固定成本、可变成本、产品价格和销售税金等因素之间的平衡关系，找出方案盈利与亏损在产量、产品价格、生产能力利用率等方面的界限，从而确定在经营条件（如产品价格、销售量、原材料、燃料动力价格和工资等）发生不利变化时方案的抗风险能力。

7.2.1 盈亏平衡分析概述

1. 盈亏平衡分析的概念

盈亏平衡分析又被称为量本利分析，是指通过分析产品产量、成本和盈利之间的关系，找出技术方案盈利和亏损的产量、单价和成本等方面的临界点，以判断不确定性因素对技术方案经济效果的影响程度，说明技术方案实施的风险大小。盈亏平衡分析的核心问题是确定盈亏平衡点（BEP），而确定盈亏平衡点则需要构建盈亏平衡模型。盈亏平衡模型是指技术方案处于盈亏平衡临界状态时其产销量、成本及利润三者之间的函数关系。

2. 盈亏平衡分析的基本假设

盈亏平衡分析的开展是建立在以下几个基本假设条件基础上的：

（1）所采用的数据是投资方案在正常年份内所达到设计生产能力时的数据，这里不考虑资金的时间价值及其他因素。

（2）产品品种结构稳定，否则随着产品品种结构变化，收益和成本会相应变化，从而使盈亏平衡点处于不断变化之中，难以开展盈亏平衡分析。

（3）在盈亏平衡分析中，假定产量等于销售量，即产销平衡。

3. 固定成本、可变成本与总成本

根据成本与产量的关系可将技术方案总成本分解为固定成本和可变成本。正确区分固定成本和可变成本，对于构建盈亏平衡分析模型来说至关重要，它直接决定盈亏平衡点的正确性与否，进而影响着投资者的决策科学性。

（1）固定成本。固定成本是指在技术方案一定的产量范围内不受产品产量影响的成本，即不随产品产量的增减发生变化的各项成本，如折旧费、修理费、无形资产及其他资产摊销费、员工工资及福利费（计件工资除外）等。

（2）可变成本。可变成本是指随技术方案产品产量的增减而成正比例变化的各项成本，如原材料消耗、直接生产用辅助材料、燃料、动力费、包装费和计件工资等。

在总成本费用中存在着一些费用，它们虽然随产品产量的增减而变化，但并不是成正比例变化关系，称这些费用为半可变（或半固定）成本，如与生产批量有关的某些消耗性材料费用、工模具费及运输费等。在盈亏平衡分析中，应将半可变成本进一步分解为固定成本和可变成本两部分。

（3）总成本。技术方案的总成本是固定成本与可变成本之和，它与产品产量的关系也可近似地认为是线性关系。总成本可表示为

总成本 = 固定成本 + 可变成本 = 固定成本 + 单位产品可变成本 × 产品销售量

用数学表达式为

$$C = C_f + C_v Q \tag{7-1}$$

式中　C——总成本；

　　　C_f——固定成本；

　　　C_v——单位产品可变成本；

　　　Q——产品销售量。

4. 盈亏平衡分析的优缺点

盈亏平衡分析的优点有四个：①对高度敏感的产量、售价、成本和利润等因素进行分析，有助于确定技术方案的各项经济指标，了解技术方案可能承担风险的程度；②有助于确定技术方案的合理生产规模；③可以用于对设备不同（生产能力不同）、工艺流程不同的方案进行选择；④可用于多个互斥方案的优选以及具有多个不确定性因素的多个互斥方案的比较和分析。

盈亏平衡分析的缺点有两个：①它是建立在产量等于销售量的基础上，即产品能全部销售完而无积压；②它所用的一些数据是以类似工厂正常生产年份的历史数据修正得出的，其精确度是不高的。因此，盈亏平衡分析法最适用于现有技术方案的短期分析。由于方案是一个长期过程，所以用盈亏平衡分析法很难得到一个全面的概念。尽管盈亏平衡分析有上述缺点，但由于它计算简单和可直接对技术方案的关键因素（营利性）进行分析，因此，至今它仍作为技术方案不确定性分析的方法之一而被广泛采用。

7.2.2　独立方案盈亏平衡分析

1. 线性盈亏平衡分析

（1）假定条件

1）产量等于销售量。

2）固定成本不变，单位可变成本与产量成正比变化。

3）销售价格不变。

4）只按单一产品计算，若项目生产多种产品，则换算为单一产品计算。

(2）盈亏平衡点及其确定。盈亏平衡点有多种表达方式，最常采用的方式是从销售收入等于总成本中计算出盈亏平衡时对应的产量。

设企业产品的销售价格为 P，则可计算出税前销售收入 B 为（若综合税率为 t，税后销售收入为 $B_t = B(1-t)$，税后各计算公式与税前计算公式相同，在此不再重复计算）

$$B = PQ \tag{7-2}$$

当企业盈亏处于平衡状态时，总收入等于总成本，可得

$$B = C \tag{7-3}$$

将式（7-1）和式（7-2）代入式（7-3）中可得

$$PQ^* = C_f + C_v Q^* \tag{7-4}$$

式中　Q^*——盈亏平衡产销量。

对式（7-4）进行整理可得

$$Q^* = \frac{C_f}{P - C_v} \tag{7-5}$$

式（7-5）中，$P - C_v$ 表示每销售一单位产品在补偿了可变成本之后的剩余，被称为单位产品的边际利润。盈亏平衡点产量就是以边际利润补偿固定成本的产量。

根据上述关系式可画出线性盈亏平衡图，如图 7-1 所示。图 7-1 中，纵坐标表示产品销售收入与总成本，横坐标表示产品产量。

销售收入 B 与总成本 C 的交点为盈亏平衡点 BEP，即企业盈利与亏损的分界点。BEP 对应的纵坐标 B^* 为盈亏平衡销售额，C^* 为盈亏平衡点产量的总成本。BEP 对应的横坐标 Q^* 为盈亏平衡产销量。从图 7-1 中可以看出，当 $0 < Q < Q^*$ 时，总收入 B 小于总成本 C，此时企业处于亏损状态；当 $Q > Q^*$ 时，总收入 B 大于总成本 C，此时企业处于盈利状态。因此，盈亏平衡点越低越好，这意味着企业在同等的销售量下，能够获取更多的利润，企业的抗风险能力也就越强。

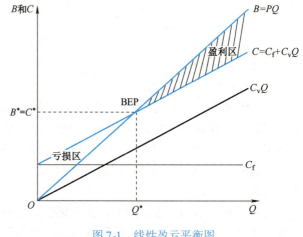

图 7-1　线性盈亏平衡图

盈亏平衡点除了可用产量表示之外，还可以用销售额、销售价格、生产能力利用率和单位产品可变成本等来表示。

根据盈亏平衡产销量 Q^*，结合式（7-2）和式（7-5），可求出用销售额表示的盈亏平衡点，即盈亏平衡销售额 B^* 为

$$B^* = PQ^* = \frac{C_f}{1 - \dfrac{C_v}{P}} \tag{7-6}$$

式（7-6）中，C_v/P 为可变成本率，其经济意义是：每单位产品的销售收入中含有多少单位可变成本。C_v/P 值越大，说明可变成本占销售收入的比重越大，表明产品的直接消耗

比越大,是企业经营中的不利因素。$1 - C_v/P$ 为边际利润率,其值越大,表明企业单位产品的利润越多。

设方案设计生产能力为 Q_c,若按设计能力进行生产和销售,且产品固定成本和单位可变成本不变,结合式(7-1)、式(7-2)和式(7-3),可计算出盈亏平衡销售价格 P^* 为

$$P^* = \frac{B}{Q_c} = \frac{C}{Q_c} = C_v + \frac{C_f}{Q_c} \quad (7-7)$$

式(7-7)中,C_f/Q_c 表示盈亏平衡产量时对应的单位固定成本。$C_v + C_f/Q_c$ 表示盈亏平衡产量时的产品平均成本,即单位产品成本。

若按设计能力进行生产和销售,且产品固定成本和单位可变成本不变,结合式(7-5),可计算出盈亏平衡生产能力利用率 E^* 为

$$E^* = \frac{Q^*}{Q_c} \times 100\% = \frac{C_f}{(P - C_v)Q_c} \times 100\% \quad (7-8)$$

盈亏平衡生产能力利用率的经济意义是:使企业不至亏本时的最低生产能力利用率。E^* 值越小,说明只占用少许的生产能力就可以达到平衡点产量,意味着技术方案的风险性越小。

若按设计能力进行生产和销售,且产品固定成本和单位可变成本不变,结合式(7-1)和式(7-2),可计算出盈亏平衡单位产品可变成本 C_v^* 为

$$C_v^* = \frac{C - C_f}{Q_c} = \frac{B - C_f}{Q_c} = P - \frac{C_f}{Q_c} \quad (7-9)$$

【例7-1】 某企业的生产线设计能力为年产100万件,单价为450元,单位可变成本为250元,年固定成本为8 000万元,年目标利润为700万元。试进行盈亏平衡分析,并求销售量为50万件时的保本单价。

解: 根据式(7-5),可计算出盈亏平衡产销量为

$$Q^* = \frac{C_f}{P - C_v} = \frac{8\,000}{450 - 250} 万件 = 40 \text{ 万件}$$

根据式(7-6),可计算出盈亏平衡销售额为

$$B^* = PQ^* = 450 \text{ 元/件} \times 40 \text{ 万件} = 18\,000 \text{ 万元}$$

根据式(7-7),可计算出销售量为50万件时的保本价格为

$$P^* = C_v + \frac{C_f}{Q_c} = 250 \text{ 元/件} + \frac{8\,000 \text{ 万元}}{50 \text{ 万件}} = 410 \text{ 元/件}$$

根据式(7-8),可计算出盈亏平衡生产能力利用率为

$$E^* = \frac{Q^*}{Q_c} \times 100\% = \frac{40 \text{ 万件}}{100 \text{ 万件}} \times 100\% = 40\%$$

根据式(7-9),可计算出盈亏平衡单位产品变动成本为

$$C_v^* = P - \frac{C_f}{Q_c} = 450 \text{ 元/件} - \frac{8\,000 \text{ 万元}}{100 \text{ 万件}} = 370 \text{ 元/件}$$

2. 非线性盈亏平衡分析

前面所讨论的线性盈亏平衡分析在销售价格、固定成本、单位可变成本与产销量总是保

持不变的条件下成立。但在实际工作中，常常会遇到产品的成本与产量不呈线性关系，产品的销售价格会受市场供求变化和批量大小的影响，因而销售收入与产量也不呈线性关系。此时就需要采用非线性盈亏平衡分析。例如，当产品数量很多以致供大于求时，必须采用薄利多销策略，给顾客以价格优惠，表现为产品价格的降低，此时销售收入曲线斜率随产销量增大而变小；成本与产量也并非一成不变，产量不同所采用的加工工具和加工方法也有所不同，从而导致原材料和工时消耗不同，单位可变成本发生变化；当产量超过一定生产能力范围时，就要增加设备和管理人员等才能保证生产的正常进行，这样固定成本也要相应增大。非线性盈亏平衡如图7-2所示。

下面将以实例的方式来对非线性盈亏平衡分析的过程进行说明。

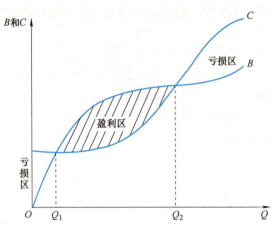

图7-2 非线性盈亏平衡

【例7-2】 某项目预计建成投产后所生产的产品售价为55元/件，年固定成本为66 000元可变成本为28元/件，考虑到随产量的扩大原材料利用率提高、采购费用节约、劳动工时下降等因素，其产品可变成本会随产量增加而递减0.001元/件，产品价格也会随产销量的增加而递减0.002 5元/件，试求：

（1）非线性盈亏平衡点。
（2）最大利润的产销量和利润额。

解：（1）单位产品可变成本：$C_v = 28 - 0.001Q$

总成本：$C(Q) = C_f + C_v Q = 66\ 000 + (28 - 0.001Q)Q = 66\ 000 + 28Q - 0.001Q^2$

单位产品售价：$P = 55 - 0.002\ 5Q$

销售收入：$B(Q) = PQ = (55 - 0.002\ 5Q)Q = 55Q - 0.002\ 5Q^2$

产品销售收入等于总成本时的销量，即非线性盈亏平衡点可通过计算式 $B(Q) = C(Q)$ 获得，即

$$0.001\ 5Q^2 - 27Q + 66\ 000 = 0$$

解此一元二次方程可得

$$Q_1^* = 2\ 917\ 件/年，\quad Q_2^* = 15\ 083\ 件/年$$

（2）产品的利润 $R(Q)$ 为

$$R(Q) = B(Q) - C(Q) = 55Q - 0.002\ 5Q^2 - 66\ 000 - 28Q + 0.001Q^2$$
$$= -0.001\ 5Q^2 + 27Q - 66\ 000$$

计算 $\dfrac{d^2 R}{dQ^2} = -0.003 < 0$，说明产品利润 $R(Q)$ 存在极大值。

令 $\dfrac{dR}{dQ} = -0.003Q + 27 = 0$，可计算出最大利润产量为

$$Q_R^* = \frac{27}{0.003}\ 件 = 9\ 000\ 件$$

当最大利润产销量为 9 000 件时,最大利润为

$$R_{max} = (-0.001\ 5Q^2 + 27Q - 66\ 000)元$$
$$= (-0.001\ 5 \times 9\ 000^2 + 27 \times 9\ 000 - 66\ 000)元 = 55\ 500\ 元$$

7.2.3 互斥方案盈亏平衡分析

当不确定性因素同时对两个以上方案,比如对于互斥方案的经济效果产生不同的影响程度时,可以通过盈亏平衡分析方法,实现互斥方案在不确定条件下的比选,有时也称之为优劣平衡法。

设两个互斥方案的经济效果都受到某一不确定性因素 x 的影响,可把这两个方案的经济效果指标表示为 x 的函数:

$$E_1 = f_1(x) \tag{7-10}$$
$$E_2 = f_2(x) \tag{7-11}$$

式中 E_1、E_2——方案1和方案2的经济效果指标。

当两个方案的经济效果相同时,则有

$$f_1(x) = f_2(x) \tag{7-12}$$

解出使式(7-12)成立的 x 值,就可得出两个方案的盈亏平衡点,也即决定了这两个方案优劣的临界点。结合对不确定性因素 x 未来取值的预测,便可做出相应的决策。

下面将以实例的方式来展示互斥方案盈亏平衡分析的过程。

【例7-3】 某企业生产两种产品分别是 X 与 Y,可以采用三种设备 A、B 和 C 进行生产,三种设备可视为三个互斥方案,其每月生产成本见表7-1,产品 X 的单价为 12 元,Y 的单价为 16 元。假设产品 X 与 Y 的月销售量是个不确定性因素,如何选择生产设备?

表 7-1 互斥方案的生产成本 (单位:元)

设　备	固定成本	单位可变成本	
		X	Y
A	20 000	7	11
B	30 000	3	11
C	70 000	3	5

解:采用优劣平衡法比选互斥方案,设 x 与 y 分别是产品 X 与 Y 的月销售量,各设备生产的平均每月盈利分别为 G_A、G_B 和 G_C,则

$$G_A = (12-7)x + (16-11)y - 20\ 000$$
$$G_B = (12-3)x + (16-11)y - 30\ 000$$
$$G_C = (12-3)x + (16-5)y - 70\ 000$$

三个方案分别进行两两比较,当方案优劣平衡时,即两方案设备生产的月平均盈利相等,可以求得两方案的优劣平衡方程为

$$G_A = G_B,\ G_B = G_C,\ G_A = G_C$$

将 G_A、G_B 和 G_C 的函数关系式代入优劣平衡方程简化可得

$$\begin{cases} x = 2\,500 \\ y = 6\,667 \\ 4x + 6y = 50\,000 \end{cases}$$

根据上述方程绘制如图 7-3 的优劣平衡图。图中分为三个区域。A 有利区域指的是：当不确定性因素 x 与 y 落在该区域时，$G_A > G_B$，$G_A > G_C$，采用 A 设备最优；同理，B 有利区域指的是：当不确定性因素 x 与 y 落在该区域时，$G_B > G_C$，$G_B > G_A$，采用 B 设备最优；C 有利区域指的是：当不确定性因素 x 与 y 落在该区域时，$G_C > G_A$，$G_C > G_B$，采用 C 设备最优。因此，有了优劣平衡图，当产品 X 与 Y 的销售量互相独立时，对不同的销售量 x 与 y，采用何种设备便一目了然了。

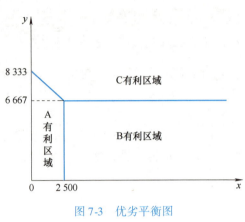

图 7-3　优劣平衡图

7.3　敏感性分析

敏感性分析是研究投资方案的各种经济因素发生变化时，对于投资目标的影响程度与敏感性。通过敏感性分析可以找出敏感性因素，确定敏感程度，预测方案承担的风险，为制定风险防范措施提供依据，从而达到降低方案风险的目的。

7.3.1　敏感性分析概述

1. 敏感性分析的概念

敏感性分析又称为敏感度分析，是分析各种不确定性因素变化一定幅度（或者变化到何种程度）时，对方案经济效果的影响程度（或者改变对方案的选择）。把不确定性因素当中对方案经济效果影响程度较大的因素称为敏感性因素。显然，投资者有必要及时把握敏感性因素，并从敏感性因素变化的可能性以及测算的误差中，分析方案的风险大小。

2. 敏感性分析的分类

敏感性分析可以分为单因素敏感性分析和多因素敏感性分析。单因素敏感性分析是假定只有一个不确定性因素发生变化，其他因素不变，这样每次就可以分析出这个因素的变化对方案经济效果评价指标的影响程度。如果某因素在较大的范围内变化时，引起方案经济效果评价指标的变化幅度并不大，则称其为非敏感性因素；如果某因素在很小范围变化时就会引起方案经济效果评价指标发生很大的变化，则称之为敏感性因素。多因素敏感性分析是考察多个因素同时变化对投资方案的影响程度，通过分析可以判断投资方案对不确定性因素的承受能力，从而对投资方案风险的大小进行估计，为投资决策提供依据。通过敏感性分析，决策者可以掌握各个因素对方案经济效果评价指标的重要程度，在对因素变化进行预测、判断的基础上，对方案的经济效果进行进一步的判断，或在实际执行中对敏感性因素加以控制，减少投资方案的风险。

3. 敏感性分析的目的

敏感性分析的目的主要有以下几个方面：

（1）研究影响因素在一定范围内变动时引起投资方案经济效益指标的变动范围。

（2）找出影响投资方案经济效益指标的最敏感因素。

（3）通过多方案敏感性对比，找出敏感性大或敏感性小的方案，以选取经济效益指标好且敏感性小的最佳方案。

（4）通过对方案实施后可能出现的种种情况的分析，进一步寻找替代方案，或者对原方案采取某些有效的控制措施，以确定最现实、最可靠的方案组合。

4. 敏感性分析的步骤和内容

（1）确定分析指标。分析指标是指敏感性分析的具体对象，即方案的经济效果指标，如净现值、净年值、内部收益率和投资回收期等。各种经济效果指标都有其特定的含义，分析和评价所反映的问题也有所不同。对于某个特定方案的经济分析而言，不可能也不需要运用所有的经济效果指标作为敏感性分析的分析指标，而应根据方案资金来源的特点，选择一种或两种指标作为分析指标。

确定分析指标可以遵循以下两个原则：

1）与经济效果评价指标具有的特定含义有关。如果主要分析方案状态和不确定性因素变化对方案投资回收快慢的影响，则可选用投资回收期作为分析指标；如果主要分析产品价格波动对方案超额净收益的影响，则可选用净现值作为分析指标；如果主要分析投资大小对方案资金回收能力的影响，则可选用内部收益率指标。

2）与方案评价的要求深度和方案的特点有关。如果在方案机会研究阶段，深度要求不高，则可选用静态的评价指标；如果在详细可行性研究阶段，则需要选用动态的评价指标。

（2）选择不确定性因素，设定其变动幅度。影响技术方案经济效果的因素众多，如投资额、建设工期、产品价格、生产成本、贷款利率和销售量等，不可能也没有必要对全部不确定性因素逐项进行分析。因此，在选定需要分析的不确定性因素时，可从以下两个方面考虑：

1）选择的因素要与确定的分析指标相联系。否则，当不确定性因素变化一定幅度时，并不能反映评价指标的相应变化，达不到敏感性分析的目的。例如折现率因素对静态评价指标不起作用。

2）根据方案的具体情况，选择在确定性分析中采用的预测准确性把握不大的数据或未来变化的可能性较大，且其变化会比较强烈地影响评价指标的数据，作为主要的不确定性因素。例如，高档消费品的销售受市场供求关系变化的影响较大，而这种变化不是方案本身所能控制的，因此销售量是主要的不确定性因素。生活必需品如果处于成熟阶段，则产品售价直接影响其竞争力，能否以较低的价格销售，主要取决于方案的可变成本，因此就需要将可变成本作为主要的不确定性因素加以分析。对高耗能产品而言，燃料和动力等价格因素是能源短缺地区投资方案或能源价格变动较大方案的主要不确定性因素。

在选定了需要分析的不确定性因素之后，还要结合实际情况，根据各不确定性因素可能波动的范围，设定不确定性因素的变化幅度。

（3）计算不确定性因素变动对分析指标的影响程度。对于各个不确定性因素的各种可能变化幅度，分别计算其对分析指标影响的具体数值，即固定其他不确定性因素，变动某一个或某几个不确定性因素，计算经济效果指标值。在此基础上，可建立不确定性因素与分析指标之间的对应数量关系，并可用图或表格的方式对其加以表示。

（4）确定敏感性因素。确定敏感性因素的方法有以下三种：

1）相对测定法（变动幅度测定法）。通过比较并确定各个不确定性因素，在给定同样变动幅度下能使经济效果评价指标发生较大变化的因素为敏感性因素。一般将结果以图或表的形式表示出对应的数量关系，通过对图中曲线斜率或表中因素变动率的分析来确定敏感性因素。

2）绝对值测定法（悲观值测定法）。绝对值测定法是假设各不确定性因素均向对方案不利的方向变动，并取其有可能出现的对方案最不利的数值（悲观值），据此计算方案的经济效果评价指标，看其是否达到使方案变得无法被接受的程度。若某因素可能出现的最不利数值会使方案变得不可接受，则表明该因素是该方案的敏感性因素。方案能否接受的判断依据是各经济效果指标能否达到临界值，例如，使用净现值指标要看净现值是否大于或等于0，而使用内部收益率指标则要看其是否达到基准收益率。绝对值测定法可变通为下面的临界值测定法。

3）临界值测定法。先设定有关经济效果分析指标为其临界值，如令净现值为0或令内部收益率等于基准收益率，然后求待分析的不确定性因素的最大允许变动幅度，并与其可能出现的最大变动幅度相比，若某因素可能出现的变动幅度超过最大允许变动幅度，则说明该不确定性因素是敏感性因素。

（5）综合评价，优选方案。根据敏感性因素对方案经济效果评价指标的影响程度及敏感性因素的多少，判断方案风险的大小，并结合确定性分析的结果做进一步的综合判断，寻求对主要不确定性因素变化不敏感的方案，进一步为投资决策提供可靠的依据。

5. 敏感性分析的局限性

敏感性分析能够指明因素变动对技术方案经济效益的影响，从而有助于搞清楚方案对因素的不利变动所能容许的风险程度，有助于鉴别哪些是敏感性因素，从而能够及早放松对那些无足轻重变动因素的注意力，把进一步深入调查研究的重点集中在那些敏感性因素上，或者针对敏感性因素制定出管理和应变对策，以达到尽量减少风险、增加决策可靠性的目的。但是，敏感性分析每次都是对单一因素进行分析，这里隐含着两个基本假设：①当计算某特定因素变动对经济效益的影响时，都假定其他因素固定不变；②各个不确定性因素变动的概率相同。实际上，许多因素的变动存在着相关性，一个因素变动往往导致其他因素随之变动。例如，方案产品的需求曲线在一段时间内稳定不变，价格升高其销售量随之下降。另外，即使看起来不那么直接相关的因素，未来也会发生与基本数据相比大小不等的变动。这就说明敏感性分析的第一个假设并不符合实际情况，不能很好地测度方案的风险。为了克服敏感性分析的这一不足，可以在研究分析的基础上设定各个因素将来各自可能的变动范围，然后计算分析多因素联动对经济效益的影响程度，从而有助于判定方案的风险程度。

在方案的服务寿命内，各不确定性因素发生相应变动幅度的概率不会相同，这种情况显然有别于敏感性分析的第二个假设。发生变动的概率不同，就意味着方案承受风险的大小不同。例如，两个具有同样敏感性的因素，在一定的不利变动幅度内，一个发生的概率很大，另一个发生的概率很小，那么前一因素带给方案的风险很大，后一因素则带来的风险很小，以至于可以忽略不计。这些问题都是敏感性分析无法确定的，只能求助于概率分析和风险分析技术。

7.3.2 单因素敏感性分析

单因素敏感性分析是假定在其他因素不变的情况下，研究方案经济效果对某一因素的敏感程度。下面将以实例的方式对单因素敏感性分析的过程进行介绍。

【例7-4】 据测算，某项目方案的净现值 NPV = 17 240 元，各参数的最初估计值见表7-2。假定投资额和基准收益率保持不变，试对年收入、年支出、服务寿命和残值四个因素进行敏感性分析。

表7-2 各参数的最初估计值

参数	投资额（元）	年收入（元）	年支出（元）	残值（元）	服务寿命/年	基准收益率（%）	净现值（元）
估计值	170 000	35 000	3 000	20 000	10	12	17 240

解：首先令各因素的变动范围分别取原估计值的 ±10%、±20% 和 ±30%，并分别计算变化后的净现值，计算结果见表7-3，并据此画出敏感性曲线，如图7-4所示。

表7-3 敏感性分析计算结果 （单位：千元）

变动因素	变动率						
	-30%	-20%	-10%	0	10%	20%	30%
年收入	-42.08	-22.3	-2.53	17.24	37.02	56.79	76.57
年支出	22.33	20.63	18.94	17.24	15.55	18.85	12.16
服务寿命	-17.52	-4.60	6.94	17.24	26.44	34.66	43.00
残值	15.37	15.96	16.60	17.24	17.89	18.53	19.16

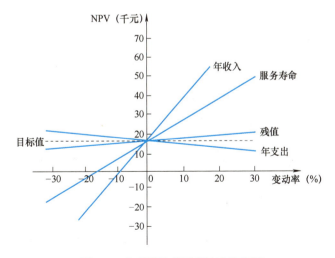

图7-4 净现值的单因素敏感性分析

由表7-3和图7-4可以看出，此项目的净现值对年收入和服务寿命两个参数最为敏感，对年支出次之，相对来说，对残值的影响不太敏感。在其他因素不变的情况下，只要年收入大于估计值的 10% 或服务寿命大于估计值的 20%，项目净现值比原估计值增加 1 倍多；反之，年收入减少 10% 左右，项目净现值小于 0。

【例 7-5】 某钢铁厂引进生产线来提高现有钢铁品种的附加值，并扩大产量。此项目的基础数据如下：建设投资 1 290 万元，建设期为 2 年，第 1 年、第 2 年分别投资 971 万元和 319 万元，流动资金为分 2 年投入，第 3 年、第 4 年分别投入 260 万元和 40 万元，流动资金于项目结束时回收。产品成本为 20 238 元/t，销售价格为 28 100 元/t（含税），第 3 年的经营成本为 759 万元，第 4 年后的经营成本为 919 万元，增值税税率为销售收入的 3%（按小规模纳税人计算），城市维护建设税、教育费附加分别为增值税的 7% 和 3%，正常生产能力为 500 t/年，投产第 1 年生产负荷为 80%，第 2 年生产负荷达到 100%，项目寿命周期为 16 年，期末固定资产残值为 136 万元，基准收益率 $i_0 = 12\%$。

解： 经数据处理和计算，得到财务现金流量表，见表 7-4。

表 7-4 财务现金流量表　　　　　　　　　　（单位：万元）

指　标	建　设　期		投　产　期		达　产　期	
	1	2	3	4	5~15	16
1　现金流入						
1.1　产品销售收入			1 124	1 405	1 405	1 405
1.2　回收固定资产余值						136
1.3　回收流动资金						300
流入小计			1 124	1 405	1 405	1 841
2　现金流出						
2.1　固定资产投资	971	319				
2.2　流动资金投资			260	40		
2.3　经营成本			759	919	919	919
2.4　销售税金及附加			37	46	46	46
流出小计	971	319	1056	1005	965	965
3　净现金流量	-971	-319	68	400	440	876

根据表 7-4 计算如下：

根据式 $\sum_{t=0}^{16}(CI-CO)_t(1+IRR)^{-t}=0$，求得该项目的内部收益率 $IRR=20\%$；根据式 $NPV=\sum_{t=0}^{16}(CI-CO)_t(1+i_0)^{-t}$，求得该项目的净现值 $NPV(i_0=12\%)=850$ 万元；根据式 $\sum_{t=0}^{P_d}(CI-CO)_t(1+i_0)^{-t}=0$，求得该项目的动态投资回收期 $P_d=8.66$ 年。

确定性分析的结果显示，初步评价项目在经济效果上可以接受。

开展敏感性分析时，首先需要确定敏感性分析的评价指标，并确定哪些因素作为敏感性分析的主要不确定性因素。

敏感性分析评价指标一般与确定性分析所使用的经济效果评价指标相一致，如 P_d、NPV、IRR 等，确定其中一个或者两个指标进行分析。根据敏感性分析指标确定的原则，例 7-5 处在可行性研究阶段，主要分析不确定性因素对投资回收能力的影响，故确定 IRR 作为敏感性分析的评价指标。

不确定性因素有很多，与方案现金流量及其折现有关的因素都在不同程度上具有不确定性，因而影响方案经济效果的评价。这些因素，从收益方面来看，主要包括销售量与价格；从费用方面来看，包括人工费、材料费及与技术水平有关的费用、建设投资、方案寿命周期、折现率等。根据选择敏感性分析的主要不确定性因素作为主要的考虑因素，例 7-5 选择销售收入、建设投资和经营成本三个因素作为主要的不确定性因素。这是因为这三个因素未来变动的可能性较大，且与确定的 IRR 评价指标有直接联系。其中，该项目产品在国内外都有竞争对手，市场供求难以预测，价格波动也较大，所以销售收入较为不确定；建设投资中需要外汇，汇率变动难以预测；原材料中基础原材料占到较大比重，其价格偏低，提价的可能性较大，影响到经营成本的不确定性。

敏感性分析的第二步是将选择的不确定性因素按一定幅度变化，计算相应评价指标的变动结果，将计算结果列表、作图，确定敏感性因素，并做出风险情况的大致判断。

例 7-5 中，对销售收入、建设投资、经营成本三个因素分别变动 ±10% 和 ±20%，做出单因素敏感性分析。也就是说，某一因素变动一定幅度时，假设其他因素保持不变，计算每次变动的现金流量，从而计算相应的 IRR。显然，各因素相同的变化幅度对 IRR 的影响程度是有差别的，整理成表和图的形式，以此表示不确定性因素对评价指标的程度影响。计算结果列入表 7-5 中。

表 7-5　不确定性因素变动对 IRR 的影响　　　　　　　　（单位：万元）

不确定性因素	变化幅度				
	20%	10%	0	-10%	-20%
销售收入	30%	25%	20%	13%	5%
建设投资	15%	18%	20%	22%	25%
经营成本	11%	15%	20%	23%	26%

利用表 7-5 的数据绘制成图 7-5。从图 7-5 可见，当三个因素以同样的幅度增加时，IRR 增加或减少的程度是不一样的。更直观的说明可从图 7-5 得知，分别用三条直线表示，并将基准收益率 $i_0 = 12\%$ 表示在同一图中。显然，销售收入线最陡峭，说明其变化对 IRR 影响程度最大，该因素最为敏感；经营成本次之；建设投资线最为平坦，其变化对 IRR 的影响比较小。因此，三个因素比较，销售收入和经营成本是对 IRR 较为敏感的因素。

从图 7-5 还可以看出，三条直线与基准收益率 $i_0 = 12\%$ 的直线交点所对应的变化幅度，称之为不确定性因素变化的临界点。临界点表明方案经济效果评价指标达到最低要求所允许的最大变化幅度。如果不确定性因素变化超过了这个临界点，则方案由可行变成了不可行。把临界点与未来实际可能发生的变化幅度相比较，就可大致分析该方案的风险情况。图 7-5 中，当销售收入降低 11.77% 时，即达到临界点。此时，IRR = i_0。若未来销售收入可能降低的幅度大于 11.77% 时，则该方案由可行变成不可行的可能性较大，风险也较大。同样，可计算出经营成本和建设投资的临界点。

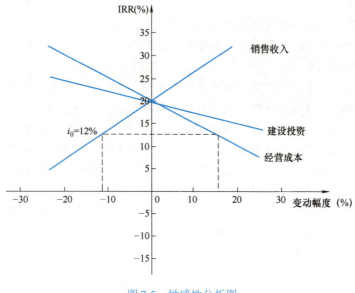

图 7-5 敏感性分析图

7.3.3 多因素敏感性分析

单因素敏感性分析是假定其他因素不变,只考虑一个因素变动对经济评价指标的影响。通常情况下,经常会出现多个变动因素共同作用对方案产生影响,此时则需要展开多因素敏感性分析。

在开展多因素敏感性分析的过程中,选择因素指标必须把握两个原则:①选择在单因素敏感性分析中敏感程度强或由以往经验判定对目标实现影响程度强的指标;②选择投资者难以控制的因素指标,这些指标往往来自于外部市场,而不是来自方案内部。下面将以实例方式对双因素敏感性分析和三因素敏感性分析进行应用说明。

【例 7-6】 某企业为研究一项投资方案,提供了表 7-6 所示的参数估计表。先假定最关键的因素是投资和年收入,试进行双因素敏感性分析。

解:以净年值为主要指标进行分析。令 x 代表投资变化的百分比,y 代表年收入变化的百分比,则可得净年值为

$$NAV = -10\,000(1+x)(A/P, 8\%, 5) + 5\,000(1+y) - 2\,000 + 826.5(A/F, 8\%, 5)$$
$$\Rightarrow NAV = 636.285 - 2\,504.6x + 5\,000y$$

如果 $NAV \geq 0$,即 $y \geq -0.127\,257 + 0.500\,92x$,则该投资方案便可以盈利 8% 及以上。

将以上不等式画成图形,便得到图 7-6 所示的两个区域,其中所希望的区域($NAV \geq 0$)占优势。

表 7-6 投资方案参数估计表

参　数	投资(元)	服务寿命/年	残值(元)	年收入(元)	年支出(元)	基准收益率(%)
估计值	10 000	5	826.5	5 000	2 000	8

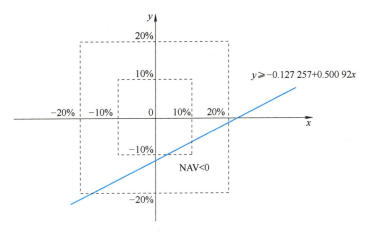

图 7-6　双因素敏感性分析图

【例 7-7】　某投资方案现金流量表见表 7-7，若基准收益率为 12%，试就初始投资、年销售收入、年经营成本三个因素同时变动对净现值进行三因素敏感性分析。

表 7-7　投资方案现金流量表　　　　　　　　　　（单位：万元）

年份	0	1~9	10
初始投资（K）	−320		
年经营成本（C）		−26	−26
年销售收入（B）		88	88
期末资产残值（L）			25
净现金流量	−320	62	87

解： 设初始投资的变动率为 x，年经营成本变动率为 y，年销售收入变动率为 z，则净现值表达式为

$$NPV = -320(1+x) - 26(1+y)(P/A, 12\%, 10) + 88(1+z)(P/A, 12\%, 10) + 25(P/F, 12\%, 10)$$

$$\Rightarrow NPV = 38.35 - 320x - 146.9y + 497.2z$$

取不同的年经营成本变动幅度代入上式，可以求出一组 NPV=0 的临界线方程：

当 $y = -10\%$ 时，$z = -0.107 + 0.644x$

当 $y = -20\%$ 时，$z = -0.1362 + 0.644x$

当 $y = 10\%$ 时，$z = -0.048 + 0.644x$

当 $y = 20\%$ 时，$z = -0.018 + 0.644x$

根据上述方程绘制图形，详见图 7-7。图 7-7 中 A 点位于 $y = 10\%$ 临界线的左上方，三因素同时变化，即初始投资增加 15%，年经营成本增加 10%，年销售收入增加 5%。将 $x = 15\%$，$y = 10\%$ 和 $z = 5\%$ 代入净现值表达式中可得

$$NPV = (38.35 - 320 \times 15\% - 146.9 \times 10\% + 497.2 \times 5\%) 万元$$

$$= 0.52 \text{ 万元} > 0$$

上式表明此方案仍然可行。

图 7-7 中，B 点位于 $y = -20\%$ 临界线的右下方，三因素同时变动，即初始投资增加 10%，年经营成本减少 20%，年销售收入减少 10%。将 $x = 10\%$，$y = -20\%$ 和 $z = -10\%$ 代入净现值表达式中可得

$$NPV = [38.35 - 320 \times 10\% - 146.9 \times (-20\%) + 497.2 \times (-10\%)] 万元$$
$$= -13.99 \text{ 万元} < 0$$

上式表明此方案不可行。

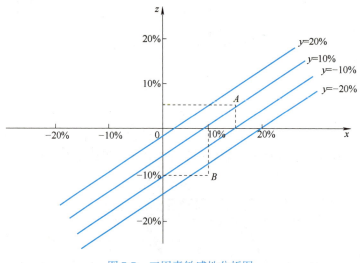

图 7-7 三因素敏感性分析图

7.4 概率分析

尽管多因素敏感性分析能够反映多个不确定性因素同时变动对技术方案经济评价指标的影响，但并未指出各不确定性因素变动的可能性大小。可以采用概率分析对多因素敏感性分析的不足加以弥补。

7.4.1 概率分析概述

1. 概率分析的概念

概率分析是指运用概率论方法研究各种不确定性因素发生不同幅度变动的概率分布，及其对方案经济效益指标的影响的一种定量分析方法。

概率分析的关键是确定不确定性因素发生变动的可能性，即概率值。概率分析中主要应用主观先验概率，它带有一定的主观判断性。概率分析结果的可靠性，在一定程度上取决于对每个变量概率值判断的正确性。因此必须邀请有丰富经验、掌握专门理论知识及从事专门研究的专家及机构做出判断和估计。一般对大型重要骨干项目，在经济评价时可根据项目的特点和实际需要，在有条件时进行概率分析。

2. 概率分析的方法

概率分析的方法为期望值和标准差法。投资方案的随机现金流受多种已知或未知的不确

定性因素的影响，可以看成是多个独立的随机变量之和，与各个周期现金流有关的经济评价指标也必然是随机变量。随机变量的主要参数是期望值和标准差。期望值和标准差法是运用概率论的原理，在对投资方案经济效果指标进行概率估计的基础上，通过计算其经济效果指标的期望值或标准差来反映方案的风险程度。

（1）投资经济效果指标的期望值。设x_i为某经济评价指标的第i个值（$i=1,2,\cdots,n$），P_i为某经济评价指标的第i个值出现的概率，$E(x)$为某经济评价指标的期望值。投资方案经济效果指标期望值的计算式为

$$E(x) = \sum_{i=1}^{n} x_i P_i \tag{7-13}$$

期望值是随机变量所有可能取值的加权平均值，是考虑了随机变量发生概率后最可能出现的值。

（2）投资经济效果指标的标准差与离散系数。标准差的计算式为

$$\sigma(x) = \sqrt{\sum_{i=1}^{n} P_i [x_i - E(x)]^2} \tag{7-14}$$

标准差反映了随机变量的实际值与其期望值偏差的程度，在一定意义上反映了投资方案的风险大小。

进行多方案比较时，在期望值相同的情况下，标准差小的方案投资风险小。但不同方案比较时常常是期望值不同，标准差也不同，这时要比较方案的风险可用离散系数q，它是标准差与期望值之比，即离散系数为

$$q = \frac{\sigma(x)}{E(x)} \tag{7-15}$$

离散系数反映了单位期望值所具有的标准差，此值越小，方案风险越小。

3. 概率分析的步骤

（1）确定投资方案的变量（可能发生变动的不确定性因素）。
（2）估计每个变量可能出现的概率。
（3）计算变量的期望值和标准差。
（4）根据变量的期望值和标准差比选方案，或求某一状态下的概率值，进行方案风险分析。

7.4.2 概率分析应用

在此，将以实例的方式来对期望值和标准差法进行应用分析。

1. 已知不确定性因素x_i及其可能出现的状态概率P_i，求其期望值$E(x)$和标准差$\sigma(x)$，比选方案

【例7-8】某工程项目的投资决策有两个方案，即"投资"方案与"不投资"方案。采用投资方案，在没有竞争的情况下，可从该项目中得到净现值为500万元的收益；在有竞争的情况下，如竞争对手也建一个生产同样产品的工厂，并且产品在同一市场出售，则"投资"方案的净现值将变为 –100万元。如果采用"不投资"方案，把这笔资金投资于其他项目，可得到净现值为150万元的收益。设"有竞争"的概率为0.25，"无竞争"的概率

为 0.75，试确定哪个方案好。

解：将已知条件列表，见表 7-8。

表 7-8　不确定性因素状态及其发生概率

序 号	机会事件	概率 $P(x)$	NPV（万元）	
			投资方案（A）	不投资方案（B）
1	有竞争	0.25	-100	150
2	无竞争	0.75	500	150

根据式（7-13）、式（7-14）和式（7-15），计算选择投资方案时的期望值、标准差与离散系数：

$$E(NPV)_A = -100 \text{万元} \times 0.25 + 500 \text{万元} \times 0.75 = 350 \text{万元}$$

$$\sigma_A = \sqrt{0.25 \times (-100-350)^2 + 0.75 \times (500-350)^2} \text{万元} = 259.81 \text{万元}$$

$$q_A = \frac{\sigma_A}{E(NPV)_A} = \frac{259.81 \text{万元}}{350 \text{万元}} = 0.74$$

根据式（7-13）、式（7-14）和式（7-15），计算选择不投资方案时的期望值、标准差与离散系数：

$$E(NPV)_B = 150 \text{万元} \times 0.25 + 150 \text{万元} \times 0.75 = 150 \text{万元}$$

$$\sigma_B = \sqrt{0.25 \times (150-150)^2 + 0.75 \times (150-150)^2} \text{万元} = 0 \text{万元}$$

$$q_B = \frac{\sigma_B}{E(NPV)_B} = \frac{0 \text{万元}}{150 \text{万元}} = 0$$

将上述针对投资方案和不投资方案的计算结果进行对比，可得出以下结论：

$E(NPV)_A > E(NPV)_B$，说明投资方案比不投资方案能获得更大的收益。

$q_A > q_B$，说明投资方案比不投资方案风险大。

风险与利益共存，即通常获利大的方案风险也大，获利小的方案风险也小。到底选择哪个方案，取决于投资者对风险的态度。风险偏好型的投资者，通常选择获利大、风险也大的方案；风险规避型的投资者，通常选择获利小、风险也小的方案。但是，就项目的类型而言，一般中小型项目常以期望值大的方案为选择标准，而大型项目要兼顾风险。

2. 已知某变量的期望值和标准差，求其在某状态下的概率，进行方案的风险分析

【例 7-9】　已知某方案的净现值出现的概率分布呈正态分布，净现值的期望值为 232.83 万元，标准差为 246.39 万元，试确定：

（1）净现值大于或等于 0 的概率。

（2）净现值小于 -100 万元的概率。

（3）净现值大于或等于 500 万元的概率。

解：由概率论可知，非标准正态分布可通过替换转化为标准正态分布。转化式为 $P(x < x_0) = P\left(z < \frac{x_0 - \mu}{\sigma}\right)$，通过查标准正态分布数值表可求得其概率。

在本例中，$\mu = 232.83$ 万元，$\sigma = 246.39$ 万元。

根据转化式可求出净现值大于或等于 0 的概率为

$$P(\text{NPV} \geq 0) = 1 - P(\text{NPV} < 0)$$
$$= 1 - P\left(z < \frac{0 - 232.83}{246.39}\right)$$
$$= 1 - P(z < -0.9450)$$
$$= P(z < 0.9450)$$

由标准正态分布数值表可查得 $P(z<0.9450)=0.8276$，故可知：$P(\text{NPV} \geq 0)=0.8276$。根据转化式可求出净现值小于 -100 万元的概率为

$$P(\text{NPV} < -100) = P\left(z < \frac{-100 - 232.83}{246.39}\right)$$
$$= P(z < -1.351)$$
$$= 1 - P(z < 1.351)$$
$$= 1 - 0.9115$$
$$= 0.0885$$

同理，根据转化式可求出净现值大于或等于 500 万元的概率为

$$P(\text{NPV} \geq 500) = 1 - P(\text{NPV} < 500)$$
$$= 1 - P\left(z < \frac{500 - 232.83}{246.39}\right)$$
$$= 1 - P(z < 1.084)$$
$$= 1 - 0.8608$$
$$= 0.1392$$

由上面的计算结果可知，项目能够取得满意经济效果（NPV≥0）的概率为 0.8276，不能取得满意经济效果（NPV<0）的概率为 0.1724，故本项目风险不大。净现值小于 -100 万元的概率为 0.0885，净现值大于或等于 500 万元的概率为 0.1392。

这种在已知方案经济效果指标服从某种典型概率分布和已知其期望值和标准差，对方案进行风险分析的方法被称为解析法。对于方案经济效果指标的概率分布不明或无法用典型概率分布描述的情况，可采用图示法求解，详见例 7-10。

【例 7-10】 已知某投资方案服务寿命为 10 年，基准收益率为 10%，不确定性因素参数值及其概率见表 7-9。试求：

(1) 净现值大于或等于 0 的概率。
(2) 净现值大于 50 万元的概率。

表 7-9　不确定性因素参数值及其概率

投　资		年净收益	
数值（万元）	概　率	数值（万元）	概　率
120	0.3	20	0.25
150	0.5	28	0.40
175	0.2	33	0.20
		36	0.15

解：根据参数不同数值的组合，计算各种可能组合状态发生的概率及相应方案的净现值，见表7-10。

表7-10 组合状态净现值计算表

序　号	组合状态概率	投资（万元）	年净收益（万元）	净现值（万元）
1	0.075	120	20	2.90
2	0.120	120	28	52.06
3	0.060	120	33	82.79
4	0.045	120	36	101.22
5	0.125	150	20	−27.10
6	0.200	150	28	22.06
7	0.100	150	33	52.79
8	0.075	150	36	71.22
9	0.050	175	20	−52.10
10	0.080	175	28	−2.94
11	0.040	175	33	27.79
12	0.030	175	36	46.22

将表7-10中计算出的方案的净现值从小至大重新排序，并按重新排序后的状态组合序号依次计算出累计概率，结果见表7-11。

表7-11 各种组合状态的方案净现值及其累计概率

序　号	1	2	3	4	5	6
净现值（万元）	−52.10	−27.10	−2.94	2.90	22.06	27.79
概率	0.050	0.125	0.080	0.075	0.200	0.040
累计概率	0.050	0.175	0.255	0.330	0.530	0.570
序　号	7	8	9	10	11	12
净现值（万元）	46.22	52.06	52.79	71.22	82.79	101.22
概率	0.030	0.120	0.100	0.075	0.060	0.045
累计概率	0.600	0.720	0.820	0.895	0.955	1.000

根据表7-11的数据，以净现值为横轴，累计概率为纵轴，绘制净现值累计概率图，如图7-8所示。

图7-8表明，净现值小于0的概率约为0.300，净现值小于50万元的概率约为0.700。由此可以得出：

（1）净现值大于或等于0的概率为
$$P(\text{NPV} \geqslant 0) = 1 - P(\text{NPV} < 0) \approx 1 - 0.300 = 0.700$$

（2）净现值大于50万元的概率为
$$P(\text{NPV} > 50) = 1 - P(\text{NPV} \leqslant 50) \approx 1 - 0.700 = 0.300$$

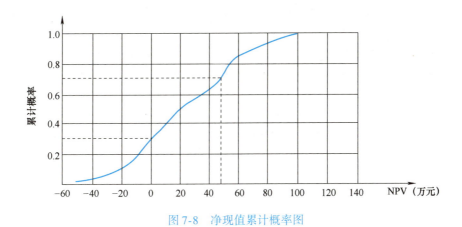

图 7-8 净现值累计概率图

需要说明的是，根据离散数据绘制的净现值累计概率图对方案进行风险分析，不仅适合方案经济效果指标服从典型概率分布的情况，也适合方案经济效果指标的概率分布类型不明或无法用典型概率分布的情况。另外，用解析法和图示法对方案进行风险分析的共同前提是，必须知道各变量发生的概率值，解析法还需知道其概率分布的类型。

【本章小结】

不确定性分析是对项目投资、企业生产、经营过程中各种事前无法控制的外部因素变化与影响所进行的估计和研究。通过不确定性分析可以了解不确定性因素对技术方案经济效益的影响，为投资方提供投资决策依据，以避免项目投资失败。

本章从不确定性分析概述、盈亏平衡分析、敏感性分析和概率分析四个方面进行了介绍。其中，不确定性分析概述涉及不确定性分析的概念、不确定性产生的原因及其方法等内容。盈亏平衡分析涉及盈亏平衡分析概述、独立方案盈亏平衡分析和互斥方案盈亏平衡分析等内容。敏感性分析涉及敏感性分析的概念、分类、目的、步骤及其局限性等内容。概率分析涉及概率分析的概念、方法、步骤及其应用等内容。

【本章思考题】

1. 导致不确定性存在的原因有哪些？
2. 试述盈亏平衡分析的基本原理。
3. 盈亏平衡状态常用哪几个参数？
4. 哪些因素变化会影响盈亏平衡点的位置？它们各自影响或共同影响的情况如何？
5. 什么是敏感性分析？为什么要进行敏感性分析？
6. 在经济评价中只考虑资金时间价值，不考虑风险因素是否可行？如果不考虑风险因素，对决策有何影响？
7. 敏感性分析与概率分析的目的有何不同？
8. 确定性分析与不确定性分析各自解决的问题是什么？有什么关联？

【本章练习题】

1. 加工某种产品有两种备选设备,若选用设备 A,则需要初始投资 20 万元,加工每件产品的费用为 8 元;若选用设备 B,则需要初始投资 30 万元,加工每件产品的费用为 6 元。假定任何一年的设备残值均为零,试回答下列问题:

(1) 若设备使用年限为 8 年,基准收益率为 12%,年产量为多少时选用设备 A 比较有利?

(2) 若设备使用年限为 8 年,年产量为 13 000 件,基准收益率在什么范围内选用设备 A 比较有利?

(3) 若年产量为 15 000 件,基准收益率为 12%,设备使用年限多长时选用设备 A 比较有利?

2. 某企业生产甲产品,固定成本为 20 万元,单位可变成本为 100 元,单价为 150 元,正常情况下年销售 3 000 件。为了增加盈利,提出下列三个方案,应选哪个方案?

(1) 提高售价到 160 元,估计年销售 4 000 件。

(2) 降价到 140 元,估计年销售 8 000 件。

(3) 降价到 130 元,估计年销售 12 000 件。

3. 某企业生产乙产品,已知季度成本费用中:固定成本为 5 万元,单位可变成本为 500 元。单位产品的销售价格为 750 元。试问:

(1) 该企业生产乙产品用产量及销售收入表示的盈亏平衡点。

(2) 2019 年该企业每季度产量为 180 台,求该季度盈亏额。

(3) 2020 年该企业产量提高到每季度 250 台,求该季度盈亏额。

(4) 2021 年该企业计划每季度获得 2 万元的利润,问每季度应安排生产多少台乙产品?

4. 已知收入函数 $B(Q) = 200Q - Q^2$,总成本函数 $C(Q) = 500 + 200Q + 20Q^2$,求盈亏平衡点产量是多少?最大年利润为多少?请画出盈亏平衡图。

5. 某投资方案的有关费用和收入预测见表 7-12。试分别分析设备服务寿命、年收益和年支出三个因素变化 ±10%、±20% 时,方案净现值的敏感性。

表 7-12　第 5 题数据表

参数	服务寿命/年	期初投资(元)	残值(元)	年收益(元)	年支出(元)	基准收益率(%)
数值	5	50 000	10 000	25 000	11 000	8

6. 现有一生产小型电动汽车的投资方案,现金流量表见表 7-13。由于对未来影响经济环境的某些因素把握不大,投资、经营成本和产品价格有可能在 ±20% 的范围内变动。设基准折现率为 10%,不考虑所得税。试开展三因素敏感性分析。

表 7-13　小型电动汽车项目现金流量表　　　　　　　　　　(单位:万元)

年份	0	1	2~10	11
投资	15 000			
销售收入			19 800	19 800
经营成本			15 200	15 200
期末资产残值				2 000
净现金流量	-15 000	0	4600	6 600

7. 已知某投资项目的净现值概率分布为正态分布。净现值的期望值为 80 万元,标准差为 36 万元。试求:

(1) 净现值大于或等于 0 的概率。

(2) 净现值小于 50 万元的概率。

(3) 净现值大于 –10 万元的概率。

8. 影响某新产品生产项目未来现金流量的不确定因素为产品市场前景和原材料价格水平。据分析,项目面临三种可能的产品市场前景状态(畅销、销路一般和滞销,分别记作:θ_1,θ_2,θ_3)和三种可能的原材料价格水平状态(高价位、中价位和低价位,分别记作:ω_1,ω_2,ω_3)。产品市场前景状态与原材料价格水平状态之间是相互独立的。各种产品市场前景状态和原材料价格水平状态的发生概率见表 7-14。可能的状态组合共有 9 种,各种状态组合及其对应的项目方案现金流量见表 7-15。计算方案净现值的期望值与方差($i_0 = 12\%$)。

表 7-14 不确定因素状态及其发生概率

状态	产品市场前景			原材料价格水平		
	畅销(θ_1)	销路一般(θ_2)	滞销(θ_3)	高价位(ω_1)	中价位(ω_2)	低价位(ω_3)
发生概率	0.2	0.6	0.2	0.4	0.4	0.2

表 7-15 各种状态组合及其对应的项目方案现金流量

序 号	状态组合	发生概率(P_j)	现金流量(万元)		净现值(NPV_j)
			0 年	1~5 年	
1	$\theta_1 \cap \omega_1$	0.08	–1 000	390	405.95
2	$\theta_1 \cap \omega_2$	0.08	–1 000	450	622.25
3	$\theta_1 \cap \omega_3$	0.04	–1 000	510	838.55
4	$\theta_2 \cap \omega_1$	0.24	–1 000	310	117.55
5	$\theta_2 \cap \omega_2$	0.24	–1 000	350	261.75
6	$\theta_2 \cap \omega_3$	0.12	–1 000	390	405.95
7	$\theta_3 \cap \omega_1$	0.08	–1 000	230	–170.85
8	$\theta_3 \cap \omega_2$	0.08	–1 000	250	–98.75
9	$\theta_3 \cap \omega_3$	0.04	–1 000	270	–26.65

第 8 章

投资项目可行性研究

【本章思维导图】

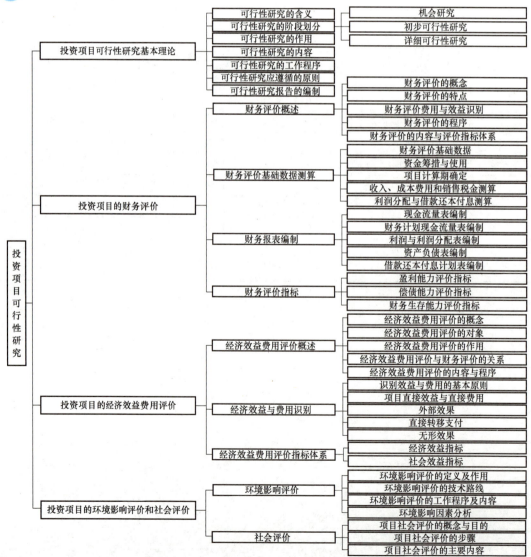

第8章 投资项目可行性研究

【本章重点】

- 理解项目可行性研究及其作用。
- 掌握财务评价报表的编制。
- 掌握经济效益费用评价和财务评价的区别。
- 掌握经济效益费用评价和财务评价中效益与费用的识别。
- 了解环境影响评价和社会评价的内容。

【本章引导性案例】

某城区新建实训大楼一栋，并为电商培训职业学校进行设备购置以及教育云平台建设等，该项目由政府投资建设，初步估算项目总投资 25 347.64 万元，需要通过申请银行贷款和自筹资金两个渠道来筹集建设资金。从财务上来看，该项目目前的投入比较大，而且短期内见效慢，重要的是项目建成之后不会直接带来经济效益，那么投入建设此开发项目是否有必要呢？而实际上，这是一项普惠便民的扶贫工作，通过大力推进农村电子商务和电子商务服务站的建设，推广"一村一店"的品牌模式和产业行动工程，通过教育扶贫，创建"互联网+教育扶贫"平台，切实提高农村教育网络普及率，为农村贫困地区的人才提供就业、创业机会，促进贫困区尽快脱贫摘帽。因此从长期来看，这一项目符合国家政策，精准扶贫，有着良好的经济和社会效益，是值得投资建设的。

为了判断一个项目是否可以投入建设，我们不仅要考虑财务上、经济上的合理性，更要注重能否给整个社会带来贡献。可行性研究是对拟建项目进行科学决策的前提和基础，通过对拟建项目的经济、社会、自然等资料的调查、收集与分析，论证项目投资的必要性以及可行性，为更合理地投资决策提供依据。

8.1 投资项目可行性研究基本理论

1. 可行性研究的含义

可行性研究是一种包括机会研究、初步可行性研究和详细可行性研究三个阶段的系统投资决策分析研究方法，是在项目投资决策前对拟建项目的所有方面（包括工程技术、经济、财务、生产、销售、环境、法律等）进行全面的、综合的调查研究，对备选方案从技术及生产的可行性、建设的可能性、经济的合理性等方面进行比较评价，从中选出最佳方案的研究方法。

可行性研究是项目投资前期最重要的一项工作，它从项目建设到生产经营的全过程来考察项目的可行性。可行性研究从市场需求预测开始，通过拟订多个方案进行比较论证，研究项目的建设规模、工艺技术方案、原材料动力供应、设备选址、厂址选址、投资估算、资金筹措与偿还、生产成本等，对工程项目的建设方案进行详细规划，最后评价项目的盈利能力和经济上的合理性，提出项目可行或不可行的结论，从而回答项目是否要投资建设和如何投资建设的问题，为投资者的最终决策提供准确的科学依据。可行性研究是项目决策的基础和依据，是科学地进行工程建设、提高经济效益的重要手段。

155

2. 可行性研究的阶段划分

可行性研究在西方国家推行较早，20 世纪 60 年代后期发展成为投资决策前一项必做的工作。根据可行性研究深度的不同，可分为"机会研究""初步可行性研究"和"详细可行性研究"三个阶段。

（1）机会研究。机会研究是可行性研究的初步阶段，研究的主要目的是寻找投资机会，是在一定的地区和部门内，利用市场需求和资源的调查预测资料，寻求有价值的投资机会，对项目的投资方向提出设想的活动。机会研究分为一般机会研究和特定项目的机会研究。机会研究若以地区选择为目的，称为地区机会研究；若以部门选择为目的，称为部门机会研究；若以资源开发利用为目的，称为资源开发利用机会研究。特定项目的机会研究是具体投资项目的研究。一般机会研究属于区域投资布局、行业投资结构、投资资源供给等宏观机会研究的问题，特定项目的机会研究才是本书研究的微观层次的工程项目的投资机会问题。机会研究的主要内容是：投资项目选择；投资机会的资金条件、自然资源条件和社会地理条件；项目在国民经济中的地位和对产业结构、生产布局的影响；拟建项目产品在国内外市场上的需求量及替代进口的可能性；项目的财务收益和国民经济收益的大致预测等。

进行市场调查，发现新的需求，确定投资方向，构思投资项目，选择投资方式，拟订项目实施的初步方案，估算所需投资和预期投资可能实现的目标，是投资机会研究的主要工作。投资机会研究比较粗略，对基础数据的估算精度较低，允许误差范围应控制在 ±30% 之间。

（2）初步可行性研究。初步可行性研究主要目的在于判断机会研究提出的投资方向是否正确，要研究的主要问题是：

1）机会研究是否有前景。

2）是否需要进行详细的可行性研究。

3）有哪些关键性问题需要做辅助研究（如市场需求调查、关键新技术的试验、中间试验等）。

初步可行性研究虽然比机会研究在内容的深度和广度上进了一步，但仍不能满足项目决策的要求，而且一些初步可行性研究是以机会研究为基础的，一些则不是，比如改建和扩建就可以直接进行初步可行性研究。另外，对决定项目取舍的关键问题可进行专题研究或辅助研究。专题研究与初步可行性研究可同时进行，也可分开进行，其研究结果可以否定或者肯定初步可行性研究阶段的结论。初步可行性研究所提供的投资估算和成本费用测算结果，允许误差范围应控制在 ±20% 之间。

（3）详细可行性研究。详细可行性研究是可行性研究的关键阶段，该阶段要对项目进行技术经济综合分析，并对多方案进行比较，为项目建设提供技术、生产、经济、商业等方面的依据。通过详细可行性研究要得出明确的结论：可以推荐一个最佳方案，也可以列出几个可供选择的方案，指出其利弊，由决策者决定，当然也可以得出"不可行"的结论。

在详细可行性研究阶段，除工艺技术已成熟的项目可以利用已建成类似项目的数据之外，一般要结合具体方案进行详细的调研，收集有关的具体数据，因为它要求对拟建项目的投资和成本费用估算精度达到 ±10% 以内。

综上所述，机会研究和初步可行性研究，是为是否进行项目建设提供科学依据的，而详细可行性研究则是为如何进行项目建设提供科学依据的。一般来说，要对大、中型项目做决策，先要进行机会研究，获得"可行"的结论，再进行初步可行性研究，如认为不可行，则就此作罢。经初步可行性研究认为项目可行，则转入详细可行性研究；如认为不可行，也就到此为止。但是这一程序不是绝对的，主要看有关项目建设方对诸多问题的了解程度。如果非常了解，那就可以越过机会研究和初步可行性研究阶段，直接进行详细可行性研究。

3. 可行性研究的作用

可行性研究是投资项目建设前期研究工作的关键环节；宏观上可以控制投资的规模和方向，改进项目管理；微观上可以减少投资决策失误，提高投资效果。其具体作用有以下八项：

（1）作为投资项目决策的依据。投资主体决定是否兴建该项目，主要依据可行性研究提出的研究结论。

（2）作为投资项目设计的依据。项目设计要严格按照批准的可行性研究报告的内容进行，不得任意修改。

（3）作为向银行贷款的依据。银行通过审查可行性研究报告，判断项目的盈利能力和偿还能力，决定是否提供贷款。

（4）作为向当地土地、环保、消防等主管部门申请开工建设手续的依据。环保等主管部门根据可行性研究报告中提出的措施和办法决定项目是否可以进入建设阶段。

（5）作为项目实施的依据。项目被列入年度投资计划之后，项目实施计划、施工材料、设备采购计划等都要参照可行性研究报告提出的方案进行。

（6）作为项目评估的依据。

（7）作为科学实验和设备制造的依据。

（8）作为项目建成后，企业组织管理、机构设置、职工培训等工作的依据。

4. 可行性研究的内容

项目可行性研究的目的主要包括四个方面：①研究项目建设的必要性；②研究项目的技术方案及其可行性；③研究项目生产建设的条件；④进行财务和经济评价，分析项目建设的经济合理性。为满足上述目的，可行性研究主要研究下列问题：

（1）市场研究与需求分析。

（2）产品方案与建设规模。

（3）建厂条件与厂址选择。

（4）工艺技术方案设计与分析。

（5）项目的环境保护与劳动安全。

（6）项目实施进度安排。

（7）投资估算与资金筹措。

（8）财务效益和国民经济效益评估等。

5. 可行性研究的工作程序

国际上典型的可行性研究工作程序分为六个步骤。在整个过程中，项目业主要与可行性研究的承办单位（设计机构或咨询机构）密切合作。

（1）开始阶段。承办单位要详细讨论可行性研究的范围，明确业主的目标。

（2）进行实地调查研究和技术经济研究。研究的内容要包括投资项目的各个方面，如：市场需求与市场机会、产品选择、市场供应量、价格、市场竞争情况；工艺路线与设备选择；原材料、能源动力供应与运输；建厂地点、地区、厂址的选择，建设条件与生产条件等。每个方面都要做深入调查、全面收集资料，并进行详细的分析评价。

（3）综合评价优选阶段。基于项目各方面的情况，综合研究设计出几种可供选择的方案，然后对备选方案进行详细的讨论、比较，要定性分析与定量分析相结合，最后推荐一个最佳方案，或推荐少数优秀方案，提出各个方案的优缺点，供业主选择。

（4）对选取的方案做更详细更具体的编制。制定具体的范围，估算投资、经营成本和收益，做出项目的财务分析和经济评价。为了实现预期的目标，可行性研究必须论证选择的项目在技术上是可行的，建设条件是能实现的，资金是能筹措到的，财务经济分析说明项目是可以接受的以及项目有承担风险的能力。

（5）可行性研究报告的编制。对于可行性研究报告的编制内容，国家有一般的规定，如工业项目（新建项目）的、技术改造项目的、技术引进和设备进口项目的、利用外资项目的、新技术新产品开发性项目的等。每个具体的项目要根据自己的特点，依据一般规定编制可行性研究报告。

（6）编制资金筹措计划。项目的资金筹措在比较方案时已经做过研究，但随着实施期限和条件的改变，也会导致资金的改变，这些都需要随财务分析做相应的调整。

6. 可行性研究应遵循的原则

承担可行性研究的单位必须是具备法人资格的咨询单位或设计单位，同时，它还应具备下列三个条件：①编制单位应由审批机关确定，具体应参照审批机关相关规定执行；②有对可行性研究报告质量问题负责的能力；③如果由多个单位共同完成一项可行性研究，则必须有一个总负责单位。

可行性研究中应遵循的原则如下：

（1）科学性原则。按客观规律办事，这是可行性研究工作必须遵循的基本原则。

（2）客观性原则。要坚持从实际出发，实事求是。可行性研究要根据项目的要求和具体条件进行分析和论证，以得出可行或不可行的结论。因此，建设所需的条件必须是客观存在的，而不是主观臆造的。

（3）公正性原则。可行性研究工作中要排除各种干扰，尊重事实，不弄虚作假，这样才能使可行性研究工作正确、公正，为项目投资决策提供可靠的依据。

7. 可行性研究报告的编制

（1）编制可行性研究报告的依据

1）国民经济和社会发展的长期规划，部门、行业、地区的发展规划与计划，国家的进出口贸易政策和相关税法及其他法规政策，国家、地方经济建设的方针、政策（产业政策、投资政策、技术政策、金融政策、信贷政策、财税制度），以及地方的法规。

2）经批准的项目建议书和项目建议书批准后签订的意向性协议。

3）国家批准的资源报告，区域国土开发整治规划、建厂地区的规划（如城市建设规划、生产力布局、交通道路网规划等）。

4）拟建厂址的自然、经济、文化、社会等环境的基础资料。

5）有关投资项目的工程技术规范、标准、定额等资料。

6）国家正式公布的编制可行性研究报告的内容、编制程序、评价方法和参数等。

（2）编制可行性研究报告的要求。为了保证可行性研究报告的科学性、客观性和公正性，防止错误和虚假，可行性研究报告应满足下列要求：

1）从客观数据出发，通过科学分析，得出可行或不可行的结论，不能提前限定"可行"的结论,为"可行"而去编造数据。

2)可行性研究报告的内容深度要达到国家规定的标准,基本内容要完整。为此,调查研究要贯彻始终;要掌握切实可靠的资料,保证资料的全面性、客观性;要坚持按可行性研究的程序进行研究;要按国家规定的格式、内容进行编写;要坚持多方案比较、择优选取的原则;要坚持先有论据后下结论的原则。

3)为保证可行性研究的质量,承办单位要配齐相关领域的专业人才,要有足够的时间保证,不能走形式;不能草率行事;要严格执行签订的合同,并按合同的要求签订验收可行性研究的工作和报告。

(3)可行性研究报告的审批。大中型项目的可行性研究报告,按隶属关系由国务院主管部门或省、区、市提出审查意见,报国家发改委审批,其中重大项目由国家发改委审查后报国务院审批。国务院各部门直属及下放、直供项目的可行性研究报告,上报前要征求所在省、区、市的意见。小型项目的可行性研究报告,按隶属关系由国务院主管部门或省、区、市发改委审批。详细规定参见2019年7月1日起施行的《政府投资条例》(国务院令第712号)。

8.2 投资项目的财务评价

8.2.1 财务评价概述

1. 财务评价的概念

投资项目的财务评价是根据国家现行的财税制度和价格体系,分析、计算项目直接发生的财务收益和费用,编制财务报表,计算评价指标,考察项目的盈利能力、偿债能力以及财务生存能力,从而据以判别项目在财务上的可行性。

2. 财务评价的特点

(1)评价目标。财务评价的目标是追求项目投资给企业(或投资主体)带来的财务收益(利润)最大化。

(2)评价角度。财务评价是站在项目投资主体或项目系统自身角度进行的经济评价。

(3)费用与效益的识别。财务评价中的费用是指由于项目的实施给投资主体带来的直接费用支出,财务评价中的效益是指由于项目实施给投资主体带来的直接效益。

(4)价格。费用与效益的计算均采用市场价格。

(5)主要参数。利率、汇率、税收及折旧等均按国家现行财税制度规定执行。

3. 财务评价费用与效益识别

费用和效益都是相对于评价目标而言的,是由评价目标来定义的。效益是对评价目标的贡献;费用则是对评价目标的反贡献,是负效益。在项目经济评价中,没有费用,就没有效益。费用是指以企业(实施者或投资主体)或投资项目系统自身为系统边界,由于投资项目实施而产生的货币支出(即由企业内流向企业外的货币),也称直接费用或现金流出。效益是指以企业或投资项目系统自身为系统边界,由于投资项目实施而带来的货币收入(即由企业外流向企业内的货币),也称为直接效益或现金流入。

(1)投资项目的财务效益(现金流入)包括:

1）营业收入。营业收入是从事销售产品、提供劳务和让渡资产所有权所取得的收入。

2）资产回收。资产回收是指期末回收的固定资产余值和流动资金。

3）补贴收入。补贴收入是指先征后返的增值税、按销量或工作量等依据国家规定的补助定额计算并按期给予的定额补贴，以及属于财政扶持而给予的其他形式的补贴等。

（2）投资项目的财务费用（现金流出）包括：

1）投资。投资包括固定资产投资和流动资金投资。

2）经营成本。经营成本即总成本费用中需要以现金支付的部分。

3）税金。税金是国家依据法律对有纳税义务的单位和个人征收的财政资金。

如果进行项目自有资金投资效益评价，支出中还应包括借款本息偿还，其投资支出也仅指自有资金支出。对于新建项目，财务评价的支出与效益可直接识别和计算，对于更新改造项目，如果难以直接识别和计算财务效益和支出，应采用"有无对比法"识别和计算。

4. 财务评价的程序

项目财务评价一般要依次经过以下四步：

（1）财务效益与费用的识别。

（2）财务效益和费用的测算。

（3）财务评价报表的编制。

（4）财务评价指标体系的计算与分析评价。

5. 财务评价的内容与评价指标体系

项目财务评价指标是与财务评价的目的和内容相联系的。财务评价的主要内容包括：盈利能力、偿债能力和财务生存能力。财务评价有以现金流量表为基础的动态获利性评价和静态获利性评价、以资产负债表为基础的财务比率分析和考虑项目风险的不确定性分析等。财务评价的内容可以用图8-1来体现。

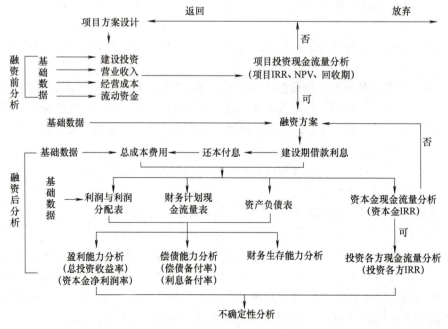

图8-1　财务评价的内容

（1）盈利能力分析。项目的盈利能力分析主要是考察项目投资的盈利水平。盈利能力分析要分别考察项目全部投资盈利能力、自有资金盈利能力以及总投资盈利能力。全部投资盈利能力分析是不考虑资金来源的不同，假定全部投资均为自有资金，以项目自身为系统进行评价，考察其全部投资的经济性，为项目的各个投资方案（不论其资金来源及利息多少）进行比较建立共同基础。自有资金盈利能力分析是站在项目投资主体角度，考察项目的现金流入和流出情况，分析项目自有资金的经济性，为项目投资主体进行投资决策提供依据。总投资盈利能力是反映全部投资与建设期借款利息综合的盈利能力。项目财务盈利能力分析要计算财务内部收益率、财务净现值、投资回收期、资本金净利润率、总投资收益率等指标。

（2）偿债能力分析。项目的偿债能力分析主要是考察项目计算期内各年的财务状况及偿债能力，需要计算资产负债率、流动比率、速动比率等评价指标。项目偿债能力的大小，直接决定着贷款者的贷款意愿和贷款决策。可采用利息备付率和偿债备付率指标来分析评价项目的偿债能力。

（3）财务生存能力分析。财务生存能力分析应结合偿债能力进行分析，项目财务生存能力分析包括以下相辅相成的两个方面。一方面，分析是否有足够的净现金流量维持正常运营，通常因运营期前期的还本付息负担较重，故应特别注重运营期前期的财务生存能力分析。另一方面，各年累计盈余资金不出现负值是财务生存的必要条件。注意：在整个运营期间，允许个别年份的净现金流量出现负值，但不能容许任一年份的累计盈余资金出现负值。一旦出现负值应适时进行短期融资，较大的或较频繁的短期融资有可能导致以后的累计盈余资金无法实现正值，致使项目难以持续运营。

8.2.2　财务评价基础数据测算

1. 财务评价基础数据

投资项目的财务评价，首先要收集、整理和测算财务评价的基础数据。财务评价的基础数据主要包括以下几个方面：

（1）产品品种及生产规模。

（2）投资估算额、分年投资计划及资金来源（包括借款利率、外汇利率、借款偿还条件等）。

（3）项目的计算期（包括建设期、投产期和达产期）。

（4）产品售价、销售收入、销售税金及附加等的预测值。

（5）成本费用分项估算值。

（6）利润分配方案及偿还借款资金来源。

（7）基准收益率、基准投资回收期等财务评价参数。

（8）其他财务评价基础资料。

2. 资金筹措与使用

资金筹措包括资金来源的开拓和对来源、数量的选择，资金的使用包括资金的投入、贷款的偿还和资金平衡的测算。这里简要介绍投资项目的资金来源及使用安排。

投资项目的资金，从来源的性质上可分为自有资金和借贷资金，从来源渠道上可分为国内资金和国外资金。

投资项目的资金来源和结构对自有资金财务现金流量影响很大，直接关系到投资主体的获利能力和承担财务风险的大小。因此，必须认真研究分析各种资金来源对自有资金的盈利能力和财务风险的影响，合理制订投资项目资金筹措方案。

一般来说，在有借贷资金的情况下，全部投资的效果与自有资金投资的效果是不同的。以投资利润指标来说，由于全部投资的利润率一般不等于贷款利率，两种利率差额的后果将由投资主体承担，从而使自有资金利润率上升或下降。例如，假设全部投资为 K，其中自有资金为 K_E，贷款为 K_L，全部投资利润率为 R，自有资金利润率为 R_E，贷款利率为 R_L，则有

$$K = K_E + K_L \tag{8-1}$$

$$R_E = \frac{KR - K_L R_L}{K_E} = \frac{(K_E + K_L)R - K_L R_L}{K_E} = R + K_L \frac{R - R_L}{K_E} \tag{8-2}$$

由上式可知，当 $R > R_L$ 时，$R_E > R$；当 $R < R_L$ 时，$R_E < R$。而且自有资金利润率与全部投资利润率的差别被资金构成比 K_L/K_E 所放大。这种放大效应称为财务杠杆效应，贷款与自有资金之比 K_L/K_E 称为债务股权比。可见，不同资金结构的选择对自有资金的收益水平和财务风险有很大的影响。贷款比例越高，风险也越大。

投资项目的投资使用计划应根据项目建设及投产进度安排。固定资产投资一般按照工程施工进度或设备订单订货合同规定的时间使用，流动资金可在投产期按生产负荷进行安排，逐年增加至完全达产为止。

3. 项目计算期确定

为全面评价投资项目的经济效益，计算动态评价指标，需要合理地确定项目或方案的计算期。项目计算期包括建设期和运营期。

建设期是指项目建设过程所耗用的时间长度，可从项目设计开始算起到建成投产或交付使用为止，也可从正式破土动工算起。前者包括研究设计期、施工期和试运转期；后者不包括设计期。建设期的主要工作是安排建设计划、签订合同、筹集资金、组织施工、检查工程进度、进行生产准备。为了使项目尽早发挥效益，应最大限度地缩短建设期。

运营期是项目投产运行和发挥效益的时间长度。计算期中的运营期一般并不等于项目实际存在的时间，而是为了经济评价的需要，根据项目性质、自然寿命、技术水平和技术进步速度而假定的期限。除某些采掘工业项目受资源储量限制，需要根据合理开采年限确定运营期外，一般项目可按主要设备折旧年限确定，但不宜定得太长，一般取 15 年左右，最好不超过 20 年。因为按折现法计算，把 20 年后的收益全额折现为现值，其数甚微，对评价结论不会产生关键性的影响，而且时间越长，预测的数据越不准确。有些折旧年限很长甚至是"永久性"工程的项目，如水坝等，其计算期中的运营期可低于其折旧年限。运营期根据投产进度又可分为投产期和达产期两个阶段。

4. 收入、成本费用和销售税金测算

收入是指项目在运营期取得的销售（营业）收入，按照产品销售量与销售单价的乘积计算。为计算现金流量，一般假定销售量等于产量，销售收入等于全部销售回款现金收入。产品销售价格一般采用预计出厂价格，并按是否含增值税分为含税价格和不含税价格两种。财务评价无论采用何种价格，都要考虑未来可能发生的变化，并与相关成本费用的计算口径保持一致。

成本费用的测算包括生产成本、经营成本、可变成本与固定成本的测算。成本费用中的折旧费和摊销费按国家规定年限和方法计算。无形资产的摊销应当反映与该项无形资产有关

的经济效益的预期实现方式,无法可靠确定预期实现方式的,应当采用年限平均法摊销,摊销年限以合同规定受益年限与法律规定有效年限中较短者为上限,使用寿命不确定的无形资产不应摊销。

销售税金及附加包括增值税、消费税、城市维护建设税、教育费附加、城镇土地使用税、车船税、印花税等。在项目财务现金流量分析中,如果产品的售价和外购货物(原材料、燃料动力等)的进价均采用不含税价格,则增值税不应计入项目现金流出中,因为销售收入(现金流入)中不含增值税税金;如果产品售价和外购货物的进价均采用含税价格,则增值税税金应计入项目的现金流量中。此时,若产品和外购货物增值税税率相同,可按下式估算项目应缴纳的增值税税额。

$$应缴纳的增值税税额 = \frac{(产品含税销售收入 - 外购含税价值总额) \times 增值税税率}{1 + 增值税税率} \quad (8-3)$$

产品增值税税率目前一般为13%、9%、6%;小规模纳税人为3%。如果按13%计算,那么增值税税率/(1+增值税税率)取值约为11.50%,也就是说在计算项目应缴纳的增值税税额时,用含税销售(营业)收入与含税外购货物价值总额的差额乘以11.50%即可。

5. 利润分配与借款还本付息测算

项目的销售(营业)收入扣除总成本费用和销售税金及附加后,即为利润总额。利润总额按照国家规定做相应调整后,依法计算和缴纳所得税,剩余部分为税后利润。税后利润作为可供分配的利润,应在盈余公积金、应付利润、未分配利润三者之间进行分配。其中,盈余公积金按规定提取,一般为税后利润的10%;应付利润是指向出资者(股东)分配的利润;未分配利润是税后利润与盈余公积金和应付利润的差额,可用于偿还借款本金。

固定资产借款本金可用折旧费、摊销费、未分配利润以及其他还款资金偿还。这里的借款本金是指项目建设期期末固定资产投资借款本金(建设期支付利息时)或本息累计额(建设期未付利息时)。国内借款一般按项目最大偿还能力计算还本付息,以便计算固定资产投资国内借款偿还期。国外借款按已经明确或预计可能的借款偿还条件计算。

固定资产投资借款在生产期按各年应付利息计入财务费用,并通过产品销售收回后偿还。生产期还款均按年末偿还考虑,每年应计利息按下式计算:

$$生产期每年应计利息 = 年初借款本息累计 \times 年利率 \quad (8-4)$$

借款偿还方式主要有等额偿还本息和等额还本、利息照付两种方式。等额偿还本息中,每年应付利息等于年初本金与年利率的乘积,每年偿还的本金数额等于当年还款总额减去当年支付的利息。等额还本、利息照付方式每年应偿还的本金等于建设期期末固定资产投资借款本息累计除以还款年限,每年应支付利息的计算与等额偿还本息方式相同。为反映项目各年还本付息情况,财务评价时要编制固定资产投资借款还本付息计划表。

流动资金借款利息按全年计算,并计入财务费用,其借款本金用计算期末收回的流动资金偿还。若提前还款,按年末偿还处理。

项目财务评价除了要对上述几方面的基础数据进行测算外,还要对财务评价基本参数如基准收益率、基准投资回收期等进行选取。

8.2.3 财务报表编制

为了对投资项目进行财务评价,需要编制一套必要的财务报表,其中应包括基本报表和辅助报表。

财务评价基本报表是用来计算财务评价指标，分析项目盈利能力、偿债能力和财务生存能力，并得出财务评价结论的报表。财务评价基本报表主要包括项目投资现金流量表、项目资本金现金流量表、项目投资各方现金流量表、财务计划现金流量表、资产负债表、利润与利润分配表、借款还本付息计划表、财务评价指标汇总表。财务评价辅助报表是用来对财务评价的基础数据进行测算，为基本报表提供数据，并作为辅助分析的报表。财务评价辅助报表主要包括建设投资估算表，建设期利息估算表，流动资金估算表，项目总投资使用计划与资金筹措表，营业收入、销售税金及附加和增值税估算表、总成本费用估算表。

1. 现金流量表编制

现金流量表是能够直接、清楚地反映出项目在整个计算期内各年的现金流量情况的表格，利用它可以进行项目的现金流量分析，计算各项评价指标，从而对项目进行财务评价，按照投资计算基础不同，现金流量表分为项目投资现金流量表、项目资本金现金流量表和项目投资各方现金流量表。

（1）项目投资现金流量表。项目投资现金流量表是从项目投资总获利能力的角度考察项目的可行性，是对现金流量所进行的系统性的表格式反映，可用于计算项目投资内部收益率及净现值等指标。其中项目投资现金流量分析的现金流入主要包括营业收入、补贴收入，在计算期最后一年还包括回收固定资产余值和回收流动资金；现金流出主要包括建设投资、流动资金、经营成本、销售税金及附加和维持运营投资。项目投资现金流量表示例见表 8-1。

表 8-1 项目投资现金流量表示例 （单位：元）

序号	项目	合计	计算期				
			1	2	3	…	n
1	现金流入						
1.1	营业收入						
1.2	补贴收入						
1.3	回收固定资产余值						
1.4	回收流动资金						
2	现金流出						
2.1	建设投资						
2.2	流动资金						
2.3	经营成本						
2.4	销售税金及附加						
2.5	维持运营投资						
3	所得税前净现金流量						
4	累计所得税前净现金流量						
5	调整所得税						
6	所得税后净现金流量						
7	累计所得税后净现金流量						

（2）项目资本金现金流量表。项目资本金是指项目投资者自己拥有的资金。资本金现金流量表的现金流入主要包括营业收入、补贴收入，在计算期最后一年还包括回收固定资产余值和回收流动资金；现金流出主要包括建设投资和流动资金中的项目资本金以及借款本金偿还和借款利息支付等。项目资本金现金流量分析是从项目权益投资者整体的角度，考察项目给项目投资者带来的收益水平。项目资本金流量表示例见表8-2。

表 8-2　项目资本金现金流量表示例　　　　　　　　　　　　　　　（单位：元）

序号	项目	合计	计算期				
			1	2	3	…	n
1	现金流入						
1.1	营业收入						
1.2	补贴收入						
1.3	回收固定资产余值						
1.4	回收流动资金						
2	现金流出						
2.1	项目资本金						
2.2	借款本金偿还						
2.3	借款利息支付						
2.4	经营成本						
2.5	销售税金及附加						
2.6	所得税						
2.7	维持运营投资						
3	净现金流量						

（3）项目投资各方现金流量表。该表以投资者各方的出资额为计算基础，用于计算投资各方内部收益率。项目投资各方现金流量表中的现金流入和现金流出科目需要根据项目具体情况和投资各方因项目发生的收益和支出情况选填。项目投资各方现金流量表示例见表8-3。

表 8-3　项目投资各方现金流量表示例　　　　　　　　　　　　　　（单位：元）

序号	项目	合计	计算期				
			1	2	3	…	n
1	现金流入						
1.1	应得利润						
1.2	回收固定资产余值						
1.3	回收流动资金						
1.4	其他现金流入						
2	现金流出						
2.1	建设投资出资额						
2.2	经营资金出资额						
3	净现金流量						
4	累计净现金流量						

2. 财务计划现金流量表编制

财务计划现金流量表由经营活动的现金流量、投资活动的现金流量和筹资活动的现金流量构成，用于计算累计盈余资金，反映投资项目的财务生存能力。财务计划现金流量表相当于是一种预算，是对未来资金去向的计划。

经营活动、投资活动和筹资活动的净现金流量均为其现金流入扣除现金流出。其中：经营活动的现金流入包括营业收入、增值税销项税额、补贴收入、其他收入，现金流出包括经营成本、增值税进项税额、税金及附加、增值税、所得税、其他流出；投资活动的现金流出包括建设投资、维持运营投资、流动资金、其他流出；筹资活动的现金流入包括项目资本金投入、建设投资借款、流动资金借款、债券、短期借款、其他流入，现金流出包括利息支出、偿还债务本金、应付利润、其他流出。财务计划现金流量表示例见表8-4。

表8-4　财务计划现金流量表示例　　　　　　　　　　（单位：元）

序号	项目	合计	计算期				
			1	2	3	…	n
1	经营活动净现金流量						
1.1	现金流入						
1.1.1	营业收入						
1.1.2	增值税销项税额						
1.1.3	补贴收入						
1.1.4	其他收入						
1.2	现金流出						
1.2.1	经营成本						
1.2.2	增值税进项税额						
1.2.3	税金及附加						
1.2.4	增值税						
1.2.5	所得税						
1.2.6	其他流出						
2	投资活动净现金流量						
2.1	现金流入						
2.2	现金流出						
2.2.1	建设投资						
2.2.2	维持运营投资						
2.2.3	流动资金						
2.2.4	其他流出						
3	筹资活动净现金流量						
3.1	现金流入						
3.1.1	项目资本金流入						
3.1.2	建设投资借款						
3.1.3	流动资金借款						

(续)

序号	项目	合计	计算期				
			1	2	3	…	n
3.1.4	债券						
3.1.5	短期借款						
3.1.6	其他流入						
3.2	现金流出						
3.2.1	各种利息支出						
3.2.2	偿还债务本金						
3.2.3	应付利润						
3.2.4	其他流出						
4	累计现金流量						
5	累计盈余资金						

3. 利润与利润分配表编制

利润与利润分配表反映了项目计算期内各年营业收入、总成本费用、利润总额等情况，其中营业收入是指销售商品以及提供劳务取得的收入，总成本费用主要包括营业成本、折旧费、摊销费、利息支出以及维持运营投资。根据利润与利润分配表的数据，并结合资产负债表中的相关资料，可计算总投资收益率、项目资本金净利率等相关指标，以观测企业的利润是否合理，判断主营业务的盈利能力。利润与利润分配表示例见表8-5。

表8-5 利润与利润分配表示例　　　　　　　　（单位：元）

序号	名　称	合计	计算期				
			1	2	3	…	n
1	营业收入						
2	销售税金及附加						
3	总成本费用						
4	补贴收入						
5	利润总额						
6	弥补以前年度亏空						
7	应纳税所得额						
8	所得税						
9	净利润						
10	期初未分配利润						
11	可供分配的利润						
12	提取法定盈余公积金						
13	可供投资者分配的利润						
14	应付优先股股利						
15	提取任意盈余公积金						

(续)

序号	名称	合计	计算期				
			1	2	3	...	n
16	应付普通股股利						
17	投资各方利润分配						
18	未分配利润						
19	息税前利润						

4. 资产负债表编制

资产负债表反映了项目在计算期内各年末资产、负债和所有权益增减的变化情况，主要用来考察项目资产、负债和所有者权益的结构合理性和偿债能力。资产负债表由资产、负债和所有者权益三部分组成，并且符合资产等于负债与所有者权益之和这一等式。其中，资产包括流动资产、在建工程、固定资产净值、无形资产及其他资产净值；负债包括流动负债、建设投资借款、流动资金借款；所有者权益包括资本金（新建项目设立企业时在工商行政管理部门登记的注册资金）、资本公积（投资者缴付的出资额超出资本金的差额以及外界对项目的捐赠款等）、累积盈余公积金和累计未分配利润。资产负债表示例见表8-6。

表 8-6　资产负债表示例　　　　　　　　　　　　（单位：元）

序号	项目	合计	计算期				
			1	2	3	...	n
1	资产						
1.1	流动资产总额						
1.1.1	货币资金						
1.1.2	应收账款						
1.1.3	预付款项						
1.1.4	存货						
1.1.5	其他						
1.2	在建工程						
1.3	固定资产净值						
1.4	无形资产及其他资产净值						
2	负债及所有者权益						
2.1	流动负债总额						
2.1.1	短期借款						
2.1.2	应付账款						
2.1.3	预收款项						
2.1.4	其他						
2.2	建设投资借款						
2.3	流动资金借款						
2.4	负债小计						

（续）

序号	项目	合计	计算期				
			1	2	3	…	n
2.5	所有者权益						
2.5.1	资本金						
2.5.2	资本公积						
2.5.3	累计盈余公积金						
2.5.4	累计未分配利润						

5. 借款还本付息计划表编制

借款还本付息计划表用于反映项目计算期内各年借款的使用、还本付息以及偿债资金来源，可以用来计算偿债备付率、利息备付率等指标。编制借款还本付息计划表的数据来源于还本付息的资金以及各年还本付息计算的基础数据，其中还本付息的资金数据来自利润与利润分配表、固定资产折旧估算表、无形资产和其他资产摊销表，各年还本付息计算的基础数据来自项目总投资使用计划与资金筹措表。借款还本付息计划表示例见表8-7。

表8-7 借款还本付息计划表示例 （单位：元）

序号	项目	合计	计算期				
			1	2	3	…	n
1	借款1						
1.1	期初借款余额						
1.2	当期还本付息						
	其中：还本						
	付息						
1.3	期末借款余额						
2	借款2						
2.1	期初借款余额						
2.2	当期还本付息						
	其中：还本						
	付息						
2.3	期末借款余额						
3	债券						
3.1	期初债务余额						
3.2	当期还本付息						
	其中：还本						
	付息						
3.3	期末债务余额						
4	借款和债券合计						
4.1	期初余额						

(续)

序号	项目	合计	计算期				
			1	2	3	…	n
4.2	当期还本付息						
	其中：还本						
	付息						
4.3	期末余额						
计算指标	利息备付率（%）						
	偿债备付率（%）						

8.2.4 财务评价指标

1. 盈利能力评价指标

（1）财务内部收益率（FIRR）。财务内部收益率是指能使项目计算期内净现金流量现值累计等于 0 时的折现率，项目投资财务内部收益率、项目资本金财务内部收益率和项目投资各方财务内部收益率都依据下式计算，但所用的现金流入和现金流出不同，当财务内部收益率大于或等于所设定的基准收益率i_c时，项目方案在财务上可考虑接受。FIRR 作为折现率使下式成立：

$$\sum_{t=0}^{n}(CI-CO)_t(1+FIRR)^{-t}=0 \qquad (8\text{-}5)$$

式中 t——年份；

n——计算期；

CI——现金流入量；

CO——现金流出量。

（2）财务净现值（FNPV）。财务净现值是指按设定的折现率（一般采用基准收益率i_c）计算的项目计算期内净现金流量的现值之和，可按下式计算：

$$FNPV=\sum_{t=0}^{n}(CI-CO)_t(1+i_c)^{-t} \qquad (8\text{-}6)$$

若 FNPV≥0，则此投资项目可行。

（3）项目投资回收期（P_t）。项目投资回收期是指以项目的净收益回收项目投资所需要的时间，一般以年为单位。项目投资回收期宜从项目建设开始年算起，若从项目投产开始年算起，应予以特别注明。项目投资回收期可按下式计算：

$$\sum_{t=0}^{P_t}(CI-CO)_t(1+i_c)^{-t}=0 \qquad (8\text{-}7)$$

（4）总投资收益率（ROI）。总投资收益率反映总投资的盈利水平，是指项目达到设计能力后正常年份的年息税前利润或运营期内年平均息税前利润（EBIT）与项目总投资（TI）的比率。总投资收益率可按下式计算：

$$ROI=\frac{EBIT}{TI}\times 100\% \qquad (8\text{-}8)$$

(5) 项目资本金净利润率（ROE）。项目资本金净利润率反映项目资本金的盈利水平，是指项目达到设计能力后正常年份的年净利润或运营期内年平均净利润（NP）与项目资本金（EC）的比率。项目资本金净利润率可按下式计算：

$$ROE = \frac{NP}{EC} \times 100\% \tag{8-9}$$

2. 偿债能力评价指标

（1）利息备付率（ICR）。利息备付率是指在借款偿还期内的息税前利润（EBIT）与应付利息（PI）的比值。它从付息资金来源的充裕性角度反映项目偿付债务利息的保障程度和支付能力，可按下式计算：

$$ICR = \frac{EBIT}{PI} \tag{8-10}$$

（2）偿债备付率（DSCR）。偿债备付率是指在借款偿还期内，用于还本付息的资金（EBITDA $- T_{AX}$）与应还本付息额（PD）的比值。它从偿债资金来源的充裕性角度反映项目偿付债务本息的保障程度和支付能力，可按下式计算：

$$DSCR = \frac{EBITDA - T_{AX}}{PD} \tag{8-11}$$

（3）资产负债率。资产负债率是反映项目各年所面临的财务风险程度及偿债能力的指标，等于各年的负债总额与资产总额之比。

（4）流动比率。流动比率是反映项目各年偿付流动负债能力的指标，等于各年的流动资产总额与流动负债总额之比。

（5）速动比率。速动比率是反映项目各年快速偿付流动负债能力的指标，等于各年的速动资产与流动负债之比，速动资产为流动资产减去存货。

3. 财务生存能力评价指标

（1）净现金流量。净现金流量是指项目计算期内投资、融资和日常经营所产生的现金流，其中现金流入为正，现金流出为负，将所有这些产生的现金流相加即得出净现金流量。

（2）累计盈余资金。各年累计盈余资金是指从项目起始年到各年的盈利累计之和，累计盈余资金为正说明项目从开始到各年是盈利的。

【例8-1】 案例背景：JS公司位于湖北省XG市，总占地面积约20万m^2，注册资金1亿元人民币，目前已投入资金近2亿元。公司拥有年产量达8万t的大型饲料加工厂一个、日孵化鸭苗能力5万只的孵化车间一个、日肉鸭屠宰能力约6万只的现代化屠宰加工流水线一条，拥有容量达1 500t的冷藏库一个、120t速冻库一座，另外公司还建有年出栏总数达到240万只的成品鸭示范养殖场，带动周边规模养殖场200家左右。JS公司肉鸭项目为鸭苗繁育基地建设，项目处于肉鸭养殖及屠宰加工产业链上游。鸭苗基地选址在湖北省XG市，占地150亩（含滩涂），预计建设完成后可实现产能5万套种鸭，可实现年产鸭苗720万只，年销售收入2 800万元，实现利润超700万元。基地建成后，繁育的鸭苗可供给鸭苗市场，也可直接供给公司的养殖场，公司可根据鸭苗市场价格自行调节比例从而降低运营成本。

1. 项目资金筹措

项目资金筹措是指通过一定的渠道获取项目投资资金。本项目总投资为2 300万元，其中：企业自筹1 300万元，银行贷款1 000万元。本项目铺底流动资金为387.7万元。铺底流动资金由企业自己提供，需要的其他流动资金通过银行贷款筹集，银行贷款利率按6%计算。

2. 项目总成本估算

（1）外购原材料成本。外购原材料是指项目运行所需的原材料和加工的材料。原材料成本是本项目总成本费用的重要组成部分，采用市场价格进行估算。表8-8为达产年外购原材料成本明细。

表8-8 达产年外购原材料成本明细

序 号	原料名称	数 量	单 价	原材料成本
1	饲料	2 500t	3 500元/t	875万元
2	种鸭苗	50 000套	25元/套	125万元

（2）燃料及动力成本。燃料及动力是指项目在运行过程中所需的水、电、煤气等资源。燃料及动力成本属于直接费用，采用市场价格进行估算。

（3）工资和福利费。工资和福利费是指项目雇用的工作人员（包括工人、技术人员以及管理人员）日常的工资和福利支出。本项目根据预期人员数和人年均工资、福利额计算，该项为160万元。

（4）修理费。修理费是指项目中各种仪器设备设施在使用过程中的维护修理费用。参考通用算法，本项目的修理费按折旧费的50%计算。

（5）折旧费。折旧费主要包括项目厂房、厂房设备以及项目生活设施等固定资产的折旧费。本项目固定资产采用平均年限法进行折旧，厂房建筑物分20年进行折旧，机器设备分10年进行折旧，固定资产残值按5%计取。

（6）摊销费。摊销费主要是指项目无形资产和其他资产的分期摊销费用。

（7）销售费用。销售费用主要是指为了销售项目产品而产生的费用。例如产品前期的推广费用，生产之后的包装、运输、终端销售等费用。销售费用一般与销售收入有很大关系，本项目的销售费用按销售收入的10%计算。

（8）管理费用。管理费用是指管理肉鸭项目生产过程中发生的诸如办公费、差旅费等各项费用。本项目管理费用按销售收入的2%计算，第2年虽不是达产年，但也按照达产年计算。

（9）利息支出。利息支出主要是指银行贷款所产生的利息支出。本项目资金筹措有一部分是来自银行贷款，银行贷款利率按6%计算。

通过估算以上各种生产要素的费用，汇总得到项目总成本费用表，见表8-9。

表8-9 项目总成本费用表 （单位：万元）

序号	名称	年份												
		2	3	4	5	6	7	8	9	10	11	12	13	14	15
1	原材料成本	700	1 000	1 000	1 000	1 000	1 000	1 000	1 000	1 000	1 000	1 000	1 000	1 000	1 000
2	燃料及动力成本	196	280	280	280	280	280	280	280	280	280	280	280	280	280

(续)

序号	名称	年份													
		2	3	4	5	6	7	8	9	10	11	12	13	14	15
3	工资和福利费	160	160	160	160	160	160	160	160	160	160	160	160	160	160
4	修理费	65.5	65.5	65.5	65.5	65.5	65.5	65.5	65.5	65.5	65.5	23.8	23.8	23.8	23.8
5	折旧费	131	131	131	131	131	131	131	131	131	131	47.6	47.6	47.6	47.6
6	摊销费														
7	销售费用	196	280	280	280	280	280	280	280	280	280	280	280	280	280
8	管理费用	56	56	56	56	56	56	56	56	56	56	56	56	56	56
9	利息支出	95.3	80.4	50.4	50.4	50.4	50.4	50.4	50.4	50.4	50.4	50.4	50.4	50.4	50.4
9.1	短期借款利息	60	30												
9.2	流动资金借款利息	35.3	50.4	50.4	50.4	50.4	50.4	50.4	50.4	50.4	50.4	50.4	50.4	50.4	50.4
10	总成本费用	1 599.8	2 052.9	2 022.9	2 022.9	2 022.9	2 022.9	2 022.9	2 022.9	2 022.9	2 022.9	1 897.8	1 897.8	1 897.8	1 897.8
11	其中：可变成本	1 092	1 560	1 560	1 560	1 560	1 560	1 560	1 560	1 560	1 560	1 560	1 560	1 560	1 560
	固定成本	507.8	492.9	462.9	462.9	462.9	462.9	462.9	462.9	462.9	462.9	337.8	337.8	337.8	337.8
	经营成本	1 373.5	1 841.5	1 841.5	1 841.5	1 841.5	1 841.5	1 841.5	1 841.5	1 841.5	1 841.5	1 799.8	1 799.8	1 799.8	1 799.8

3. 项目收益与利润测算

（1）销售收入的测算。销售收入是指项目建成并投产后，在一定时期内向市场出售产品和提供服务所获得的收入。肉鸭项目的收入主要是指鸭苗、活体鸭和蛋制品等产品的销售收入。根据国内外的市场需求状况以及供应预测，肉鸭项目正常年份的营业收入为 2 800 万元，第 1 年为建设期，第 2 年产能预测为正常年份的 70%，第 3～15 年为正常产能年份，见表 8-10。

表 8-10　项目销售收入表

序　号	产　品	数　量	单　价	总　收　入
1	鸭苗	720 万只	3.47 元/只	2 500 万元
2	活体鸭	6 万只	33.3 元/只	200 万元
3	蛋制品	200t	5 000 元/t	100 万元
4	销售税金及附加			

（2）销售利润的测算。项目为政府扶持项目，免征企业所得税，同时为方便计算，不计增值税等，有兴趣的读者可根据现行税率自行计算。销售利润与利润分配表见表 8-11。

表 8-11　销售利润与利润分配表　　　　　　　　　　（单位：万元）

序号	名称	年份													
		2	3	4	5	6	7	8	9	10	11	12	13	14	15
1	营业收入	1 960	2 800	2 800	2 800	2 800	2 800	2 800	2 800	2 800	2 800	2 800	2 800	2 800	2 800
2	销售税金及附加														

(续)

序号	名称	年份													
		2	3	4	5	6	7	8	9	10	11	12	13	14	15
3	总成本费用	1 599.8	2 052.9	2 022.9	2 022.9	2 022.9	2 022.9	2 022.9	2 022.9	2 022.9	2 022.9	1 897.8	1 897.8	1 897.8	1 897.8
4	补贴收入														
5	利润总额	360.2	747.1	777.1	777.1	777.1	777.1	777.1	777.1	777.1	777.1	902.2	902.2	902.2	902.2
6	弥补以前年度亏空														
7	应纳税所得额														
8	所得税														
9	净利润	360.2	747.1	777.1	777.1	777.1	777.1	777.1	777.1	777.1	777.1	902.2	902.2	902.2	902.2
10	期初未分配利润		324.2	996.7	1 696.1	2 395.5	3 094.9	3 794.4	4 493.8	5 193.2	5 892.6	6 592.1	7 404.1	8 216.1	9 028.1
11	可供分配的利润	360.2	1 071.4	1 773.8	2 473.2	3 172.6	3 872.1	4 571.5	5 270.9	5 970.4	6 669.8	7 494.3	8 306.3	9 118.4	9 930.4
12	提取法定盈余公积金	36.0	74.7	77.7	77.7	77.7	77.7	77.7	77.7	77.7	77.7	90.2	90.2	90.2	90.2
13	可供投资者分配的利润	324.2	996.7	1 696.1	2 395.5	3 094.9	3 794.4	4 493.8	5 193.2	5 892.6	6 592.1	7 404.1	8 216.1	9 028.1	9 840.1
14	应付优先股股利														
15	提取任意盈余公积金														
16	应付普通股股利	324.2	996.7	1 696.1	2 395.5	3 094.9	3 794.4	4 493.8	5 193.2	5 892.6	6 592.1	7 404.1	8 216.1	9 028.1	9 840.1
17	未分配利润														
18	息税前利润														

4. 项目现金流量估算

项目现金流量表是非常重要的报表,它能够为衡量项目财务盈利能力提供依据,也为后面的风险分析提供数据。项目投资现金流量表见表8-12,项目资本金现金流量表见表8-13,项目资产负债表见表8-14。

表8-12 项目投资现金流量表 （单位：万元）

序号	名称	年份														
		1	2	3	4	5	6	7	8	9	10	11	12	13	14	15
1	现金流入		1 960	2 800	2 800	2 800	2 800	2 800	2 800	2 800	2 800	2 800	2 800	2 800	2 800	4 408.9
1.1	营业收入		1 960	2 800	2 800	2 800	2 800	2 800	2 800	2 800	2 800	2 800	2 800	2 800	2 800	2 800

(续)

序号	名称	年份														
		1	2	3	4	5	6	7	8	9	10	11	12	13	14	15
1.2	补贴收入															
1.3	回收固定资产余值															381.9
1.4	回收流动资金															1 227
2	现金流出	1 882.3	2 600.5	1 841.5	1 841.5	1 841.5	1 841.5	1 841.5	1 841.5	1 841.5	1 841.5	1 841.5	1 799.8	1 799.8	1 799.8	1 799.8
2.1	建设投资	1 882.3														
2.2	流动资金投入		1 227													
2.3	经营成本		1 373.5	1 841.5	1 841.5	1 841.5	1 841.5	1 841.5	1 841.5	1 841.5	1 841.5	1 841.5	1 799.8	1 799.8	1 799.8	1 799.8
2.4	销售税金及附加															
3	所得税前净现金流量	−1 882.3	−640.5	958.5	958.5	958.5	958.5	958.5	958.5	958.5	958.5	958.5	1 000.2	1 000.2	1 000.2	2 609.1
4	累计所得税前净现金流量	−1 882.3	−2 522.8	−1 564.3	−605.8	352.7	1 311.2	2 269.7	3 228.2	4 186.7	5 145.2	6 103.7	7 103.9	8 104.1	9 104.3	11 713.4
5	调整所得税															
6	所得税后净现金流量	−1 882.3	−640.5	958.5	958.5	958.5	958.5	958.5	958.5	958.5	958.5	958.5	1 000.2	1 000.2	1 000.2	2 609.1
7	累计所得税后净现金流量	−1 882.3	−2 522.8	−1 564.3	−605.8	352.7	1 311.2	2 269.7	3 228.2	4 186.7	5 145.2	6 103.7	7 103.9	8 104.1	9 104.3	11 713.4

表 8-13 项目资本金现金流量表 （单位：万元）

序号	名称	年份														
		1	2	3	4	5	6	7	8	9	10	11	12	13	14	15
1	现金流入	0	1 960	2 800	2 800	2 800	2 800	2 800	2 800	2 800	2 800	2 800	2 800	2 800	2 800	4 408.9
1.1	营业收入		1 960	2 800	2 800	2 800	2 800	2 800	2 800	2 800	2 800	2 800	2 800	2 800	2 800	2 800
1.2	补贴收入															
1.3	回收固定资产余值															381.9
1.4	回收流动资金															1 227
2	现金流出	882.3	2 240.2	2 538.2	1 891.9	1 891.9	1 891.9	1 891.9	1 891.9	1 891.9	1 891.9	1 891.9	1 850.2	1 850.2	1 850.2	1 850.2
2.1	项目资本金	882.3	271.4	116.3												
2.2	借款本金偿还		500	500												

(续)

序号	名称	年份														
		1	2	3	4	5	6	7	8	9	10	11	12	13	14	15
2.3	借款利息支付		95.3	80.4	50.4	50.4	50.4	50.4	50.4	50.4	50.4	50.4	50.4	50.4	50.4	50.4
2.4	经营成本		1 373.5	1 841.5	1 841.5	1 841.5	1 841.5	1 841.5	1 841.5	1 841.5	1 841.5	1 841.5	1 799.8	1 799.8	1 799.8	1 799.8
3	销售税金及附加															
4	所得税															
5	维持运营投资															
6	净现金流量（1－2）	−882.3	−280.2	261.8	908.1	908.1	908.1	908.1	908.1	908.1	908.1	908.1	949.8	949.8	949.8	2 558.7

表 8-14 项目资产负债表 （单位：万元）

序号	名称	年份														
		1	2	3	4	5	6	7	8	9	10	11	12	13	14	15
1	资产	1 912.3	3 918.3	4 602.0	5 248.1	6 156.5	6 802.4	7 710.6	8 356.7	9 264.8	9 911.0	10 819.1	11 673.8	12 623.6	13 478.3	14 428.1
1.1	流动资产总额		2 167.8	2 981.7	3 758.8	4 798.0	5 575.1	6 614.3	7 391.4	8 430.6	9 207.7	10 246.8	11 149.1	12 146.5	13 048.8	14 046.2
1.1.1	货币资金		220.2	199.4	976.5	2 015.7	2 792.8	3 832.0	4 609.1	5 648.3	6 425.4	7 464.5	8 366.8	9 364.2	10 266.5	11 263.9
1.1.2	应收账款		520.3	743.3	743.3	743.3	743.3	743.3	743.3	743.3	743.3	743.3	743.3	743.3	743.3	743.3
1.1.3	预付款项															
1.1.4	存货		1 427.3	2 039.0	2 039.0	2 039.0	2 039.0	2 039.0	2 039.0	2 039.0	2 039.0	2 039.0	2 039.0	2 039.0	2 039.0	2 039.0
1.1.5	其他															
1.2	在建工程	1 912.3														
1.3	固定资产净值		1 750.5	1 620.3	1 489.5	1 358.7	1 227.3	1 096.7	965.3	834.3	703.3	572.3	524.7	477.1	429.5	381.9
1.4	无形资产及其他资产净值															
2	负债及所有者权益	1 912.3	3 918.3	4 602.0	5 248.1	6 156.5	6 802.4	7 710.6	8 356.7	9 264.8	9 911.0	10 819.1	11 673.8	12 623.6	13 478.3	14 428.1
2.1	流动负债总额		1 286.9	1 355.3	1 224.3	1 355.3	1 224.3	1 355.3	1 224.3	1 355.3	1 224.3	1 355.3	1 307.7	1 355.3	1 307.7	1 355.3
2.1.1	短期借款															
2.1.2	应付账款		180.6	258.0	258.0	258.0	258.0	258.0	258.0	258.0	258.0	258.0	258.0	258.0	258.0	258.0
2.1.3	预收款项															
2.1.4	其他		1 106.3	1 097.3	996.3	1 097.3	966.3	1 097.3	966.3	1 097.3	966.3	1 097.3	1 049.7	1 097.3	1 049.7	1 097.3
2.2	建设投资借款	1 000	500													

(续)

序号	名称	年份														
		1	2	3	4	5	6	7	8	9	10	11	12	13	14	15
2.3	流动资金借款		587.5	839.3	839.3	839.3	839.3	839.3	839.3	839.3	839.3	839.3	839.3	839.3	839.3	839.3
	负债小计	1 000	2 374.4	2 194.6	2 063.6	2 194.6	2 063.6	2 194.6	2 063.6	2 194.6	2 063.6	2 194.6	2 147.0	2 194.6	2 147.0	2 194.6
2.4	所有者权益	912.3	1 543.9	2 407.4	3 184.5	3 961.7	4 738.8	5 516.0	6 293.1	7 070.2	7 847.4	8 624.5	9 526.8	10 429.0	11 331.3	12 233.5
2.4.1	资本金	912.3	1 183.7	1 300.0	1 300.0	1 300.0	1 300.0	1 300.0	1 300.0	1 300.0	1 300.0	1 300.0	1 300.0	1 300.0	1 300.0	1 300.0
2.4.2	资本公积															
2.4.3	累计盈余公积金		36.0	110.7	188.5	266.2	343.9	421.6	499.3	577.0	654.7	732.5	822.7	912.9	1 003.1	1 093.3
2.4.4	累计未分配利润		324.2	996.7	1 696.1	2 395.5	3 094.9	3 794.4	4 493.8	5 193.2	5 892.6	6 592.1	7 404.1	8 216.1	9 028.1	9 840.1

5. 项目盈利能力分析

(1) 项目投资财务内部收益率。通过分析计算现金流量表得出，本项目所得税前项目投资财务内部收益率为31%，大于设定的基准收益率10%，项目在财务上可以被接受。

(2) 财务净现值。设定的目标收益率为10%，利用现金流量表分析计算，本项目所得税前财务净现值为正值且远大于0，本项目在盈利能力方面是可行的。

(3) 项目的投资均发生在第1年的建设期，投产后每年产生经营净现金流。根据投资现金流量表，发现到第5年项目累计净现金流量为正。经计算，本项目包括建设期的静态投资回收期为4.63年。动态投资回收期是把投资项目各年产生的净现金流量按照基准收益率或设定的目标收益率折算后，再进行类似计算，它考虑了资金时间价值。通过折算后计算，本项目包括建设期的动态投资回收期为5.62年。

(4) 投资利润率。项目的投资利润率=777.1万元/2 300万元=33.8%，具有较高的投资利润率。

6. 项目偿债能力分析

(1) 利息备付率。项目达产期的利息备付率=777.1万元/50.4万元=15.4，该项目的利息备付率高，说明利息偿付的保证程度高。

(2) 资产负债率：

达产期第1年项目资产负债率=2 194.6万元/4 602.0万元=47.7%

达产期最后1年项目资产负债率=2 194.6万元/14 428.1万元=15.2%

(3) 流动比率：

达产期第1年流动比率为2 981.7万元/2 194.6万元=1.36

达产期最后1年流动比率为14 046.2万元/2 194.6万元=6.40

(4) 速动比率：

达产期第1年项目速动比率=942.7万元/2 194.6万元=0.43

达产期最后1年速动比率=12 007.2万元/2 194.6万元=5.5

7. 项目财务生存能力分析

（1）净现金流量。项目从第 3 年开始即产生 958.5 万元的净现金流量，且以后每年都能够产生净现金流量，说明项目有足够的现金流维持正常运营，可实现项目的可持续发展。

（2）累计盈余资金。根据项目的现金流量表，本项目到第 5 年的累计盈余资金为正值，第五年的累计盈余资金（累计所得税后净现金流量）为 352.7 万元，同时计算期第 15 年的累计盈余资金为 11 713.4 万元。

8. 项目财务评价结论

（1）在盈利能力方面，该项目的建设期为两年，根据项目投资现金流量表计算可知，该项目的内部收益率为 31%，远高于预期收益率 10%，则认为项目的盈利能力满足要求值，项目具有可行性。同时，项目财务净现值 NPV 大于 0，说明项目净收益在抵偿了投资者要求的最低收益后仍有盈余，财务上是可接受的。

（2）在偿债能力方面，项目达产期第 1 年的资产负债率为 47.7%，达产期最后 1 年的资产负债率为 15.2%，项目偿债能力有较大提高。

（3）在财务生存能力方面，项目从第 3 年开始产生正的净现金流量，从第 5 年开始实现正的累计盈余资金。项目计算期最后 1 年的累计盈余资金为 11 713.4 万元，说明项目在整个计算期内具有较好的财务生存能力，项目能够持续健康地运营。

8.3 投资项目的经济效益费用评价

投资项目经济效益费用评价与投资项目财务评价共同组成投资项目的经济评价。投资项目经济效益费用评价的主要目的在于把有限的资源用于最需要的投资项目上，使全社会可用于投资的有限资源能得以合理配置和有效利用，使国民经济能持续稳定地发展。

8.3.1 经济效益费用评价概述

1. 经济效益费用评价的概念

经济效益费用评价是指按照资源合理配置的原则，从整个国民经济的角度考察投资项目的效益与费用，用影子价格、影子工资、影子汇率和社会折现率等经济参数，分析、计算此项目对整个国民经济的净贡献，从而评价项目方案的经济合理性。

2. 经济效益费用评价的对象

宏观经济效果的好坏是投资决策的主要依据，经济效益费用评价是对项目进行经济评价的重要组成部分。因此，原则上所有项目一般均应进行经济效益费用评价，并以经济效益费用评价的结论作为主要决策依据。

但是，经济效益费用评价是一项较财务评价复杂得多的分析评价工作，根据目前我国的实际条件，一般只要求对某些在国民经济中有重大作用和影响的项目进行经济效益费用评价，如具有垄断特征的项目、产出具有公共产品特征的项目、外部效果显著的项目、资源开发项目、涉及国家经济安全的项目、受过度行政干预的项目等。

3. 经济效益费用评价的作用

经济效益费用评价是对投资项目的宏观经济效益进行分析和评价，目的是更有效地分配和利用国民经济资源,最大限度地促进国民经济的增长和人民生活水平的提高,在经济评价中处于非常重要的地位。其作用主要有以下几点:

(1) 经济效益费用评价是从宏观上合理配置资源的需要。合理的资源配置应能使国民经济目标达到最优化。技术方案投资所建成的项目是国民经济大系统中的一个小系统,它从国民经济大系统中获取一定的投入,又向国民经济大系统提供一定的产出。为使国民经济大系统目标达到优化,所选项目应该是对大系统目标优化最有利的项目。而由于市场体系的不完善及市场功能的局限性等原因,财务评价往往不能全面、正确地反映项目的投入物及产出物的真正经济价值,由财务评价所选择的项目可能不是对国民经济目标优化最有利的项目。因此,为在宏观上合理配置资源、选出对整个国民经济最有利的项目或方案,需要对项目进行经济效益费用评价。

(2) 经济效益费用评价是真实反映项目对国民经济净贡献的需要。从国家角度,投资建设的目的是取得尽可能大的国民经济效益,项目取舍应以项目对国民经济净贡献的大小为依据。实际上,按照商品的财务价格计算的投入与产出不能真实反映项目建设为国民经济带来的效益与费用支出,而通过经济效益费用评价,运用能反映资源真实价值的价格即影子价格来计算建设项目的效益和费用,可以得出该建设项目是否有利于国民经济总目标的结论。

(3) 经济效益费用评价是投资决策科学化的需要。科学合理的投资决策应能有效地促成适度的投资规模、合理的投资结构和实现良好的经济效益。经济效益费用评价可以从以下三个方面促进投资决策的科学化:通过调整社会折现率等来控制一些项目的通过与否,达到调控投资规模的目的;通过体现宏观意图的影子价格、影子工资等,起到鼓励或抑制某些行业、区域及某类项目发展的作用,促进国家资源的合理分配;通过选择国民经济净贡献大的项目,保障国民经济总体效益。通过经济效益费用评价,各级管理部门可以从宏观经济角度对项目进行排队与取舍,把有限的资源投入到对国民经济发展更有用的项目上,做出科学的投资决策,从而提高项目管理的质量和效益。

4. 经济效益费用评价与财务评价的关系

经济效益费用评价和财务评价是项目经济评价的两个层次,它们之间既有相同的或相似的一面,又有本质的区别。下面用两个例子说明两者之间的相同点、不同点以及对项目决策的影响。

【例 8-2】 某化工溶剂工厂,按其产出的收入和投入的成本计算,经济效果很好,但该厂排出的废水严重污染附近的湖水,致使渔业生产损失严重,甚至该厂的净收益还不足以弥补由此带来的损失,尽管企业经济评价很好,但从整个国民经济角度来看,这个项目并不可取。

【例 8-3】 某城市的市政建设部门打算拓宽一条城市干道。拓宽后的社会效益是显著的,如增加了车速,节省了交通时间,减少了事故发生率以及改善了沿线的环境,带动了沿线的经济发展等。这些效益并没有在市政建设部门的财务评价中反映出来,但从整个国民经济角度来看,这个项目一般应予推荐。

从上述两个简单的例子,可以归纳如下:
(1) 两者的共同点
1) 评价的目的类同。经济效益费用评价和财务评价的目的都是寻求最有利的投资方案，以最小的投入获得最大的产出，都是对方案的营利性进行分析评价。

2）评价的基础相同。经济效益费用评价和财务评价都是在完成投资项目的产品市场分析、方案构造、投资估算、资金筹措、营业收入、经营成本及项目使用期内现金流量分析的基础上进行的。

3）主要评价指标类同。经济效益费用评价和财务评价都是通过编制基本报表计算内部收益率、净现值等主要评价指标，来分析评价项目的经济盈利能力。

（2）两者的区别

1）评价的角度不同。财务评价是从企业财务角度（货币收支）对项目进行分析，考察项目的微观财务盈利能力；而经济效益费用评价则是从国民经济宏观角度对项目进行分析，考察项目的经济合理性。

2）费用、效益的含义及划分范围不同。财务评价根据项目的直接财务收支计算项目的费用和效益，经济效益费用评价则根据项目实际耗费的有用资源及向社会提供的有用产品（或服务）来考察项目的费用和效益。有些在财务评价中视为费用或效益的财务收支，如税金、补贴、贷款及其利息等，在经济效益费用评价中不视为费用或效益；财务评价中不考虑项目的间接费用和间接效益，如项目对环境的破坏或改善等，在经济效益费用评价中则应予以考虑。

3）费用、效益的计算价格不同。财务评价采用实际的市场价格计算项目的费用和效益；经济效益费用评价则采用能够反映资源真实经济价值的影子价格来计量项目的费用和效益。

4）评价的参数不同。财务评价的主要判据是行业基准收益率或设定的折现率，经济效益费用评价的主要判据则是社会折现率；财务评价采用官方汇率换算外贸货物价格，而经济效益费用评价采用影子汇率。

（3）两者对项目决策的影响。由于财务评价和经济效益费用评价的区别，可能出现同一项目的财务评价结论与经济效益费用评价结论不一致的情况，就我国情况而言，一般更看重经济效益费用评价得出的结论。

1）财务评价和经济效益费用评价结论均可行，项目予以通过。

2）财务评价和经济效益费用评价结论均不可行，项目应予否定。

3）财务评价结论可行，经济效益费用评价结论不可行，项目一般应予否定。

4）财务评价结论不可行，经济效益费用评价结论可行，项目一般应予推荐。此时可建议采取某些财务优惠措施，使项目具有财务上的生存能力。

5. 经济效益费用评价的内容与程序

经济效益费用评价主要包括效益和费用的识别、计量和比较，以及国民经济盈利能力分析、外汇效果分析。此外，还应对难以量化的外部效果进行定性分析。其具体内容和程序如下：

（1）经济效益与费用的识别。在经济效益费用评价中，应从整个国民经济的角度来划分和考察投资项目的效益和费用。效益是指项目对国民经济所做的贡献，包括项目本身的直接效益和由项目带来的间接效益；费用是指国民经济为项目所付出的代价，包括项目本身的直接费用和由项目引起的间接费用。

（2）影子价格的确定。正确确定项目产出物和投入物的价格是保障项目经济效益费用评价正确性的关键。在经济效益费用评价中，应选择既能反映资源本身的真实经济价值、又能够反映供求关系及国家经济政策的影子价格。

（3）基础数据的调整。影子价格确定以后，应将项目的各项经济基础数据按影子价格进行调整，计算项目的各项国民经济效益和费用。

（4）编制报表。根据调整、计算所得项目各项国民经济效益和费用数值，编制经济效益费用分析报表，包括基本分析报表和辅助报表。

（5）经济、社会效益分析。根据经济效益费用分析报表及社会折现率等经济参数，计算项目的经济效益费用评价指标，分析项目的国民经济效益及经济合理性。此外，还应对难以量化的外部效果进行定性分析，以及从整个社会角度来考察和分析项目对社会进步目标的贡献，即进行社会效益分析。

（6）进行不确定性分析。从国民经济角度分析项目可能面临的风险及项目抗风险能力，一般包括经济敏感性分析，有条件或需要时还应进行概率分析。

（7）得出评价结论并提出建议。由上述确定性分析和不确定性分析结果，对项目的经济合理性做出判断，并结合项目的财务评价结果，得出项目经济评价的最终结论并提出相应建议。

8.3.2 经济效益与费用识别

正确识别项目的效益与费用，对于项目的财务评价和经济效益费用评价都是至关重要的。

1. 识别效益与费用的基本原则

效益和费用都是相对于目标而言的。效益是对目标的正贡献，费用是对目标的负贡献。经济效益费用评价以实现社会资源的最优配置从而使国民收入最大增长为目标，凡是增加国民收入的就是国民经济效益，凡是减少国民收入的就是国民经济费用。

上述定义为正确识别效益和费用提供了基本准则，并具体体现在以下几个方面：

（1）增量分析的原则。项目经济效益费用分析应建立在增量效益和增量费用识别和计算的基础之上，不考虑沉没成本和已实现的效益，按照"有无对比"增量分析的原则，通过项目的实施效果与无项目情况下可能发生的情况进行对比分析，作为计算机会成本或增量效益的依据。

（2）关联效果原则。考虑项目投资可能产生的其他关联效应，明确系统的边界。财务评价从项目（或投资主体）自身的利益出发，其系统分析的边界就是项目（或投资主体）自身。凡是流入项目的资金，就是财务效益，如销售收入；凡是流出项目的资金，就是财务费用，如投资支出、经营成本和税金。财务效益和费用统称为项目的直接经济效果或内部经济效果。

经济效益费用评价从国民经济的整体出发，其系统分析的边界是整个国家。经济效益费用评价不仅需要识别项目自身的直接经济效果，而且需要识别项目对国民经济其他部门和单位产生的间接效果，即外部效果；不仅应当识别可用货币计量的有形效果，而且应当识别难以用货币计量的无形效果。

（3）资源变动的原则。财务评价在考察财务效益和费用的过程中，其追踪对象是货币。凡是由项目之外流入项目之内的货币就是财务效益，凡是由项目之内流向项目之外的货币就是财务费用。

识别经济效益费用评价中的费用和效益就没有财务识别这样简单。经济效益费用评价以实现资源最优配置从而保证国民收入最大增长为目标，国民收入由全社会最终产品的总和所决定。对于一个投资项目来说，项目的资源投入意味着减少了这些资源在国民经济其他方面的可用量，从而减少了国民经济其他方面的最终产品产出量，正是从这种意义上说，该项目对资源的使用产生了国民经济费用。同理，项目的产出是国民经济效益，是由于项目的产出能够增加社会资源——最终产品的缘故。由此不难理解，在考察国民经济费用和效益的过程中，追踪的对象不是货币，而是由项目投入和产出所产生的社会资源的变动。凡是减少社会资源的项目投入都产生国民经济费用；凡是增加社会资源的项目产出都产生国民经济效益；经济效益费用评价追踪的对象是资源的变动，而不是货币的流动，这是正确识别其费用和效益的关键。

（4）以本国居民作为分析对象的原则。如果投资项目对本国居民产生影响的同时也对国外成员产生影响，则应主要分析该项目对本国居民产生的效益与费用。

（5）剔除转移支付的原则。转移支付代表购买力的转移行为，接受转移支付的一方所获得的效益与付出方所产生的费用相等，转移支付行为本身没有导致新增资源的发生。在经济效益费用分析中，税赋、补贴、借款和利息均属于转移支付。一般在进行经济效益费用分析时，不得再计算转移支付的影响。

2. 项目直接效益与直接费用

项目的直接效益和费用是项目对国民经济所做出的直接正、负贡献，一般在项目的财务评价中可以得到反映，其识别与计量比较简单。

（1）项目的直接效益。项目的直接效益是由于项目向国民经济大系统提供产品或劳务而对国民经济所做出的直接贡献。直接效益的确定一般可分为以下两种情况：

1）若项目产出物用以增加国内市场的供给量，其效益就是这部分增加量所满足的国内需求的价值，等于对这部分增加供给量的消费者支付意愿。

2）若项目产出物未导致国内市场供给量的相应增加，则分为三种情况：①项目产出物用于出口，其效益为所得外汇的经济价值；②项目产出物用于替代出口，其效益等于所节约外汇的经济价值；③项目产出物用于替代国内原生产企业的部分或全部产品，其效益为原生产企业减产或停产向社会所释放的资源，其价值等于对这部分资源的支付意愿。

（2）项目的直接费用。项目的直接费用是指因项目建设和生产耗费的直接投入而使国民经济为项目所付出的代价。直接费用的确定一般也分为以下两种情况：

1）若项目的投入物来自国内生产量的增加，其费用就是增加国内生产所消耗资源的经济价值。

2）若项目的投入物的国内生产量保持不变，则分为三种情况：①项目的投入物来自进口，其费用等于所花费外汇的经济价值；②项目的投入物来自出口减少，其费用等于所减少外汇收入的经济价值；③项目的投入物来自对其他项目供应量的减少，其费用为其他项目因此而减少的效益，等于其他项目对这部分投入物的支付意愿。

3. 外部效果

任何工程都将是国民经济整体的一个组成部分，它与其他的经济实体有着千丝万缕的关系。要把一个投资项目孤立出来进行研究和考察是极其困难的事。如果价格用得合理、产出与投入估计得准确，那么就有可能对投资项目与其他经济实体的经济联系做出较好的描述，在很多情况下，投资项目所产生的效益与费用并没有在直接效益和费用中得到反映，通常把这类效益与费用统称为外部效果，即间接效益与间接费用，如生活、劳动环境的改善。无形效果的存在具有客观性，同时也具有社会价值，显然，作为项目的经济效益费用评价应包括这一部分。

4. 直接转移支付

项目财务评价中某些财务收入和财务费用并未伴有资源的相应产出和投入，不影响社会最终产品的增减，因而不反映国民收入的变化。它们只表现为资源的支配权利从项目转移到社会其他实体，或者从社会其他实体转移给项目。这种转移，只是货币在项目和社会其他实体之间的转移，并不同时发生社会资源的相应变动。项目与社会实体之间的这种并不伴随有资源变动的纯粹货币性质的转移，称为项目的直接转移支付。如果以项目的财务评价为基础进行经济效益费用分析，应从财务效益与费用中剔除在经济效益费用分析中计作转移支付的部分。在经济效益费用评价中，有四种常见的直接转移支付，它们是税金、补贴、国内外贷款及其还本付息。

(1) 税金。在财务评价中，税金是一种财务支出，企业纳税会减少其净收益。但是企业纳税并未减少国民收入，并未发生社会资源的变动，只不过是将企业的这笔货币收入转移到政府手中而已。所以，从整个社会角度看，税金并不是经济费用。

经济效益费用评价是从资源增减的角度来考察项目的效益和费用的，税金既然不对应资源的变动，因而也就不能把税金作为效益项列入国民收入账户。

总之，在经济效益费用评价中，不管税金的名目和具体形式如何，即不论它是流转税，还是所得税，都是项目的转移支付，都不能列为经济效益费用评价中的费用。

(2) 补贴。补贴是一种货币流动方向与税金相反的转移支付。政府如果对某些产品实行价格补贴，可能会降低项目投入的支付费用，或者会增加项目的收入，从而增加项目的财务净收益。但从社会资源变动的角度看，补贴既未增加社会资源，也未减少社会资源，国民收入并未因补贴的存在而发生变化，仅是货币在项目和政府之间的转移，因而补贴不被视作经济效益费用评价中的效益。

至于补贴的形式如何，那是无关紧要的。补贴的一种形式，是将投入物的价格压低到它的真实价值以下，或将产出物的价格抬高到它的真实价值以上，这是直接补贴。还有一种更为广泛的间接补贴。例如对进口货物实行高额征税，或者禁止这种商品进口，以维持国产商品在国内市场上的高价，如此产生的较高控制价格与不采取限制进口措施所能产生的较低价格之间的差额，代表了一种间接补贴，是一种由商品用户向生产厂家的转移支付。

(3) 贷款。从企业（项目）角度看，从银行得到贷款就是货币流入，因而在自有资金的财务评价中，这种国内贷款视作收入（现金流入）项；而从整个国民经济角度来看，贷款并没有增加国民收入，这种货币的流入仅仅代表资源支配权利转移到企业，社会实际资源并没有发生变动。而国外贷款有所不同，国外贷款构成财务评价中的收入（现金流入）项；若国外贷款不指定用途，则应当进行全投资的经济效益费用评价，因为这些国外贷款未指定用途，可以用于其他项目，同国内贷款一样面临着资源优化配置的问题，此时国外贷款不视作效益。

(4) 还本付息。国内贷款的还本付息与贷款相对应。从企业角度来看，还本付息是与贷款相反的货币流动过程，被视作财务支出（现金流出）项；从国民经济角度看，还本付息并没有减少国民收入，社会资源也没有发生变动，不过是资源的转移。而国外贷款的还本付息也与国外贷款相对应，它构成财务评价中的支出（现金流出）项；在国外贷款未指定用途的情况下进行全投资的经济效益费用评价，因此此时国外贷款的还本付息不视作费用。

5. 无形效果

经济效益费用评价中最为困难的是那些带有难以用货币进行度量的效益和费用的估价问题。例如城市的犯罪率，安全和国防以及很多有关人身舒适的内容，如噪声、空气污染和绿化等，由于这些东西不会在市场上出现，也不会有市场价格，但不能否认这些确实是社会效果的重要方面。我们在考虑交通工程、水利工程、抗震工程时，不可避免地涉及生命的"价值"问题。公共设施中很大一部分效益属于这一类。对于这种无形效果，我们应当尝试以货币形态来进行计量，对于无法货币化的，则以非货币形态计量。当然这是一件非常困难和复杂的事情，通常的做法有以下几种：

（1）对消费者进行询问。例如可以提这样的问题：如果在市场上销售这种产品，你愿为此支付的价格是多少？或者某些东西是令人讨厌的，如果你忍受这些东西，需要得到的补偿应该是多少？显然，这种回答是很不可靠的。

（2）参照公共设施以外的类似物品的市场价格。例如，市场上供应的净化器可以净化水质，如果现在有一个项目能使水质净化到同样的程度，那么这个项目的效益至少为所有净水器的价值总和。

（3）用投资项目的费用来反映效益。例如，城市绿化花了多少钱，就算提供了多少钱的效益。这种方法被认为是最不理想的。花钱多并不一定收益也大，费用与效益并无必然的固定的联系。

8.3.3 经济效益费用评价指标体系

经济效益费用评价指标分为两大类：一是经济效益指标；二是社会效益指标。其中，经济效益指标是定量计算的指标，而社会效益指标主要说明无形效果。

1. 经济效益指标

项目的经济效益指标主要考察项目的盈利能力，为此目的，需要编制全部投资的经济效益费用流量表，并据此计算全部投资经济内部收益率、经济净现值指标以及经济效益费用比；对使用国外贷款的项目，还应编制国内投资经济效益费用流量表，并据此计算国内投资经济内部收益率、经济净现值指标以及经济效益费用比。

1）经济内部收益率（EIRR）。经济内部收益率是计算期内各年经济净效益流量的现值累计为 0 时的折现率。公式为

$$\sum_{t=1}^{n} (B-C)_t (1+EIRR)^{-t} = 0 \tag{8-12}$$

式中　B——经济效益流量；

　　　C——经济费用流量；

　　　n——计算期；

　　　t——年份。

若 EIRR 大于社会折现率，则此投资项目可行。

2）经济净现值（ENPV）。经济净现值是用社会折现率将项目计算期内各年的净效益流量折算到建设期初的现值之和。公式为

$$\text{ENPV} = \sum_{t=0}^{n}(B-C)_t(1+i_s)^{-t} \tag{8-13}$$

式中 i_s——社会折现率。

若 ENPV>0，则此投资项目可行。

3）经济效益费用比（R_{BC}）。经济效益费用比是项目在计算期内效益与费用的现值之比。公式为

$$R_{BC} = \frac{\sum_{t=0}^{n} B_t(1+i_s)^{-t}}{\sum_{t=0}^{n} C_t(1+i_s)^{-t}} \tag{8-14}$$

若 $R_{BC}>1$，则此投资项目资源配置的经济效率达到了可接受的水平。

对于产出物出口（含部分替代出口）或替代进口（含部分替代进口）的项目，应进行外汇效果分析。外汇效果分析需编制经济外汇流量表及国内资源流量表，计算经济外汇净现值、经济换汇成本或经济节汇成本。

1）经济外汇净现值（ENPV_F）。经济外汇净现值采用影子价格、影子工资、社会折现率计算，用来衡量投资项目对国家外汇真正的净贡献与净消耗。公式为

$$\text{ENPV}_F = \sum_{t=0}^{n}(FI-FO)_t(1+i_s)^{-t} \tag{8-15}$$

式中 FI——外汇流入量；
　　　FO——外汇流出量。

2）经济换汇成本。经济换汇成本是为生产出口产品而投入的国内资源现值（人民币）与生产出口产品经济外汇净现值（外币单位）之比，也就是换取一单位外汇所需要的人民币，用来判断产品是否应出口。公式为

$$\text{经济换汇成本} = \frac{\sum_{t=0}^{n} DR_t(1+i_s)^{-t}}{\sum_{t=0}^{n}(FI-FO)_t(1+i_s)^{-t}} \tag{8-16}$$

式中 DR_t——项目在第 t 年为出口产品投入的国内资源（包括投资、原材料、工资、其他投入和贸易费用）。

3）经济节汇成本。经济节汇成本是项目计算期内生产替代进口产品而投入的国内资源现值（人民币）与生产替代进口产品的经济外汇净现值（外币单位）之比，也就是节约一单位外汇所需要的人民币。公式为

$$\text{经济节汇成本} = \frac{\sum_{t=0}^{n} IR_t(1+i_s)^{-t}}{\sum_{t=0}^{n}(FI-FO)_t(1+i_s)^{-t}} \tag{8-17}$$

式中 IR_t——项目在第 t 年生产替代进口产品而投入的国内资源（包括投资、原材料、工资、其他投入和贸易费用）。

在经济换汇成本或经济节汇成本小于或者等于影子汇率的情况下，项目的出口或者替代进口才是有利的，说明此项目的国际竞争能力强。

2. 社会效益指标

社会效益主要是无形效果。主要评价指标有：

（1）用定量指标表示的社会效益评价指标。主要有劳动就业效果指标（包括总就业效果、直接就业效果和间接就业效果）、收入分配效果指标、产品国际竞争力指标和环境保护效果指标。

（2）用定性指标表示的社会效益评价指标。主要有先进技术的引进，社会基础设施，生态平衡，地区开发和经济发展，人口结构及文化素质改变，以及审美、政治、军事等方面的定性分析指标。

【例 8-4】 新疆安集海大型灌区渠道改进项目是对该灌区一条主干渠道进行防渗改建，项目实施后可改善灌溉面积 4.0 万亩，使灌区之间用水调度更灵活简便，同时解决灌区用水不平衡的矛盾。

本项目的建设期为 1 年，正常生产运行期为 30 年，故项目的经济运行期共为 31 年。

此建设项目的费用包括固定资产投资、流动资金以及年运行费，为了进行经济效益费用评价，我们需要对费用进行调整：固定资产投资的 2 556.24 万元需要扣除税金等直接转移支付部分，调整为影子投资费用 2 249.49 万元；年运行费按影子投资费用的 5% 计，调整为 112.47 万元；流动资金按年运行费的 30% 计，为 33.74 万元，且于计算期末一次收回。规定本项目固定资产的折旧年限为 30 年，固定资产净残值率为 0。由于本工程建设期 1 年内完成，不涉及跨年建设，因此从运行第 1 年开始收益全额考虑，即农业灌溉收益和节水收益的分摊收益之和为 454.95 万元。根据调整之后的费用与收益数值编制项目经济效益费用流量表，见表 8-15。

表 8-15 项目经济效益费用流量表　　　　　　　　　　（单位：万元）

序号	项目	计算期							合计
		1	2	3	4	5	6~30	31	
1	效益流量		454.95	454.95	454.95	454.95	454.95	488.69	13 682.24
1.1	农业效益		454.95	454.95	454.95	454.95	454.95	454.95	13 648.50
1.2	回收固定资产余值								0.00
1.3	回收流动资金							33.74	33.74
2	费用流量	2 249.49	146.21	146.21	146.21	146.21	146.21	146.21	6 635.79
2.1	固定资产投资	2 249.49							2 249.49
2.2	年运行费		112.47	112.47	112.47	112.47	112.47	112.47	3 374.10
2.3	流动资金		33.74	33.74	33.74	33.74	33.74	33.74	1 012.20
3	净效益流量	-2 249.49	308.74	308.74	308.74	308.74	308.74	342.48	7 046.45

同时，依据《水利建设项目经济评价规范》（SL 72—2013）确定社会折现率为 8%。

根据经济效益费用流量表计算该项目的经济内部收益率、经济净现值、经济效益费用比这些经济指标。需要注意的是，在经济效益费用评价中，由于固定资产投资所消耗的资源作为项目的投资成本已经列入了费用流量,因此就不能将折旧作为费用进行重复计算。

经济内部收益率,即经济净现值为 0 时的 EIRR,直接反映一个项目工程的效率和直接收益率。根据计算可得,EIRR = 13.41%,大于 8%。

经济净现值 ENPV 反映一个项目的投资获利能力。

根据计算可得,ENPV = 1 138.44 万元,大于 0。

经济效益费用比 R_{BC} 一般大于 1 则方案可行。根据计算可得,R_{BC} = 1.07,大于 1。

同时,为了防止在某些情况下参数发生变动导致经济效益费用评价指标发生变动,从而给项目带来风险,必须进行敏感性分析。本项目的敏感性分析是通过对项目投资、年运行费做 ±10%、±5% 的变动,来考察经济内部收益率、经济净现值和经济效益费用比的变动情况。由敏感性分析表(见表 8-16)可看出,投资变动对项目的敏感性最强,年运行费对项目的各指标影响次之,因此项目建设时应加强对投资的控制。工程建成后,应对管理人员加强培训,提高工程管理水平,降低工程运行费用,使工程达到预期结果。

表 8-16 敏感性分析表

项目	变动因素	基本方案内部收益率 EIRR = 13.41%	基本方案($i=8\%$)净现值 ENPV = 1 138.44 万元	基本方案($i=8\%$)效益费用比 R_{BC} = 1.07
投资变动	5%	12.38%	958.24 万元	1.02
	−5%	14.54%	1 318.63 万元	1.13
	10%	11.43%	778.05 万元	0.97
	−10%	15.78%	1 498.83 万元	1.19
年运行费变动	5%	13.07%	1 062.39 万元	1.05
	−5%	13.76%	1 214.49 万元	1.09
	10%	12.72%	986.33 万元	1.03
	−10%	14.10%	1 290.54 万元	1.11

根据经济效益费用评价分析,该项目的经济内部收益率为 13.41%,大于社会折现率 8%;经济净现值为 1 138.44 万元,大于 0;经济效益费用比为 1.07,大于 1,各项指标均达到规范要求,说明项目具有较好的国民经济效益。同时,项目的实施为灌区农作物适时灌溉、及时解决旱情提供了保证,因此本项目具有较好的国民经济效益以及社会效益,项目是可行的。

8.4 投资项目的环境影响评价和社会评价

8.4.1 环境影响评价

1. 环境影响评价的定义及作用

环境影响评价(Environment Influence Assessment,EIA)又称环境影响质量预测评价,是指在一定区域内进行规划、开发、建设活动之前,对拟开发或建设项目的选址、设计、施工和建成后可能对周围环境产生的不良影响进行调查、预测和评估,并提出防治环境污染和破坏的对策、措施,制订最佳方案,进而把人为活动对环境的影响减少到最低限度的活动。

对项目进行环境影响评价有利于经济建设与环境保护协调发展，保障和促进国家可持续发展战略的实施；有利于从源头预防和控制因建设项目实施对环境所造成的不良影响；有利于促进产业结构合理布局。

2. 环境影响评价的技术路线

不同的项目，其环境评价过程略有不同，但是其遵从共同的、一般性的技术路线。首先，根据项目方案确定评价范围和评价标准；然后，根据项目的初步方案，对规划可能产生的环境影响进行分析、预测评价；最后，根据项目成果进行环境影响综合评价，提出消除或减缓环境影响的措施和替代方案，并进行环境经济损益分析，最终提交工程建设项目环境影响报告书、环境影响报告表或环境影响登记表。

3. 环境影响评价的工作程序及内容

环境影响评价工作一般分为三个阶段，即调查分析和工作方案制订阶段、分析论证和预测评价阶段、环境影响报告书（表）编制阶段。环境影响评价的工作程序及内容如图 8-2 所示。

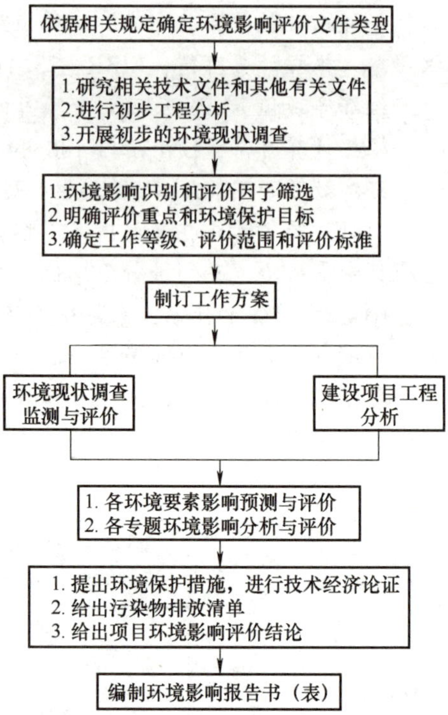

图 8-2　环境影响评价的工作程序及内容

4. 环境影响因素分析

环境影响因素分析是在环境影响分析的基础上，对项目的实施过程及运营过程中可能导致环境恶化的主要因素进行分析。各项环境影响因素详见表 8-17，根据对表 8-17 中所有典型事项及其问题的回答，就可以对每种环境下的每项影响因素赋予相应的参数，并结合拟建项目自身的特点进行比较分析，从而确定出主要的环境影响因素。

表 8-17　环境影响因素一览表

环境	影响因素	项目建设应考虑的典型事项
社会环境	社会相互影响	1. 施工会引起大规模的人口迁移吗？ 2. 对经济和社会的发展有何影响？ 3. 人们现有的生活方式会有什么变化？
	沿线景观	1. 项目与现有的环境协调吗？ 2. 项目会影响旅游景观吗？ 3. 施工中的场地清理和树木砍伐是否会影响地区景观？
	人文历史	1. 项目会破坏历史背景，打断其连续性吗？ 2. 会破坏历史文化遗迹吗？ 3. 娱乐设施有被事故破坏的危险吗？
	个人生活	1. 频繁的轰鸣声对人的心理效应是什么？ 2. 气体排放会引起什么健康问题？ 3. 车辆产生的振动对居民的建筑有哪些影响？
	集体福利	1. 项目以什么方式影响集体？ 2. 周边居民区的整体环境受工程的影响后是改善了、降级了还是没有变化？

(续)

环境	影响因素	项目建设应考虑的典型事项
水环境	水	1. 施工中无组织排放的污染源是什么？ 2. 施工废物处置对地下水的影响是什么？
生态环境	动植物	项目对该地区的动植物有重大影响吗？
生态环境	土地	1. 将会发生什么样的土地风化？ 2. 施工废物处置场地的渗漏会损害土壤层吗？ 3. 项目施工过程产生的固体和液体废物的处理方法是什么？在环境上安全吗？ 4. 建设会造成沿线的水土流失吗？ 5. 建成使用对农业土壤的铅含量有何影响？会造成农业产量的减少吗？
声环境	施工噪声	1. 施工过程中的噪声源是什么？ 2. 施工噪声是否会影响周围地区的日常生活秩序？
声环境	交通噪声	1. 项目建成后交通噪声会增加周围地区的噪声频率吗？ 2. 交通噪声对周围地区的居民有何影响？
大气环境	扬尘	1. 拟建项目周围的大气总悬浮颗粒物（TSP）含量如何？ 2. 施工中对周边地区的大气 TSP 含量影响是否巨大？ 3. 交通排放对大气 TSP 含量影响如何？
大气环境	废气	1. 施工的废弃物场地会产生难闻气味吗？ 2. 项目在实施以后是否会产生，以及产生废气的规模？

【例8-5】 案例背景：艾欧尼亚国际影城建设项目坐落于西安市未央区未央湖大学城中心地段，武德路的天悦城商业广场五层。该广场所在建筑物地上部分五层，周边业态以超市、美食、娱乐、休闲为主，目前尚无影城项目。艾欧尼亚国际影城建设项目建成之后，将是一个集多厅电影放映、娱乐休闲为一体的综合性文化服务设施，总体建设规模在 2 671.63 m^2，每年人流量约 30 万人，该影城规划有 2 671.63 m^2，计划建设 7 个立体声数字电影厅，总座位数达到 1 000 座。

1. 项目建设时的环境影响与缓解措施

（1）环境影响

1）噪声影响。建设阶段需运输机械、建筑材料及对现场进行装修，由此产生的噪声问题较大。尤其是如果在夜间施工，产生的噪声很可能扰民，严重影响附近居民的休息和第二天的工作。该项目应该避免或大大减少夜间施工建设。

2）生活垃圾影响。施工阶段，生活区大量汇集工作人员，解决施工、生活阶段的废水、生活垃圾成为保障施工进度、确保生活质量的重要手段。特别是在夏天，较差的施工生活环境容易造成蚊虫大量寄生、废气刺鼻、生活垃圾发酵、滋生病菌，对工作人员以及周围居民的身体健康产生恶劣影响。

3）建筑垃圾影响。项目施工阶段，废弃施工原料、渣土等建筑垃圾在运输、处理的过程中会对环境产生不利影响。因此，废弃物处理不明确或无规划乱丢乱放将影响附近的生活环境，影响城市的建设和整洁。

4）对交通的影响。工程建设时，由于车辆运输工程材料等原因，交通变得拥挤和频繁，较易造成交通问题，这种影响随着工程的结束而消失。

（2）缓解措施

1）施工噪声的控制。为了减少施工过程中运输车辆、施工机械等对周围市民的正常工作及生活产生的不利影响，在距工作生活区200m范围内的区域，项目部应尽量保证白天进行施工，且配置相关降噪装置来降低施工噪声。对限于工期不得已在晚间施工的，提前与影响范围内的企业、商户和居民进行沟通，并合理安排施工步序，尽可能地减小影响，最大限度地确保居民有序生活。

2) 施工现场废物和垃圾处理。在工程项目建设前期，项目建设单位应提前与环保单位、业主、设计单位就生活、建筑垃圾的处理问题达成协议，建立由专人管理的生活垃圾分类处理系统，定期进行消毒处理。同时，建筑垃圾也应指定专人负责，倾倒入政府指定的垃圾填埋场。遇到雾霾报警天气或者施工现场遇到有毒废弃物等突发情况，应该第一时间联系有关单位，暂停一切建设施工，采取专业措施进行稳妥处理后，分析给施工带来的潜在影响和给附近生活区带来的影响，综合分析判断影响解除或影响很小时方可继续施工。

3) 做到文明施工。要求施工单位在施工过程中尽可能地减少对周围商户、居民、学生正常工作、生活和学习以及作息的影响，倡议"爱民工程"，进行文明施工。同时，施工单位应积极组织与街道、社区以及业主进行联络，加强沟通交流，积极协调并及时解决施工过程中产生的影响问题。

4) 实施缓解交通影响的有效措施。项目工程建设纷繁复杂，施工过程将难以避免地对本区域的交通路况产生不利影响，因此，施工单位在制订施工方案时应着重考虑如何尽可能减少对交通的影响，特别是对于交通特别繁忙的道路，坚决不能在高峰时间施工。

2. 项目建设成后的环境影响及防护措施

(1) 废水的产生和有效的、对应的治理措施。艾欧尼亚国际影城建设项目投入使用之后，观影的观众、其他游客、影城管理工作人员在影院正常运行的过程中必然会产生诸如日常生活、办公室使用、盥洗以及饮食造成的污水、废水，影城要按照国家和地方的环保标准，按照规定要求和程序经隔油池和化粪池等污水处理设施处理。

(2) 固体废物的产生及处置措施。艾欧尼亚国际影城建设项目投入使用后，观众、游客及员工的日常生活所产生的生活垃圾是固体废物的主要来源，食堂产生的灶间固体废物和剩余饭菜也是固体废物的重要组成部分。为了不影响影城的环境和卫生，对于此类垃圾的处理应该由保洁人员统一分类并存放于带盖的垃圾箱内。

(3) 噪声的产生及治理措施。对于电影院放映电影时产生的声音，放映厅的吸音设备可以有效吸收，观影时需要把入口门关上。另外，影院投入使用后产生的噪声源主要为中央空调。对主要噪声采取的有效治理办法是：①选择降噪效果良好的多媒体设备；②采用隔声和吸音效果良好的设备；③影院的高噪声设备安装时尽量远离附近居民生活区；④对可能产生振动的设备设置缓冲垫；⑤在该建设项目周边种植一定规模的花草树木，设置自然噪声隔离带。

(4) 交通的影响及治理措施。项目内部道路和地坪以及停车位设计由影城所在的商业广场实施，天悦城商业广场提供的车位足以满足观看者使用，不会影响交通。

3. 项目建设对环境影响的评价结论

艾欧尼亚国际影城建设项目所处的区域因周边基本无工业污染，所以空气质量较好，与其他区域相比，此地的PM2.5指数并不高。未央区环保局检测点的数据显示，该区域的SO_2、NO_2的日平均浓度符合空气质量标准。同时，艾欧尼亚国际影城建设项目工程选址基本符合未央区总体规划布局。在项目的施工建设和投入使用运营期间，各个环节产生的污染物必须按照项目环境评测报告与工程设计中规定的环保措施进行妥善处理，确保污染物达到排放标准和要求,不会对项目附近环境产生影响。综上所述,艾欧尼亚国际影城建设项目从环境保护方面来说是可行的。

8.4.2 社会评价

1. 项目社会评价的概念与目的

项目社会评价是项目评价方法体系的一个重要组成部分,是与财务评价、经济效益费用评价和环境评价相并列的一种独立的评价方式,它是指由于项目建设、实施与运营,对社会经济、自然资源利用、自然与生态环境、社会环境等方面的社会效益与影响分析。社会评价主要应用社会学、人类学、项目评估学的一些理论和方法,通过系统地调查收集与项目相关的各种社会因素和社会数据,分析项目实施过程中可能出现的各种社会问题,提出尽量减少或避免项目负面社会影响的建议和措施,以保证项目顺利实施并使项目效果持续发挥。同时,项目社会评价也是分析评价项目为实现国家和地方的各项社会发展目标所做的贡献与影响以及项目与社会的相互适应性的一种系统调查研究与分析评价方法。

社会评价的主要目的在于帮助项目方案的设计者全面考虑项目的社会受益目标,在服务社会整体利益的同时,尽量避免或者减少项目在实施过程中可能产生的不利影响。为此社会评价首先要考察确定不利影响的范围和层次,了解其产生的原因,制定缓解负面影响的措施。在项目所在地区普遍征询公众意见的基础上,要特别考虑各种群体的行为方式对项目可能的不同反应,使项目方案的制订能够广泛吸取各类意见,并全场监督项目的实施过程和后果,从而最大限度地排除制约项目效益的因素。

2. 项目社会评价的步骤

详细社会评价一般可以按以下步骤进行:

(1) 筹备与计划。由国家认可的设计或咨询单位选派社会评价人员组成社会评价小组,或者设计或咨询单位的社会评价人员与工程技术人员、经济分析人员组成社会评价小组,在项目可行性研究与评价工作组的统一领导下进行工作。

(2) 确定项目的目标与范围。首先,要明确项目目标,即根据项目投资的任务,项目的功能,运用逻辑框架法,分析研究项目的内外部关系,从而明确项目的目标。其次,确定评价范围,包括项目的影响直接波及的空间范围(项目所在地)与时间范围(项目的寿命周期或可能影响的年限)。

(3) 选择评价指标体系。根据国家(地方)的社会发展目标与社会政策,结合项目的功能、产出等具体情况,选出适当的评价指标,应该包括各种项目社会效益和社会影响的定量分析与定性分析指标,并且这些指标要构成统一的整体。

(4) 收集资料,确定评价标准。要对项目所涉及的各种社会因素、社会影响进行深入的调查,收集有关历史和现状资料。调查一般可以从社会影响分析、社会环境对项目的适应性和可接受程度、社会风险分析三个方面展开,采用查询历史文献、收集各级统计资料、问卷调查、现场访问、开座谈会等方法。

(5) 主要社会因素预测。根据项目投资的任务、目标、功能和收集的有关资料,从中选择出项目所涉及的主要社会因素,并对其进行预测。要明确项目任务、目标、功能,分析项目的内外部关系,从而找出主要问题和主要矛盾,预测这些主要社会因素在项目寿命周期可能出现的变化及趋势。

（6）制订备选方案集。采取拜访、座谈、实地考察等方式了解项目影响区域范围内地方政府与群众的意见。如果是当地居民直接受益型项目和扶贫项目，则要注意深入了解当地的资源情况、群众的需求，他们的文化、技术水平、风俗习惯，他们对项目各备选方案的看法与可能的吸收能力，以便在方案比选过程中充分考虑地方与社区干部群众的意见。

（7）分析评价。对每一备选方案进行定量与定性分析评价，一般步骤是：对各备选方案计算各项社会效益与社会影响能够定量的指标；对各种不能定量的效益与影响，以及项目与社区相适应的因素进行定性分析；分析判断各种定量与定性指标对项目实施与社会发展目标的重要程度，进行各种效益与影响的权重确定、排序，并对若干重要指标，特别是不利影响的指标进行深入的分析研究，制定减轻不利影响的措施。

（8）选出最优方案。对可行性研究报告中提出的每一备选方案所涉及的主要社会因素进行定量与定性分析评价，并特别要注意比较每一备选方案存在的社会风险。在此基础上，要与经济评价、环境评价的结果结合起来研究，提出合理方案的初步建议；召开专家论证会，根据专家意见，对方案予以修改、调整和完善，提出合理方案的推荐建议。

（9）完成社会评价报告，提出社会政策措施。分析、论证方案中的重要问题与有争论的问题、合理方案中尚存的社会风险以及采取的补救办法与政策措施等，写成书面材料，从社会角度提出项目是否可行的结论和建议，形成"项目社会评价报告"。

3. 项目社会评价的主要内容

国内的社会评价是在总结了国内已有的经验，吸收国外社会费用效益分析、社会影响评价与社会分析等方法的基础上，结合我国的国情而设计的，内容包括社会效益与影响评价，既分析项目对社会的贡献与影响，又分析项目对社会政策贯彻的效用，研究项目与社会的相互适应性，揭示社会风险，从项目的社会可行性方面为项目决策提供科学分析依据，如图8-3所示。

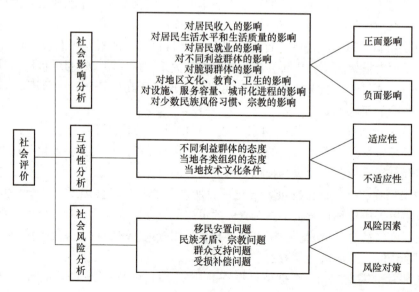

图8-3 项目社会评价的主要内容

【例 8-6】 A 市地处环渤海经济腹地，交通便利，与其他经济腹地相互贯通，温度适宜，十分宜居，同时是我国北方重要的旅游城市，有优越的自然风光，且温泉十分著名。根据近几年的人口普查，推测在未来 5~10 年 A 市人口老龄化将进入快速发展期，老龄化问题逐渐严峻，势必导致一些家庭养老无法保障的情况出现，因此完善社区养老、发展机构养老迫在眉睫，P 养老地产项目便应运而生。

对 P 养老地产项目进行社会评价首先要建立社会评价指标体系，分别从社会影响、互适性、社会风险三方面进行分析，特选取以下指标，既包含定量指标，也包含定性指标。详见表 8-18。

表 8-18 A 市 P 养老地产项目社会评价指标

方　面	指　标
社会影响分析	居民收入 居民生活水平和生活质量 居民就业 弱势群体利益 不同利益群体 当地公共资源 少数民族及其风俗习惯和宗教
互适性分析	不同利益相关者对项目建设和生产运营的态度及参与程度 各级组织对项目建设和生产运营的态度及参与程度
社会风险分析	房地产土地供应结构影响 项目建设之后的客户入住率 项目建设可能导致的社会不公 其他利益相关者可能的阻碍

为了对 A 市 P 养老地产项目进行社会评价，需要调查、收集与 P 养老地产项目相关的当地经济社会方面的信息，分析该项目投资和建设的市场机会。首先，A 市严峻的老龄化形势为养老项目的投入建设提供了前提，养老服务的社会需求度和关注度迅速增长。其次，P 养老地产可以很大程度上满足中老年群体对各项服务不同程度的需求，但是 A 市目前的养老服务虽在发展，但在数量、档次、服务、设施、护理方面仍存在一些不足。最后，从该项目周边环境来看，该项目位置较偏，公共交通系统不发达，购物、娱乐等设施离此地较远，给住户的生活带来不便，因此该项目规划了完善的设备设施，也规划了幼儿园、温泉度假酒店等项目，提供全方位服务，促进共同发展。

接下来便对以上指标确定进行综合评价。

(1) 社会影响分析。A 市政府为了有效解决老龄化问题决定提前建设养老项目，这在很大程度上解决了城镇老龄化居民很难入住养老院的问题，同时也避免了老人与其子女长期分居的问题。这从客观上改善了家有老人的低收入群体的收入与生活情况，项目在建设与运营过程中也带动了 A 市人口的就业。A 市 P 养老地产项目的实施在绝大部分人看来有较好的社会影响，这是 A 市对老人这一弱势群体的政策帮扶。

(2) 互适性分析。A 市 P 养老地产项目视野开阔、风景宜人，有得天独厚的自然环境优势，这是吸引人们入住的主要原因之一。但是该项目周边为未开发地段，距离市中心较远，医疗设施不完备，医疗条件较差，这对于业主外出娱乐、就医造成很大不便。该项目的社区虽然设置了相应的学校等教育设施，但是来往的交通并不便捷。更重要的是，这一项目的客户群主要面向有一定经济基础的和购买力的人群，作为一个公益项目，无法给没有条件入住养老院的老人提供帮助。互适性分析的结果表明大部分人认为各级组织对该公共住房项目的态度、参与程度具有积极性，但是仍存在很多不足之处，亟待解决。

(3) 社会风险分析。结果显示 P 养老地产项目目前存在一些问题，主要是入住率以及该项目在建设和分配阶段可能遇到了关键利益相关者的阻碍，可能是政策、法律制度，或是宣传效果导致的，这与我国国情与经济发展状况有着密切联系。

总结来看，P 养老地产项目设计初衷良好，有比较好的社会影响。但是由于制度不健全、设施不完备等原因，它还在互适性和社会风险方面有许多需要改进的地方。

【本章小结】

投资项目可行性研究是投资项目前期工作的重要内容和方法，它是一个综合性的研究，涉及工程技术、经济管理、自然环境科学等多个领域，旨在有效地利用有限的资源，为项目投资做出科学决策，并尽可能获取较高的收益。一项优秀的可行性研究，不仅可以明确项目是否值得投资、提出合理的投资方案，也为项目的进一步规划与实施提供有效依据。

本章主要介绍了可行性研究的一些基本理论，投资项目的财务评价、经济效益费用评价，以及二者之间的关系，并对投资项目的环境影响评价和社会评价进行了简要介绍。

【本章思考题】

1. 项目可行性研究的作用是什么？
2. 依据资产负债表可以计算哪些经济评价指标？
3. 经济效益费用评价与财务评价有何区别？
4. 经济效益费用评价中效益和费用是如何识别的？
5. 环境影响因素和社会评价的主要内容分别是什么？

【本章练习题】

1. 某新建项目财务评价基础数据如下：

(1) 项目设计规模为年产 P 产品 24 000t，建设期为 3 年，第 4 年投产，当年生产负荷达到设计能力的 70%，第 5 年达到 90%，第 6 年达到 100%，生产期按 15 年计算。

(2) 项目固定资产投资估算额为 54 678 万元，其中，工程费用 43 865 万元；其他费用 3 823 万元（含土地费用 623 万元）；预备费 6 990 万元。流动资金按分项详细估算，周转天数分别为：应收账款 30 天；

现金 15 天；应付账款 30 天。正常年份需要占用存货 6 940 万元。

（3）项目自有资金 22 000 万元（其中 2 400 万元用于流动资金，并于投产第 1 年投入），其余均为借款，固定资产投资借款年利率为 9.5%，流动资金借款年利率为 8.64%。建设期内各年投资比例分别为 20%、55% 和 25%。

（4）每吨产品出厂价（含税价）按 16 850 元计算。项目需缴纳增值税，税率为 13%；城市维护建设税按增值税税额的 7% 计取；教育费附加按增值税税额的 3% 计取。

（5）生产 P 产品需要消耗六种原材料，正常年份原材料费用为 16 526 万元；燃料及动力主要是水、电和煤，正常年份燃料动力费为 2 054 万元；项目定员 500 人，人均月工资为 3 000 元，福利费按工资额的 14% 计取；固定资产投资主要包括工程费用、工程建设其他费用、预备费和工程建设期借款利息。项目固定资产投资中的工程费用、预备费和建设期借款利息计入固定资产原值，按直线法折旧，净残值率取 4%；固定资产投资中的"其他费用"计入无形资产，按 10 年摊销，固定资产修理费按折旧额的 50% 计取；成本中的其他费用按工资及福利费总额的 2.5 倍，再加每年 70 万元的土地使用税计算。

（6）项目所得税按利润总额的 25% 计取。从还本资金有余额的年份起，每年按可供分配利润的 10% 提取盈余公积金，按可供分配利润的 80% 向投资者分配利润。偿还固定资产投资借款本金的资金来源为折旧费、摊销费和未分配利润，并按最大能力偿还。流动资金借款本金在计算期末用回收的流动资金偿还。

（7）行业基准收益率为 12%；基准投资回收期为 10 年；行业平均投资利润率为 7%；平均投资利税率为 11%；固定资产投资借款偿还年限要求不超过 10 年。

试根据以上资料进行项目的财务评价。

2. 某企业目前年销售收入为 3 200 万元，年经营成本为 2 400 万元，财务效益较好。现计划从国外引进一套设备进行改扩建。该设备的离岸价格为 163 万美元，海上运输及保险费为 17 万美元，运到中国口岸后需要缴纳的费用如下：

（1）关税 41.5 万元。
（2）国内运输费用 12.7 万元。
（3）外贸手续费（费率为 3.5%）。
（4）增值税及其他附加税费 87.5 万元。

通过扩大生产规模，该企业年销售收入可增加到 4 500 万元，年经营成本提高到 3 200 万元。设备投资假定发生在期初，当年即投产运营。在经营成本的计算中，包含环保部门规定的每年收取 200 万元的排污费。该企业污染严重，经济及环境保护专家通过分析认为，该企业排放的污染物对国民经济的实际损害应为销售收入的 10% 才合理。市场研究表明，该产品还可以在市场上销售 5 年，5 年后停止生产。5 年后进口设备残值为 50 万元，并可以此价格在国内市场售出。如果决定现在实施此项目，原有生产线一部分设备可以 100 万元的资产净值在市场售出。设备的经济效益费用评价影子价格与市场出售价格相同。本企业的社会折现率为 10%，美元兑人民币官方汇率为 1∶6.5，影子汇率换算系数为 1.08。

用经济净现值法，从经济效益费用评价的角度分析此项目是否可行。

第 9 章

设备更新分析

【本章思维导图】

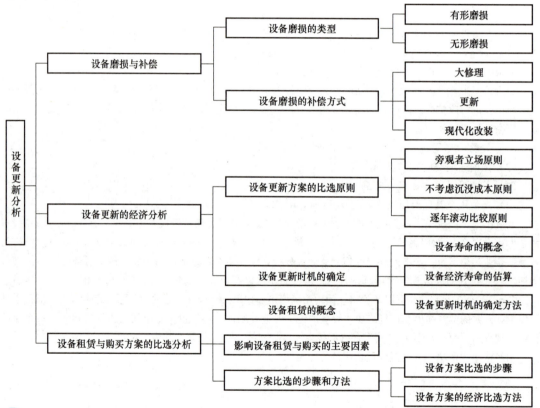

【本章重点】

➢ 掌握设备磨损形式和补偿方式。
➢ 理解设备更新方案的比选原则。
➢ 理解设备经济寿命的概念,掌握经济寿命的计算方法。
➢ 掌握设备更新时机的确定方法。
➢ 掌握设备租赁与购买方案的比选方法。

第 9 章 设备更新分析

 【本章引导性案例】

一份《关于建议宝钢 2#拖轮整船出售更新的专项报告》引起了宝钢股份有限公司设备部和运输部关于拖轮设备更新问题的激烈讨论。运输部张经理说:"宝钢 2#拖轮功率为 3 200 马力,已经为企业服役近 20 年。最近一次大修理数据显示,2#拖轮的主动力设备机械磨损严重,主要零部件已经接近或达到更新极限。而且,2#拖轮设计落后,各项性能指标与现代先进水平相比差距较大,已经不能满足高负荷、快节奏的工作需要。这些问题的存在给拖轮作业带来了极大的安全隐患。因此,运输部建议将 2#拖轮整船出售,再投资更新一台全新的 4 000 马力拖轮。"

设备部赵经理附和道:"更新方案和改造方案从所能达到的作业安全性方面来看没有太大的差别,但更新方案从作业效率和灵活性等方面都要优于改造方案。"

运输部成本处的小孙迫不及待地说道:"日常记录显示,近来 2#拖轮维修和定期大修等费用明显增加,虽然对 2#拖轮进行配套设备修复改造使其可以再用十几年,但到拖轮报废时残值一般只有最初购置成本的 3%,所投入配套设备改造的费用也不是一笔小开支。相反,若在近期出手,还有需求者以远高于账面残值的价格购买,整体效益是有利的。"

"可是,你们的分析似乎过于笼统,没有具体数据和测算分析,而且没有考虑新拖轮的购置成本支出。"设备采购处的李经理发言了,"我们查阅了公司近期的设备采购资料,发现马迹山港刚刚引进了一艘功用、性能与 2#拖轮相似的拖轮,功率为 4 000 马力,其建造合同报价为 2 135.44 万元,这可不是一个小数目。"

经过两个小时的激烈讨论,最后达成一致:首先搜集并估算拖轮设备改造和更新两种方案的详细数据资料:旧设备修复改造费用、定期大修费用、年使用费用、寿命周期、残值回收;新设备购置费用、年使用费用、寿命周期、残值回收等。测算对比以后再做决策。

试分析是哪些原因造成了 2#拖轮设备的严重磨损?可以采用哪些方法进行磨损的补偿?拖轮设备更新的时机如何确定?采用什么方法可为本案例寻求经济上最优的决策方案?

设备是企业维持经营活动的重要物质基础,其性能的优劣与技术水平的高低对企业生产规模与经济效益具有决定性的作用。在设备寿命周期的各个环节,如设备使用权的获得(购买或租赁)、设备的大修理、设备的更新、设备的现代化改装等,均存在着多种方案的优选问题。不同的方案具有不同的经济效果,如何利用技术经济学的理论与方法,解决设备在使用过程中多个环节的技术决策问题,对提高企业的经济效益具有重要意义,这同时也是技术经济学在工程实践中应用的重要领域。

9.1 设备磨损与补偿

9.1.1 设备磨损的类型

设备磨损是指设备在使用或闲置过程中所发生的损耗。设备磨损有两种形式,即有形磨损和无形磨损,这是设备更新的主要原因。

1. 有形磨损

设备在使用或闲置过程中，由于磨损、振动、腐蚀、老化等物理或化学的原因，其零件、部件以及有关装置发生损耗，这些损耗会直接影响到设备的工作精度、生产率以及安全性等，使得设备不能生产出符合规定质量和数量要求的产品。这种损耗是设备的实体损耗，称为设备的有形磨损或物质磨损。根据造成有形磨损的原因，可将有形磨损分为以下两种：

（1）第一类有形磨损。引起有形磨损的主要原因是生产过程的使用、运转中设备在外力作用下，设备中的零部件会发生摩擦、扭曲、振动和疲劳现象，以致设备的实体产生磨损，这种有形磨损称为第一类有形磨损。它与设备使用强度及时间有关。

（2）第二类有形磨损。自然力的作用是造成有形磨损的另一个原因，由此而产生的磨损称为第二类有形磨损。这种磨损与生产过程的作用无关，因此设备闲置或封存也同样产生有形磨损。这是由设备生锈、金属腐蚀、橡胶或塑料老化等造成的，时间长了设备会自然丧失精度和工作能力。第二类有形磨损与设备管理好坏、闲置时间长短有关。

上述两种有形磨损都会造成设备性能、精度等的降低，使得设备的运行费用和维修费用增加，效率低下，反映了设备使用价值的降低。

2. 无形磨损

设备在使用或闲置过程中，除遭受有形磨损外，还遭受无形磨损，也称经济磨损，它是由于非使用和非自然力作用所引起的设备价值上的一种损失。与有形磨损不同，无形磨损在实物形态上是看不出来的，根据造成无形磨损的原因，可将无形磨损分为以下两种：

（1）第一类无形磨损。由于制造工艺不断改进，成本不断降低，劳动生产率不断提高，生产同样的设备所需的社会必要劳动耗费减少了，因而使原有设备的价值相应贬值。这种无形磨损虽然使现有设备产生部分贬值的经济后果，但是设备本身的技术特性和功能丝毫不受影响，使用价值并未因此而变化，故不会产生更换现有设备的问题。

（2）第二类无形磨损。在技术进步的影响下，生产中出现结构更加先进、技术更加完善、生产效率更高、耗费原料和能源更少的新型设备，而使原有设备显得陈旧落后，因而产生经济损耗，称为第二类无形磨损。第二类无形磨损不仅使原有设备产生价值贬低的经济后果，而且如果继续使用旧设备，还会相对降低生产的经济效益（即原设备所生产产品的品种、质量、数量不及新设备，而在生产中耗用的原材料、燃料、动力和工时则比新设备多）。这种经济效益的降低实际上反映了原设备使用价值的局部或全部丧失，这就产生了新设备代替旧设备的可能性和必要性。

无形磨损引起使用价值降低，并与技术进步密切相关，这主要表现在：

1）当技术进步表现为不断出现性能更完善、效率更高的新设备，但是加工方法没有发生原则性变化时，这种无形磨损则使原有设备的使用价值大大降低，如果这种磨损速度很快，则继续使用旧设备就可能是不经济的，应在经济分析的基础上决定是否淘汰。

2）当技术进步表现为采用新的加工对象，如新材料时，则加工旧材料的设备必然要淘汰。

3）当技术进步表现为以新的加工工艺代替旧的加工方法时，则只适合于旧工艺的设备将失去使用价值，也应被淘汰。

4）当技术进步表现为产品换代时，不能适用于新产品生产的原有设备也应被淘汰。

综上可以看出，对任何特定的设备来说，有形磨损和无形磨损必然同时发生和同时互相影响。某些方面的技术要求可能加快设备有形磨损的速度,例如高强度、高速度、大负荷技术的发展,必然使设备的物质磨损加剧。同时,某些方面的技术进步又可提供耐热、耐磨、耐腐蚀、耐振动、耐冲击的新材料,使设备的有形磨损减缓,但是其无形磨损加快。

有形磨损和无形磨损都同时引起设备原始价值的贬值,对这一点两者的作用是相同的。但是有形磨损,特别是有形磨损严重的设备,在修理之前常常不能工作。然而哪怕是严重无形磨损的设备,仍然可以使用,只不过继续使用它在经济上是否合算,需要分析研究。

9.1.2 设备磨损的补偿方式

设备发生磨损后,需要进行补偿,以恢复设备的生产能力。由于设备遭受磨损的形式不同,补偿磨损的方式也不一样。补偿分为局部补偿和完全补偿。设备有形磨损的局部补偿是大修理,设备无形磨损的局部补偿是现代化改装。设备有形磨损和无形磨损的完全补偿是更新,见图9-1。设备大修理是更换部分已磨损的零部件和调整设备,以恢复设备的生产功能和效率为主;设备现代化改装是对设备的结构做局部的改进和技术上的革新,如增添新的、必需的零部件,以增加设备的生产功能和效率为主;更新是对整个设备进行更换。

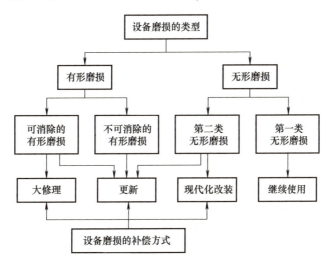

图 9-1 设备磨损的类型与补偿方式

由于设备总是同时遭受到有形磨损和无形磨损,因此,对其综合磨损后的补偿形式应进行更深入的研究,以确定恰当的补偿方式。对于陈旧落后的设备,即消耗高、性能差、使用操作条件不好、对环境污染严重的设备,应当用较先进的设备尽早替代;对整机性能尚可,有局部缺陷,个别技术经济指标落后的设备,应选择适应技术进步的发展需要,吸收国内外的新技术,不断地加以现代化改装。在设备磨损补偿工作中,最好的方案是有形磨损期与无形磨损期相接近,这是一种理想的"无维修设计"(也就是说,当设备需要进行大修理时,恰好到了更换的时刻)。但是大多数的设备,通常通过大修理可以使有形磨损期达到20~30年甚至更长,但无形磨损期却比较短。在这种情况下,就存在如何对待已经无形磨损但物质上还可使用的设备的问题。此外还应看到,第二类无形磨损虽使设备贬值,但它是社会生产力发展的反映,这种磨损越大,表示技术进步越快。因此应该充分重视对设备磨损规律的研究,加速技术进步的步伐。

9.2 设备更新的经济分析

9.2.1 设备更新方案的比选原则

1. 设备更新的概念

设备更新是指对在技术上或经济上不宜继续使用的设备,用新的设备更换或者用先进的技术对原有设备进行局部或全部改造。设备更新是对旧设备的整体更换,就其本质来说,可分为原型设备更新和新型设备更新。原型设备更新是简单更新,就是用结构相同的新设备去更换有形磨损严重而不能继续使用的旧设备,这种更新主要是解决设备的损坏问题,不具有更新技术的性质。新型设备更新是以结构更先进、技术更完善、效率更高、性能更好、能源和原材料消耗更少的新型设备来替换那些技术上陈旧、在经济上不宜继续使用的旧设备。通常所说的设备更新主要是指新型设备更新,它是技术发展的基础。因此,就实物形态而言,设备更新是用新的设备替换陈旧落后的设备;就价值形态而言,设备更新是设备在运动中消耗掉的价值的重新补偿。设备更新是消除设备有形磨损和无形磨损的重要手段,目的是提高企业生产的现代化水平,尽快地形成新的生产能力。

2. 设备更新的策略

设备更新分析是企业生产发展和技术进步的客观需要,对企业的经济效益有着重要的影响。过早的设备更新,无论是由于设备暂时出故障就报废的草率决定,还是片面追求现代化购买最新式设备的决定,都将造成资金的浪费,失去其他的收益机会;一个资金十分紧张的企业可能走向另一个极端,拖延设备的更新时间,这将造成生产成本的迅速上升,失去竞争的优势。因此,设备是否更新?何时更新?选用何种设备更新?既要考虑技术发展的需要,又要考虑经济效益。这就需要不失时机地做好设备更新分析工作,采取适宜的设备更新策略。

设备更新策略应在系统、全面了解企业现有设备的性能、磨损程度、服务年限、技术进步等情况后,分轻重缓急,有重点、有区别地对待。凡修复比较合理的,不应过早更新;可以修中有改进,通过改进工装就能使设备满足生产技术要求的不要急于更新;更新个别关键零部件就可达到要求的,不必更换整台设备;更换单机能满足要求的,不必更换整条生产线。通常优先考虑更新的设备是:

(1) 设备损耗严重,大修后性能、精度仍不能满足规定工艺要求的。

(2) 设备耗损虽在允许范围之内,但技术已经陈旧落后,能耗高、使用操作条件不好、对环境污染严重,技术经济效果不好的。

(3) 设备役龄长,大修虽然能恢复精度,但经济效果上不如更新的。

3. 设备更新原则

确定设备更新必须进行技术经济分析。设备更新方案比选的基本原理和评价方法与互斥投资方案比选相同。但在实际设备更新方案比选时,应遵循以下原则,否则方案比选结果或更新时机的确定可能发生错误:

(1) 旁观者立场原则。在设备更新分析中,不能从方案直接陈述的现金流量进行比较分析,而应该站在一个客观介入的立场上比较分析。进行新、旧设备的经济效益比较分析时，分析者应该以一个客观的身份进行研究，而不应该在原有现状上进行主观分析。只有这样才能客观、正确地描述新、旧设备的现金流量。

(2) 不考虑沉没成本原则。在设备更新分析中，经常会遇到沉没成本的概念。由于沉没成本是已经发生的费用，不管企业生产什么和生产多少，这项费用都不可避免地要发生，因此现在的决策对它不起作用。在进行设备更新方案比选时，原设备的价值应按目前实际价值计算，而不考虑其沉没成本。例如，某设备3年前的原始成本是15 000元，目前的账面价值是5 000元，而净残值仅3 000元。在进行设备更新分析时，沉没成本与现在决策无关。目前该设备的价值等于净残值3 000元，沉没成本为2 000元。

(3) 逐年滚动比较原则。在确定最佳更新时机时，应首先计算比较现有设备的剩余经济寿命和新设备的经济寿命，然后利用逐年滚动的计算方法进行比较。

9.2.2 设备更新时机的确定

设备更新取决于设备使用寿命的效益或成本的高低。

1. 设备寿命的概念

设备寿命在不同需要的情况下有不同的内涵和意义。现代设备的寿命，不仅要考虑自然寿命，而且还要考虑设备的技术寿命、折旧寿命和经济寿命。

(1) 设备的自然寿命。自然寿命也称物理寿命，是指一台设备从全新的状态开始，经过各种有形磨损，造成设备逐渐老化、损坏直至报废所经历的全部时间。设备的自然寿命受设备设计水平、材料性能、运转时间、维护水平、外部环境等综合因素的影响。做好设备维修和保养可延长设备的物理寿命，但不能从根本上避免设备的磨损，任何一台设备磨损到一定程度时，都必须进行更新。因为随着设备使用时间的延长，设备不断老化，维修所支出的费用也逐渐增加，从而出现经济上不合理的使用阶段，因此，设备的自然寿命不能成为设备更新的估算依据。

(2) 设备的技术寿命。由于科学技术迅速发展，一方面，对产品的质量和精度的要求越来越高；另一方面，也不断涌现出技术上更先进、性能更完善的机械设备，这就使得原有设备虽然还能继续使用，但已不能保证产品的精度、质量和技术要求而被淘汰。因此，设备的技术寿命就是指设备从投入使用到因技术落后而被淘汰所延续的时间，也即设备在市场上维持其价值的时间，故又称有效寿命。技术寿命的长短一般与技术进步的速度有关，是由无形磨损决定的，而与有形磨损无关，通过设备的现代化改装，可以使原有设备具备更好的性能，因而可以延长设备的技术寿命。

(3) 设备的折旧寿命。折旧寿命也称折旧年限，是指按照财会制度规定的折旧原则和方法，将设备的原值通过折旧方式转入产品成本，直到设备净值接近于零时所经历的时间。它主要与设备折旧提取的方法有关。一般来说，设备的折旧寿命不等于自然寿命。

(4) 设备的经济寿命。经济寿命也称最佳经济使用年限，是从经济角度分析设备最合理的使用期限，即设备从投入使用开始，到因继续使用在经济上不合理而被更新所经历的时间。它是由有形磨损与无形磨损共同决定的，一般是设备的最合理的使用年限，是确定设备最佳更新期的主要依据。

计算设备的经济寿命可以从设备运行过程中发生的费用入手，分析其变化规律。一台设备在整个寿命周期内发生的费用主要有两项：①设备购置费用（包括设备购价、运输费和安装费等）；②使用费用（包括维修保养费用和运行费用等）。

一台设备投入使用后，设备使用年限越长，则年均资产消耗费用（即设备的购置费用扣除设备的净残值后平均分摊到设备使用各年份上的费用）也就越小，从这点出发，则设备使用时间越长越好。从另一方面来看，设备的年均使用费用却是逐年增加的（称为设备的劣化）。因为随着设备使用年限的增加，需要更多的维修保养费用维持其原有生产能力，同时设备的运行费用（操作成本及原材料、能源消耗）也会增加。年均资产消耗费用和年均使用费用都是时间的函数，那么一定存在某一个年份，使年均资产消耗费用和年均使用费用之和（即平均年费用）达到最低值，平均年费用最低值所对应的年份就是设备的经济寿命。如图9-2所示，T_0年时，设备平均年费用最低，即为设备的经济寿命。

（5）设备寿命的影响因素。影响设备寿命的因素较多，其中主要有：

1）设备的技术构成，包括设备的结构及工艺性，技术进步。

2）设备成本。

3）加工对象。

4）生产类型。

5）工作班次。

6）操作水平。

7）产品质量。

8）维护质量。

9）环境要求。

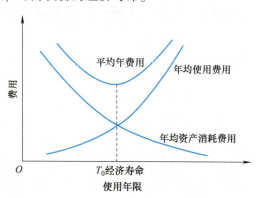

图9-2　设备的经济寿命

2. 设备经济寿命的估算

设备的经济寿命可依据平均年费用最低原则来确定，即平均年费用法，平均年费用最低的年份就是该设备的经济寿命。按照是否考虑资金时间价值，可以将设备经济寿命分为静态经济寿命和动态经济寿命。

（1）设备静态经济寿命的估算。所谓设备静态经济寿命，就是在不考虑资金时间价值的情况下，通过计算设备的平均年费用最低的年份来确定其经济寿命。设备的平均年费用计算公式如下：

$$\mathrm{AC}_n = \frac{K_0 - L_n + \sum_{t=1}^{n} C_t}{n} \tag{9-1}$$

式中　AC_n——不考虑资金时间价值时设备使用到第 n 年的平均年费用。

　　　K_0——设备原始价值。

　　　L_n——设备使用 n 年后的残值。

　　　C_t——设备第 t 年的使用费用。

式（9-1）中，n 年中平均年费用最小者年份为该设备的经济寿命。

【例9-1】　某设备购置费为16 000元，可以使用7年，其各年有关数据见表9-1。求该设备的经济寿命（不考虑资金时间价值）。

表9-1　例9-1 年使用费用和净残值数据　　　　　　　　　　　　　　　（单位：元）

使用年限	1	2	3	4	5	6	7
年使用费用	2 000	2 500	3 500	4 500	5 500	7 000	9 000
年末净残值	10 000	6 000	4 500	3 500	2 500	1 500	1 000

解：可以运用式（9-1）列表计算，见表9-2。

表9-2　例9-1 设备经济寿命计算　　　　　　　　　　　　　　　（单位：元）

使用年限	$K_0 - L_n$	$\sum_{t=1}^{n} C_t$	总费用 TC	平均年费用 AC
1	6 000	2 000	8 000	8 000
2	10 000	4 500	14 500	7 250
3	11 500	8 000	19 500	6 500
4	12 500	12 500	25 000	6 250
5	13 500	18 000	31 500	6 300
6	14 500	25 000	39 500	6 583
7	15 000	34 000	49 000	7 000

由表9-2计算可知，设备使用到第4年时平均年费用最低，即该设备的经济寿命为4年。

（2）设备动态经济寿命的估算。所谓设备动态经济寿命，就是考虑资金时间价值的情况下，通过计算设备的平均年费用最低的年份来确定其经济寿命。设备的平均年费用计算公式如下：

$$AC_n^* = \left[K_0 - L_n(P/F, i_0, n) + \sum_{t=1}^{n} C_t(P/F, i_0, t) \right] (A/P, i_0, n) \quad (n = 1, 2, \cdots, N)$$

(9-2)

式中　AC_n^*——考虑资金时间价值时设备使用到第 n 年的平均年费用；
　　　K_0——设备原始价值；
　　　L_n——设备使用 n 年后的残值；
　　　C_t——设备第 t 年的使用费用；
　　　N——设备的自然寿命。

式（9-2）中，N 年中平均年费用最小者年份为该设备的经济寿命。

【例9-2】　如果例9-1中的设备考虑资金时间价值因素，假设基准收益率为10%，试求该设备的经济寿命。

解：可以运用式（9-2）列表计算，见表9-3。

表 9-3 例9-2 设备经济寿命计算　　　　　　　　　　　（单位：元）

使用年限	K_0	$L_n(P/F,10\%,n)$	$\sum_{t=1}^{n} C_t(P/F,10\%,t)$	$(A/P,10\%,n)$	AC_n^*
1	16 000	9 091	1 818	1.100	9 600
2	16 000	4 958	3 884	0.576	8 597
3	16 000	3 381	6 514	0.402	7 691
4	16 000	2 391	9 587	0.315	7 307
5	16 000	1 552	13 002	0.264	7 247
6	16 000	847	16 954	0.230	7 385
7	16 000	513	21 573	0.205	7 597

由上表计算可知，设备使用到第 5 年时平均年费用最低，即该设备的经济寿命为 5 年。

3. 设备更新时机的确定方法

设备更新方案的比选是对新设备方案与旧设备方案进行比较分析，也就是决定现在马上购置新设备、淘汰旧设备，还是至少保留使用旧设备一段时间，再用新设备替换旧设备。新设备原始费用高，使用费用低；旧设备原始费用（目前净残值）低，使用费用高。必须进行权衡判断，才能做出正确的选择，一般情况是要进行逐年滚动比较，可以应用平均年费用法。

在静态模式下进行设备更新方案比选时，可按如下步骤进行：

（1）计算新旧设备方案不同使用年限的静态平均年费用和经济寿命。

（2）确定设备更新时机。设备更新即便在经济上是有利的，却也未必应该立即更新。换言之，设备更新分析还包括更新时机选择的问题。现有已使用一段时间的旧设备究竟在什么时机更新最经济？

1）如果旧设备继续使用 1 年的平均年费用低于新设备的平均年费用，即

$$AC_{n(旧)} < AC_{n(新)}$$

则不更新旧设备，继续使用旧设备 1 年。

2）逐年滚动比较，当新旧设备方案对比出现

$$AC_{n(旧)} > AC_{n(新)}$$

此时，应更新现有设备，这即设备更新的时机。

总之，以经济寿命为依据的更新方案比较，使设备都使用到最有利的年限来进行分析。

【例 9-3】 某设备目前的净残值为 8 000 元，还能继续使用 4 年，保留使用的情况见表9-4。

表 9-4 例9-3 设备保留使用的情况　　　　　　　　　　　（单位：元）

保留使用年数	年末净残值	年使用费用
1	6 500	3 000
2	5 000	4 000
3	3 500	5 000
4	2 000	6 000

新设备的原始费用为 35 000 元，经济寿命 10 年，第 10 年年末的净残值为 4 000 元，平均年使用费用为 500 元，基准折现率是 12%。问旧设备是否需要更换？如需更换何时更换为宜？

解：设新、旧设备的平均年费用分别为 AC_N 与 AC_O，则

$$AC_N = 35\,000 \text{ 元} \times (A/P, 12\%, 10) - 4\,000 \text{ 元} \times (A/F, 12\%, 10) + 500 \text{ 元}$$
$$= 35\,000 \text{ 元} \times 0.177 - 4\,000 \text{ 元} \times 0.057 + 500 \text{ 元} = 6\,467 \text{ 元}$$

$$AC_O = 8\,000 \text{ 元} \times (A/P, 12\%, 4) - 2\,000 \text{ 元} \times (A/F, 12\%, 4) + [3\,000 \text{ 元} \times (P/F, 12\%, 1) + 4\,000 \text{ 元} \times (P/F, 12\%, 2) + 5\,000 \text{ 元} \times (P/F, 12\%, 3) + 6\,000 \text{ 元} \times (P/F, 12\%, 4)](A/P, 12\%, 4)$$
$$= 8\,000 \text{ 元} \times 0.329\,2 - 2\,000 \text{ 元} \times 0.209\,2 + (3\,000 \text{ 元} \times 0.892\,9 + 4\,000 \text{ 元} \times 0.797\,2 + 5\,000 \text{ 元} \times 0.711\,8 + 6\,000 \text{ 元} \times 0.635\,5) \times 0.329\,2$$
$$= 6\,573.64 \text{ 元}$$

因为 $AC_N < AC_O$，所以旧设备应该更换。

若保留 1 年：

$$AC_O(1) = 8\,000 \text{ 元} \times (A/P, 12\%, 1) - 6\,500 \text{ 元} \times (A/F, 12\%, 1) + 3\,000 \text{ 元}$$
$$= 5\,460 \text{ 元} < 6\,467 \text{ 元，应保留。}$$

若保留 2 年：

$$AC_O(2) = 6\,500 \text{ 元} \times (A/P, 12\%, 1) - 5\,000 \text{ 元} \times (A/F, 12\%, 1) + 4\,000 \text{ 元}$$
$$= 6\,280 \text{ 元} < 6\,467 \text{ 元，应保留。}$$

若保留 3 年：

$$AC_O(3) = 5\,000 \text{ 元} \times (A/P, 12\%, 1) - 3\,500 \text{ 元} \times (A/F, 12\%, 1) + 5\,000 \text{ 元}$$
$$= 7\,100 \text{ 元} > 6\,467 \text{ 元，应更换。}$$

可见，旧设备应继续保留使用 2 年，于第 2 年年末更换。

9.3 设备租赁与购买方案的比选分析

在企业生产经营管理中，设备租赁常见于企业设备投资决策。在什么情况下企业选择租赁设备或直接购买设备，做出何种抉择取决于决策者对二者的费用与风险的全面综合比较分析。

9.3.1 设备租赁的概念

设备租赁是设备使用者（承租人）按照合同规定，按期向设备所有者（出租人）支付一定费用而取得设备使用权的一种经济活动。设备租赁既是一种资金的筹措方式，也是为提高设备的投资效果所采用的一种常用手段。租赁具有把融资和融物结合起来的特点，使得租赁能够提供及时而灵活的资金融通方式，是企业取得设备进行生产经营的一个重要手段。

设备租赁一般有融资租赁和经营租赁两种方式。在融资租赁中，租赁双方承担确定时期的租让和付费义务，而不得任意中止和取消租约，出租人按照要求提供设备，而后以租金形式回收设备的全部资金。它是以融资和对设备的长期使用为前提，租赁期相当于或超过设备的寿命周期，租赁对象一般是一些贵重和大型的设备。而在经营租赁中，租赁双方的任何一

方可以随时以一定方式在通知对方后的规定期限内取消或中止租约，灵活性大。这种租赁方式带有临时性，因而租赁费用较高，通常适用于一些需要专门技术进行维修保养、技术更新较快的设备，承租设备的使用期往往也短于设备的正常使用寿命，并且经营租赁设备的租赁费计入企业成本，可以减少企业所得税。

1. 设备租赁的优越性

对于承租人来说，设备租赁与设备购买相比的优越性在于：

（1）在资金短缺的情况下，既可用较少资金获得生产急需的设备，也可以引进先进设备，加快技术进步的步伐。

（2）可获得良好的技术服务。

（3）可以保持资金的流动状态，防止呆滞，也不会使企业资产负债状况恶化。

（4）可避免通货膨胀和利率波动的冲击，减少投资风险。

（5）设备租金可在所得税前扣除，能享受税费上的优惠。

2. 设备租赁的不足之处

对于承租人来说，设备租赁的不足之处在于：

（1）在租赁期间承租人对租用设备无所有权，只有使用权，故承租人无权随意对设备进行改造，不能处置设备，也不能将其用于担保、抵押贷款。

（2）承租人在租赁期间所交的租金总额一般比直接购置设备的费用要高。

（3）长年支付租金，形成长期负债。

（4）融资租赁合同规定严格，毁约要赔偿损失，罚款较多等。

正是由于设备租赁有利有弊，故在租赁前要进行慎重的决策分析。

9.3.2 影响设备租赁与购买的主要因素

企业在决定进行设备租赁或购买之前，必须进行多方面考虑。因为决定企业租赁或购买的关键在于能否为企业节约尽可能多的费用支出，实现最好的经济效益。为此，首先需要考虑影响设备租赁或购买的因素。

1. 设备租赁或购买需要考虑的共同影响因素

影响设备选择的因素较多，其中设备租赁或购买都需要考虑的影响因素主要包括：

（1）技术方案的寿命周期。

（2）企业是需要长期占有设备，还是只希望短期占有这种设备。

（3）设备的技术性能和生产效率。

（4）设备对工程质量（产品质量）的保证程度，对原材料、能源的消耗量，以及生产的安全性。

（5）设备的成套性、灵活性、耐用性、环保性和维修的难易程度。

（6）设备的经济寿命。

（7）技术过时风险的大小。

（8）设备的资本预算计划、资金可获量（包括自有资金和融通资金），融通资金时借款利息或利率高低。

（9）提交设备的进度。

2. 设备租赁需要考虑的其他影响因素

对于设备租赁,除考虑上述二者共同的因素外,还需要考虑如下影响因素:

(1) 租赁期的长短。
(2) 设备租金额,包括总租金额和每期租金额。
(3) 租金的支付方式,包括租赁期起算日、支付日期、支付币种和支付方法等。
(4) 企业经营费用减少与折旧费和利息减少的关系,租赁的节税优惠。
(5) 预付资金(定金)、租赁保证金和租赁担保费用。
(6) 维修方式,即是由企业自行维修,还是由租赁机构提供维修服务。
(7) 租赁期满,资产的处理方式。
(8) 出租人的信用度、经济实力,以及配合情况。

3. 设备购买需要考虑的其他影响因素

对于设备购买,除考虑上述二者共同的因素外,也需要考虑如下影响因素:

(1) 设备的购置价格,设备价款的支付方式、支付币种和支付利率等。
(2) 设备的年运转费用、维修方式、维修费用。
(3) 保险费,包括购买设备的运输保险费,设备在使用过程中的各种财产保险费。

总之,企业做出租赁与购买决定的关键在于设备方案的技术经济可行性分析。因此,企业在进行设备投资之前,必须充分考虑影响设备租赁与购买的主要因素,才能获得最佳的经济效益。

9.3.3 方案比选的步骤和方法

设备方案的采用取决于备选方案在技术经济上的比较,比较的原则和方法与一般的互斥投资方案的比选方法相同。

1. 设备方案比选的步骤

(1) 提出设备配置建议。根据企业生产经营目标和技术状况,提出设备配置的建议。
(2) 拟订设备配置方案。拟订若干设备配置方案,包括购置方案(有一次性付款和分期付款购买等选项)和租赁方案(有融资租赁和经营租赁两种方式)。
(3) 定性分析筛选方案。定性分析包括企业财务能力分析和设备方案技术分析。

1) 企业财务能力分析。主要是分析企业的支付能力,如果企业不能一次性筹集并支付全部设备价款,则不考虑一次付款购置方案。

2) 设备方案技术分析。

① 设备的配置方案要根据生产工艺技术和生产能力选用主要设备,主要设备之间与其他设备之间应相互适应;要进行设备软件和硬件在内的专有技术和专利技术比较。

② 要研究设备在生产工艺上的成熟可靠性,技术上的先进性和稳定性,对关键设备特别是新设备要研究其在试用项目的使用情况,充分考虑设备零配件的供应以及超限设备运输的可能性。

③ 设备选用要与技术方案建设进度相匹配,应符合安全、节能、环保的要求,尽可能选择节能环保设备。

④ 对二手设备的选用要慎重。经论证确实需要二手设备时,需要说明对二手设备的考察情况和选用理由,二手设备的技术水平、能耗水平、环保及安全指标、利用改造措施及投

资,并与当时水平的同类设备进行技术经济比较。

⑤ 设备选用应考虑管理与操作的适应性。考虑设备的日常维护与保养,以及零部件的更换和维修的方便性。

总之,定性分析的方法是设备选择中常用的主要方法。在分析时,对技术过时风险大、保养维护复杂、使用时间短的设备,可以考虑经营租赁方案;对技术过时风险小、使用时间长的大型专用设备则可以考虑融资租赁方案或购置方案。

(4) 定量分析并优选方案。定量分析一般根据设备方案的投资和运营消耗,通过计算寿命周期费用现值和投资回收期等指标,结合其他因素(一般从设备参数、性能、物耗和能耗、环保、对原料的适应性、对产品质量的保证程度、备品备件保证程度、安装技术服务等),择优选取设备方案。

2. 设备方案的经济比选方法

设备方案比选主要是租赁方案之间的比选、购置方案之间的比选、租赁方案与购置方案之间的比选。进行设备方案的经济比选,必须详细地分析各方案寿命周期内各年的现金流量情况,据此分析方案的经济效果,确定以何种设备投入方式最佳。

(1) 设备经营租赁方案的现金流量。采用设备经营租赁的方案,租赁费用可以直接计入成本,但为与设备购置方案具有可比性,特将租赁费用从经营成本分离出来,则现金流量表见表9-5。表中,租赁费用主要包括租赁保证金、担保费、租金。

表 9-5 设备经营租赁方案现金流量表 （单位：万元）

序号	项　目	合计	计算期					
			1	2	3	4	…	n
1	现金流入							
1.1	营业收入							
1.2	销项税额							
2	现金流出							
2.1	租赁费用							
2.2	经营成本							
2.3	进项税额							
2.4	应纳增值税							
2.5	税金及附加							
2.6	所得税							
3	净现金流量(1−2)							
4	累计净现金流量							

1) 租赁保证金。为了确认租赁合同并保证其执行,承租人必须先交纳租赁保证金。当租赁合同结束时,租赁保证金将被退还给承租人或在偿还最后一期租金时加以抵消。保证金一般按合同金额的一定比例计,或是某一基期数的金额(如一个月的租金额)。

2) 担保费。出租人一般要求承租人请担保人对该租赁交易进行担保,当承租人由于财务危机付不起租金时,由担保人代为支付租金。一般情况下,承租人需要付给担保人一定数额的担保费。

3）租金。租金是签订租赁合同的一项重要内容，直接关系到出租人与承租人双方的经济利益。出租人要从取得的租金中得到出租资产的补偿和收益，即要收回租赁资产的购进原价、贷款利息、营业费用和一定的利润。承租人则要比照租金核算成本。影响租金的因素很多，如设备的价格、融资的利息及费用、各种税金、租赁保证金、运费、租赁利差、各种费用的支付时间，以及租金采用的计算公式等。

（2）购买设备方案的现金流量。在与租赁设备方案相同的条件下，购买设备方案的现金流量表见表9-6。

表 9-6　购买设备方案现金流量表　　　　　　　　　　（单位：万元）

序号	项　目	合计	计算期					
			1	2	3	4	…	n
1	现金流入							
1.1	营业收入							
1.2	销项税额							
1.3	回收固定资产余值							
2	现金流出							
2.1	设备购置费							
2.2	经营成本							
2.3	贷款利息							
2.4	进项税额							
2.5	应纳增值税							
2.6	税金及附加							
2.7	所得税							
3	净现金流量（1-2）							
4	累计净现金流量							

（3）设备方案的经济比选。对于设备更新来说，既有可能是在不同设备购买方案之间比选，也有可能在不同租赁方案之间比选，还有可能在设备租赁方案与设备购买方案之间比选，但无论哪类设备方案的经济比选，都是互斥方案选优的问题，一般寿命相同时可以采用财务净现值（或费用现值）法，设备寿命不同时可以采用财务净年值（或费用年值）法。无论是采用财务净现值（或费用现值）法，还是财务净年值（或费用年值）法，均以收益效果较大（或费用较小）的方案为宜。

【例 9-4】　某企业需要某种设备，其购置费为 10 000 元，打算使用 10 年，残值不计。这种设备也可以租赁到，每年租赁费用为 1 600 元。运行费用都是 1 200 元/年。政府规定的所得税税率为 25%，采用直线折旧法。试问企业应采用购置方案还是租赁方案（$i = 10\%$）。

解： 企业若采用购置方案，年折旧费用为 1 000 元，计入总成本；而采用租赁方案，每年 1 600 元的租赁费用计入总成本。因此，后者比前者每年可少支付税金数额为

$$(1\ 600\ 元 - 1\ 000\ 元) \times 25\% = 150\ 元$$

相应的现金流量图如图 9-3 所示。

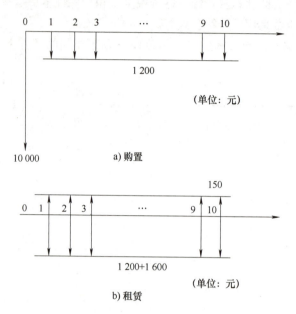

图 9-3　购置与租赁方案的现金流量图

由图 9-3 可以计算出两方案的费用年值，分别为

购置方案：$AC_{购置} = 10\ 000\ 元 \times (A/P, 10\%, 10) + 1\ 200\ 元 = 10\ 000\ 元 \times 0.162\ 75 + 1\ 200\ 元 = 2\ 827.5\ 元$

租赁方案：$AC_{租赁} = 2\ 800\ 元 - 150\ 元 = 2\ 650\ 元$

计算结果表明：$AC_{购置} > AC_{租赁}$，因此从企业角度看，宜采用租赁方案。

【本章小结】

设备更新是指对在技术上或经济上不宜继续使用的设备，用新的设备更换或者用先进的技术对原有设备进行局部或全部改造。设备更新分析是技术经济学在工程实践中应用的重要领域，对提高企业的经济效益具有重要意义。

本章主要介绍设备磨损的类型与补偿方式，设备更新的经济分析，设备租赁与购买方案的比选分析。设备更新源于设备的磨损，设备的磨损分为有形磨损和无形磨损，实际中设备的磨损往往是二者共同作用的结果。设备更新的核心是确定设备的经济寿命，并且遵循三个重要原则：旁观者立场原则、不考虑沉没成本原则和逐年滚动比较原则。经济寿命的确定方法有静态和动态两种计算方法。设备租购方案的比选首先需要分析影响设备租赁与购买的主要因素，然后分别分析租赁方案和购买方案的现金流量，最后采用财务净年值（或费用年值）法进行经济性比选。

【本章思考题】

1. 设备磨损有哪几种主要形式？
2. 设备磨损的补偿方式有哪些？
3. 如何理解设备寿命的概念？
4. 设备更新方案的比选原则是什么？
5. 如何确定设备的更新时机？
6. 影响设备租赁与购买的主要因素有哪些？
7. 设备租赁方案与购买方案的现金流量构成有什么不同？如何进行租购方案的经济性比选？

【本章练习题】

1. 某设备原始价值 70 000 元，自然寿命 7 年，各年的运行费用及年末残值见表 9-7。若不考虑资金时间价值，求其经济寿命；若考虑资金时间价值，假定基准折现率为 10%，求其经济寿命。

表 9-7　第 1 题某设备各年运行费用及年末残值数据　　　　（单位：元）

使用年限	1	2	3	4	5	6	7
运行费用	10 000	12 000	14 000	18 000	22 500	27 500	3 300
年末残值	32 000	17 000	9 500	5 750	4 000	2 000	1 000

2. 某厂计划继续生产一种产品，现有的旧设备价值为 5 000 元，从现在起每年的使用费用和预计残值见表 9-8。目前市场上有一种新型设备，其售价为 8 000 元，使用期内每年的使用费用为 1 200 元，预计经济寿命为 8 年，8 年后的残值为 2 000 元。假定基准折现率为 10%。问是否更新该设备？若更新，旧设备使用几年后更新最合适？

表 9-8　第 2 题年使用费用和预计残值数据　　　　（单位：元）

使用年份	1	2	3	4	5
使用费用	1 500	1 800	2 000	2 400	2 800
年末残值	4 500	4 000	3 500	3 000	2 500

3. 某工厂急需一种设备生产特定产品，该设备的购置价格为 40 000 元，使用寿命为 10 年，期末残值为 5 000 元；同时，厂方得知另外一家公司有同型设备可以出租，每年租赁费用为 5 000 元，运行该设备的费用每年均为 3 000 元，政府规定的所得税税率为 25%，且在年末缴纳。设备折旧采用直线折旧法。折现率为 10%。该厂应采用哪种方案在经济上比较划算？

第 10 章

价值工程

【本章思维导图】

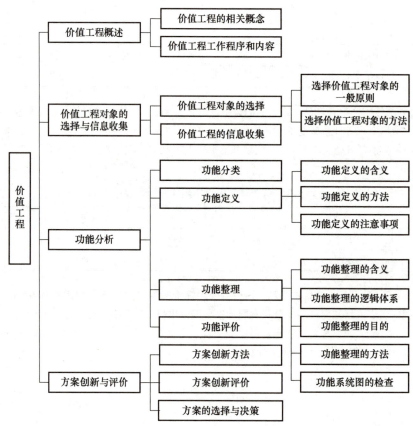

【本章重点】

➤ 掌握价值工程的基本概念。
➤ 理解价值工程的基本原理。
➤ 掌握价值工程思考问题的方式和实施步骤。
➤ 掌握功能分析基本原理和功能评价方法。

第 10 章 价值工程

> **【本章引导性案例】**
>
> 第二次世界大战期间的美国，通用电气公司承担着生产 B-29 轰炸机的任务，其中需要一种石棉板，但是由于货源紧缺，价格昂贵，影响着战机生产任务的完成。为了能够按时完成采购任务，以保证战时需求，时任采购工作的设计工程师麦尔斯（L. D. Miles）开始了思考：石棉板是干什么用的？能不能用其他价格低、供应相对充足的材料代替呢？经过和技术人员沟通，获知石棉板是安全防火用品，这是由于在生产零件过程中所使用的涂料溶剂是易燃品，《消防法》规定涂料工序的工作地必须铺石棉板以防火灾；同时，石棉板也起保护工作地清洁的作用。
>
> 麦尔斯在市场上找到了一种不燃烧的纸，价格便宜，能起到上述两方面的作用。经过不少周折，《消防法》修改了规定，允许在生产中使用代用纸。这就是所谓的"石棉事件"。
>
> 麦尔斯在后来的实践中总结出一套科学方法，用来在保证产品功能的前提下降低成本。麦尔斯于 1947 年以《价值分析》为题发表了这套方法，价值工程诞生了。后来，麦尔斯把价值分析的方法扩展到产品结构的改进，进而运用到产品设计及新技术发展研究方面。

价值工程（Value Engineering，VE）又称价值分析，是一种技术经济分析方法和现代化管理技术。自 20 世纪 40 年代产生至今，其理论和方法、规范和标准都得到了不断发展和完善，其应用范围不仅包括设计、生产领域，而且包括施工、组织、预算、服务、管理等领域。国内外大量事实证明，采用价值工程能取得十分明显的经济效益。

从可持续发展理论的角度，价值工程解决了如何利用有限的资源，创造最大的社会价值的问题，减少了人类发展对资源的消耗，为创造节约型社会的发展提供了一种解决方案。

10.1 价值工程概述

10.1.1 价值工程的相关概念

1. 定义

价值工程是旨在提高某种事物价值的科学方法。有各种各样的表述，最有代表性的定义为：价值工程是着重于功能分析，力求用最低的寿命周期成本可靠地实现必要功能的有组织的创造性活动。

这个定义概括地表述了价值工程的目的、重点、性质。目的是"用最低的寿命周期成本可靠地实现必要功能"，重点是"功能分析"，性质是"有组织的创造性活动"。

2. 相关概念

（1）寿命周期成本。寿命周期成本是指一个产品从构思、设计、制造、流通、使用、直至报废为止的整个寿命周期所耗费的费用总和。寿命周期成本 C 包括两部分：总成本费用 C_1 和使用成本 C_2。产品出厂前的一切费用均为总成本费用，包括研制开发、设计、生产制造等物化劳动和活劳动消耗所支付的费用。使用成本是产品出厂后的各项费用的总和，包括使用、维修、直至报废处理等物化劳动和活劳动消耗所支付的费用总和。

寿命周期成本的高低与产品的功能水平具有内在联系。一般来说，在技术经济条件不变的情况下，随着产品功能水平的提高，总成本费用上升，使用成本下降，而寿命周期成本则呈马鞍形变化，如图10-1所示。

寿命周期成本有一个最低点 C_{min}，产品功能则相应有一个最适宜水平 F_0。功能过高，虽然使用成本较低，但总成本费用太大，则寿命周期成本仍偏高；反之，功能过低，虽然总成本费用较低，但使用成本太大，寿命周期成本也偏高。只有功能适宜才能使寿命周期成本最低。

（2）功能。所谓功能，是指产品（或服务）的功用、效用、作用、用途、能力等。必要功能是用户要求的功能。可靠地实现必要功能是指在满足用户期望并符合工艺技术水平的基础上，实现用户所要求的功能。

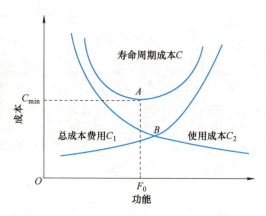

图10-1 产品寿命周期成本与产品功能的关系

一般用下面的5W2H提问法来了解和掌握必要功能的全部条件：

What——物品的功能是什么？

Why——为什么需要这个功能？

Where——在何处，什么环境下使用？

When——在什么时间使用？

Who——由谁来使用？

How to——它的功能如何实现？采用什么方式、手段来实现？

How much——它的功能有多少？即功能有哪些技术指标要求？实现程度为多少？能否达到？是否易于保养、维修、更换？是否便于操作？

（3）价值。价值工程是从成本和功能两者关系中得出价值的概念。所谓价值就是评价某一事物功能与实现它的耗费相比合理程度的尺度。

价值公式可表示为

$$V = \frac{F}{C} \tag{10-1}$$

式中　V——产品的价值；

　　　F——产品必须具有的功能；

　　　C——生产和使用产品的费用成本。

价值的定义和经济效益的定义是相吻合的。价值工程的目的是提高产品的价值，也就是提高其经济效益。

人们购买商品，不但希望性能好、可靠、耐用、美观，而且希望价格低，总之要求"物美价廉"，就是要追求高的价值。这符合大多数用户的价值观。

对于产品的生产者来说，也许有人会认为，企业的价值观是以最低的成本获得产品的销售收入。从形式看，不顾用户利益、不求产品物美价廉，甚至粗制滥造、以次充好也可以牟取高利润，可以提高生产者所追求的价值。但这是一种错误的"价值"观，它不仅违背了社会生产的目的，而且因为损害了用户的利益，终究会被用户所唾弃，一时的高利润却会为企业的失败埋下祸根。实际上，企业增加利润的前提是扩大市场，而物美价廉才是产品占领市场、赢得用户的根本条件。因此，企业的价值观和用户的价值观应当是一致的。

3. 提高价值的基本方法

根据价值工程中对价值的定义，提高价值的途径主要有五种方法，见表10-1。

表10-1 提高价值的基本方法

序号	途径	方法	特点
1	提高功能，降低成本	$\dfrac{F\uparrow}{C\downarrow}=V\uparrow$	VE的主攻方向
2	提高功能，成本不变	$\dfrac{F\uparrow}{C\rightarrow}=V\uparrow$	着眼于提高功能
3	功能大提高，成本略提高	$\dfrac{F\uparrow\uparrow}{C\uparrow}=V\uparrow$	着眼于提高功能
4	功能不变，降低成本	$\dfrac{F\rightarrow}{C\downarrow}=V\uparrow$	着眼于降低成本
5	功能略下降，成本大下降	$\dfrac{F\downarrow}{C\downarrow\downarrow}=V\uparrow$	着眼于降低成本

其中：

(1) $F\uparrow$ 和 $F\uparrow\uparrow$ 分别代表产品的功能提高和功能较成本有大幅度提高，表现为功能定性上缺少的填补和定量上不足的补充两个方面或其中之一。

(2) $F\downarrow$ 代表产品功能降低，表现为功能的剔除和过剩功能的削减两个方面或其中之一。

(3) $F\rightarrow$ 代表产品功能不变化。

(4) $C\downarrow$ 和 $C\downarrow\downarrow$ 分别代表成本的降低和成本较功能大幅度降低，表现为新资源的投入，如新材料、新技术的使用和工艺的改进等。

(5) $C\uparrow$ 和 $C\rightarrow$ 分别代表成本上升和不变化。

10.1.2 价值工程工作程序和内容

价值工程活动的过程是不断提出问题和解决问题的过程，它的工作程序见表10-2。

表10-2 价值工程工作程序

阶段	过程	基本步骤	详细步骤	价值工程提问
确定问题	分析	确定对象	1. 选择对象 2. 收集信息	1. 它是什么
		功能分析	3. 功能定义 4. 功能整理	2. 它是干什么用的
		功能评价	5. 功能评价	3. 它的成本是多少 4. 它的价值是多少
解决问题	综合	方案创新	6. 方案创造	5. 有无其他方法实现这个功能
	评价	方案评价	7. 概略评价 8. 方案具体制订 9. 详细评价	6. 新方案的成本是多少
		方案实施	10. 实验研究 11. 方案审批、实施 12. 成果总评	7. 新方案能满足功能要求吗

价值工程的中心内容可概括为"功能、创造、信息"六个字,价值工程就是要从透彻了解所要实现的功能出发,在掌握大量信息的基础上,进行创造改进,完成功能的再实现。

10.2 价值工程对象的选择与信息收集

10.2.1 价值工程对象的选择

价值工程首先的工作是确定对象。价值工程研究的对象是物品或工作,物品包括产品、零部件、工具、夹具等,工作包括工程、作业、工艺、管理、服务等。企业能作为价值工程研究对象的项目非常多,因此有必要根据一定的原则,采取适当的方法,来选择和确定分析对象。

1. 选择价值工程对象的一般原则

选择价值工程对象的原则,主要是根据企业的发展方向、经营目的、存在的问题和薄弱环节,以提高生产率、提高质量、降低成本、提高价值(提高经济效益)为目标。

根据以上原则,再从不同角度寻找问题,按轻重缓急做出安排,如图10-2所示。

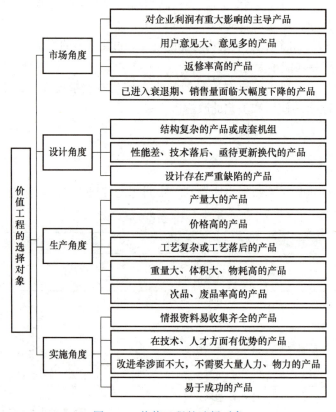

图 10-2 价值工程的选择对象

2. 选择价值工程对象的方法

选择价值工程对象的方法很多,下面介绍几种常用的方法。

(1) ABC 分析法。ABC 分析法的基本原理是处理任何事情都要分清主次、轻重,区别关键的少数和次要的多数，根据不同情况进行分析。在一个企业中，生产需要的原材料有成千上万种，但经常使用的贵重原材料可能只有几种或几十种；企业生产的产品品种很多，但销量大、盈利多的产品可能只有少数几种；产品质量不合格或造成废品的原因是多方面的，但主要原因可能就是一两个。在实际工作中，要根据主次、轻重关系，保证重点，照顾一般，才能取得事半功倍的成效。ABC 分析法就是一种寻找主要因素的方法。这种方法起源于意大利经济学家帕累托（Pareto）对资本主义财富的分析，他发现 80% 的财富集中在 20% 的人手中，分布是不均匀的，称为不均匀分布定律。后人把这个定律应用在成本分析上，通过成本分析发现，占零件数 10% 左右的零件，其成本往往占整个产品成本的 60%～70%，这类零件可划为 A 类；占零件数 20% 左右的零件，其成本也占整个产品成本的 20%，这类零件划为 B 类；占零件数 70% 左右的零件，其成本仅占整个产品成本的 10%～20%，这类零件划为 C 类，如图 10-3 所示。利用这种方法，可以实现对零件的分类控制，这就是所谓的 ABC 分析法。

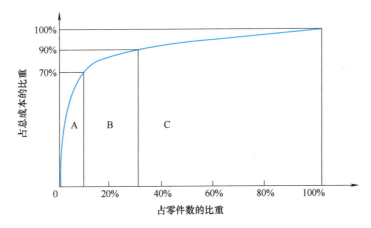

图 10-3　ABC 分析曲线

在应用 ABC 分析法选择 VE 对象时，首先将一个产品的零件或工序按其成本大小，从高到低排列起来，优先选择成本大的少数零件或工序作为 VE 对象。

ABC 分析法的优点是能抓住重点，把数量少而成本高的零部件或工序选为 VE 对象，利于集中精力，重点突破，取得较大效果。

ABC 分析法的缺点是在实际工作中，由于成本分配不合理，常常会出现有的零部件功能比较次要，而成本却高，也会出现有的零部件功能比较重要但成本却低。对于后一种零部件本应选为 VE 对象，提高其功能水平，但因其成本较低而划为 C 类，未被选上。解决的办法是结合其他方法综合分析，避免应入选的而未被选中，不应入选的却被选中了。

（2）强制确定法。强制确定法（Forced Decision Method）是一种流行较广的功能评价法，简称 FD 法。它的基本思路是：产品的每一个零部件成本应该与该零部件功能的重要度相称。如果某零部件的成本很高，但它的功能在产品中却处于很次要的地位，这说明功能与成本的匹配不合理。通过求算功能重要度系数、成本系数，得出价值系数，根据价值系数判断对象的价值，把价值低的选为价值工程对象。下面用一个例子来说明这种方法。

【例 10-1】　某产品有 8 个零部件，目前成本为 7 208 元。要从 8 个零部件中选择 VE

对象。

解：按下面的步骤进行：

（1）比较各零部件的功能重要度系数。把构成产品的零部件排列起来，各零部件之间就其功能的重要度进行两两比较，重要的一方得 1 分，次要的一方得 0 分，然后把各零部件的得分累计起来，并被全部零部件总分除，即得功能重要度系数，计算公式如下：

$$功能重要度系数 = \frac{零部件的累计得分}{全部零部件总分} \tag{10-2}$$

为了避免最不重要的那个零部件功能重要度系数为 0，可在得分中各自加 1 分。功能重要度系数的大小，表示该零部件在全部零部件中的重要度比重，系数大的重要度大，详细的计算结果见表 10-3。

表 10-3　功能重要度系数计算表

零部件名称	A	B	C	D	E	F	G	H	得分（分）	修正得分（分）	功能重要度系数
A	×	1	1	0	1	1	1	1	6	7	0.194
B		×	1	0	1	1	1	1	5	6	0.167
C			×	0	1	1	1	0	3	4	0.111
D	1	1	1	×	1	1	1	1	7	8	0.222
E					×	0	1	0	1	2	0.056
F					1	×	1	0	2	3	0.083
G							×	0	0	1	0.028
H			1	0	1	1	1	×	4	5	0.139
总分									28	36	1.000

（2）比较各零部件的成本系数。假如零部件目前成本的构成见表 10-4，计算出每个零部件的成本系数，成本系数反映该零部件成本在产品成本中的比重。其计算公式如下：

$$成本系数 = \frac{各零部件目前成本}{产品目前成本} \tag{10-3}$$

（3）计算价值系数。将每个零部件的功能重要度系数除以成本系数，得出该零部件的价值系数，计算公式如下：

$$价值系数 = \frac{功能重要度系数}{成本系数} \tag{10-4}$$

成本系数和价值系数计算结果见表 10-4。

表 10-4　零部件价值系数的计算

零部件名称	功能重要度系数	目前成本（元）	成本系数	价值系数
A	0.194	1 818	0.252	0.770
B	0.167	3 000	0.416	0.401
C	0.111	285	0.040	2.775
D	0.222	284	0.040	5.550
E	0.056	612	0.085	0.659

(续)

零部件名称	功能重要度系数	目前成本（元）	成 本 系 数	价 值 系 数
F	0.083	407	0.056	1.482
G	0.028	82	0.011	2.545
H	0.139	720	0.100	1.390
合计	1.000	7 208	1.000	

（4）选择分析对象。原则上可将价值系数>1或价值系数<1的零部件都列为VE对象。因为价值系数不等于1，说明该零部件的功能与成本不匹配，应作为分析对象，查找原因。由表10-4可见，零部件D的价值系数最高（5.550），说明成本偏低，可适当增加成本，使其功能更加完善；零部件B的价值系数最低（0.401），说明它是功能重要度不大的零部件，目前却占较高的成本，所以降低成本的潜力很大。VE的精力应集中在这里。

选择VE对象的方法还有功能成本比较法、最合适区域法、费用比重分析法、经验估计法、用户评价法、成本模型法、功能重要性分析法等。总之，选择VE对象的方法很多，应根据具体情况灵活运用或结合应用。

10.2.2 价值工程的信息收集

价值工程对象确定以后，围绕着研究对象，收集有关的情报信息，是一项很重要的工作。对价值工程来说，情报信息是对实现价值工程目标有益的知识、情况和资料。有了正确的情报信息，才能做出正确的决策，才能采取有目的的行动。

价值工程所需的情报信息内容大体分为两类：专门情报信息和一般情报信息。所谓专门情报信息，是指与对象产品整个生命周期有关的情报，包括技术方面和经济方面的情报信息；所谓一般情报信息，是指除了专门情报信息以外价值工程所需的情报信息，具体地说，就是有关对象产品功能的一般情报信息。

关于情报信息的内容，应根据分析对象的特点而定。对于产品来说，应掌握产品的研制、生产、使用至报废的全部资料，以及与产品功能有关的资料，包括企业内外和国内外资料，具体包括以下几个方面：

1. 用户方面

用户方面的情报信息主要有：用户使用产品的目的、使用环境和使用条件；用户对产品性能方面的要求，如产品的功能、可靠性、安全性、维修保养和寿命等要求，以及过去使用中的故障等；用户对产品外观方面的要求，如造型、体积、色彩等；用户对价格、交货期、配件供应和技术服务等方面的要求。

2. 销售方面

销售方面的情报信息主要有：产销量的演变和预测；市场竞争情况，目前有哪些竞争厂家，其产品质量、数量、价格、成本、利润、市场划分和市场占有率等；国家和地方品种发展规划、商品计划、经营计划等。

3. 制造和供应方面

制造和供应方面的情报信息主要有：加工工艺、作业方法，产量，使用的设备、工夹具、模型和附件，合格率、废次品率，检验方法、厂内运输方式、包装方法等；原材料和外协件的数量、质量、价格、材料利用率，配套件供应和运输；供应协作单位的生产经营情况、技术水平、成本、利润和价格等；厂外运输方式等。

4. 产品设计技术方面

产品设计技术方面的情报信息主要有：现有产品的研制设计历史和演变；本企业和国外同类企业的有关技术资料；有关新结构、新工艺、新材料、新技术、标准化和三废处理等方面的技术资料。

5. 成本方面

成本方面的情报信息主要有：按产品、部件、零件的定额成本、工时定额、材料消耗定额、各种费用定额；材料、配件、自制半成品等厂内计划价格，以及用户的使用维护费等。

6. 其他方面

其他方面的情报信息包括政府和社会有关部门的法规和条例等。

10.3 功能分析

功能分析包括功能定义、功能整理和功能评价三个步骤。为了把握功能定义的含义，先来讨论功能的分类。

10.3.1 功能分类

可从不同角度对功能进行分类，具体有以下几种：

1. 从性质角度分为使用功能和美学功能

（1）使用功能。使用功能不仅要求产品的可用性，还要求产品的可靠性、安全性、易修理性。例如，一辆汽车，不仅要能开动，而且要故障少、转弯灵活、制动可靠、操纵方便，保证乘客安全、舒适，出了故障或机件磨损后要便于维修。

（2）美学功能。美学功能包括造型、色彩、图案、包装装潢等方面的内容。随着生活水平的提高，人们要求产品多样化、个性化，对美学功能日益重视。在市场上，造型新颖、色彩宜人、图案精美、包装装潢美观、能体现时代气息的产品，在性能、价格相当的条件下更具有竞争力。

不同的产品对使用功能和美学功能有不同的侧重。有些产品，如原料、燃料、管道、潜水泵等只有使用功能。有些产品，如工艺品等只有美学功能。多数产品则要求二者兼备，不仅像电冰箱、洗衣机、家具等家庭生活用品如此，就是载货汽车、机床等生产设备也要在性能优越的同时有好的外观。

2. 从功能重要程度分为基本功能和辅助功能

基本功能是产品的主要功能，也是用户购买的原因、生产的依据。辅助功能则是次要功能或者为了辅助基本功能更好地实现或由于设计、制造的需要附加的功能。例如，小轿车的基本功能是提供乘坐舒适的快速交通工具，同时，车的尾部设有一行李舱，为乘客存放行李提供方便，这就是辅助功能。基本功能是设计、制造者的注意力之所在，但不等于说可以忽略辅助功能。

3. 按功能的有用性分为必要功能和不必要功能

使用功能、美学功能、辅助功能都是必要功能，但不必要功能也并不少见，其表现有以下三点：

1）多余功能。有些功能纯属画蛇添足，不但无用，有时甚至有害。

2）重复功能。两个或两个以上功能重复，可以去掉。

3）过剩功能。有些功能是必要的，但满足需要有余，这是常见的一种不必要功能，如过高的安全系数、过大的拖动动力等。

10.3.2 功能定义

1. 功能定义的含义

所谓功能定义，就是指给功能下定义，即指出产品或零部件的本质属性，也就是把对象产品或零部件所具有的效用（或功用）一件一件地加以区分和界定，然后研究这些功能。功能定义是价值工程的特殊方法，也是价值工程活动一个非常重要的步骤。

功能定义的目的就是要把握准产品功能的本质，满足用户的需要，它主要有三个方面的目的：明确所要求的功能；便于进行功能评价；有利于开阔思路。

因此，功能定义既要确切，同时又要适当概括和抽象。

2. 功能定义的方法

功能定义是对功能本质进行思考的基础，需要用简明的语言来描述，一般可以用一个动词和一个名词对功能定义，用动宾结构把功能简洁地表达出来，主语是被定义的对象，见表 10-5 的举例。

表 10-5 功能定义举例

定义对象	功 能	
主语（名词）	谓语（动词）	宾语（名词）
手表	指示	时间
杯子	盛	水
电线	传递	电流
传动轴	传递	转矩
机床	切削	工件
荧光灯	提供	光源

3. 功能定义的注意事项

（1）名词要尽量用可测定的词汇，以利于定量化。例如，电线功能定义为"传电"就不如"传递电流"好。

（2）动词要采用扩大思路的词汇，以利于开阔思路。例如，定义一种在零件上做孔的功能；可以定义为"钻孔"，人们自然联系到用钻床；如果定义为"打孔"，则人们会想到除了钻床以外，还可以用压力机、电加工、激光等方法；如果定义为"做孔"，人们不仅会想到以上方法，还会想到在零件上直接铸出或锻造出孔来。"钻""打""做"一字之差，但一个比一个更容易开阔思路。

(3)一项功能要下一个定义。对各构成要素的功能要一项一项地下定义。如果一个部件能完成三项功能，就要对三个功能分别下定义。一个好的设计中，一个部件能同时完成几个功能，这样整台产品的部件可以减少，成本可以降低，可靠性也能提高。相反，如果几个部件才能实现一项功能，就不是一个好设计，因为它的部件数增加，成本增加，而可靠性也会下降。通过一项一项地对功能下定义，对设计中存在的问题即可逐步明确。

(4)功能定义不仅对产品整体定义，更重要的是对产品的各组成部分（如部件、组件、零件）下定义。

总之，对功能下定义绝不是简单地用动词和名词表达一下就完成了，而应把功能一项一项地加以区分和规定，搞清楚它的内容，并充分理解它，再把这些概念明确化，最后用简明、确切的动词和名词表达出来。

10.3.3 功能整理

1. 功能整理的含义

在功能定义阶段，对于对象产品必须实现的功能，以及每个零部件的功能，逐个加以明确，并下定义。这些已经明确下了定义的各个功能，是不能各自单独存在的，为了实现整体功能，各个功能之间应该有一定的内在联系。通过功能整理以厘清各个功能之间的内在关系，是从属关系，还是并列关系，然后绘制功能系统图，如图10-4所示。通过功能系统图，应能说明通过怎样的一个功能系统，来实现产品所要求的功能。

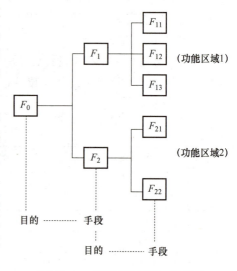

图10-4 功能系统图的一般模式

价值工程重新构建了新的产品设计思路，即抛开现有产品和部件结构系统方案，构建以功能系统架构的产品方案。功能系统图的制作是价值工程重要的基础工作。

所谓功能整理，就是按照一定的逻辑体系，把各个构成要素的功能互相连接起来，绘制功能系统图，从局部功能和整体功能的相互关系上分析研究问题，以便掌握必要功能，发现和消除不必要功能，明确功能改善区域。

2. 功能整理的逻辑体系

在产品的许多功能之间，存在着上下从属关系和并列关系。

功能的上下从属关系是指在一个功能系统中某些功能之间存在着目的和手段的关系。把目的功能称为上位功能，把手段功能称为下位功能。上位功能和下位功能是相对而言的，一个功能对于它的上位功能来说是手段，对于它的下位功能来说则是目的。

在功能系统中，为了实现同一目的功能，需要同时有两个以上的手段功能。即对于一个上位功能来说，同时存在两个或两个以上的下位功能，这样两个或两个以上的下位功能之间的关系称为并列关系（又叫作同位功能）。

按照这种目的和手段的从属关系，以及并列关系的这种逻辑体系，就可以绘制功能系统图。如图10-4所示，F_0为对象的最上位功能，也称为一级功能；F_1、F_2是F_0的下位功能，是并列的二级功能；F_{11}、F_{12}、F_{13}是并列的三级功能，以此类推。同时，F_1和F_{11}、F_{12}、F_{13}又组成一个功能区域（简称功能域，或称子系统）。同理，F_2和F_{21}、F_{22}也构成另一个功能区域。

3. 功能整理的目的

（1）掌握必要功能。根据目的和手段以及并列关系，把全部构成要素排列成功能系统图，便于从整体出发研究功能的联系和全貌，使得以前不太明确的设计构思具有一览性，而且能够对基本的设计构思取得一致的认识，有利于把握住对象的必要功能。

（2）发现和消除不必要功能。发现和消除不必要功能，取消承担这些功能的零部件，是功能整理的重要目的。

（3）审查功能定义的正确性。通过功能整理，检查功能定义的完整性和正确性。

（4）明确功能域。通过功能整理，明确各级功能域，并找出价值最低的功能域，改变其实现的方法，为功能评价做准备。

（5）明确变革的着手点。通过功能整理就能知道应该抓哪一级功能来改变其实现方法比较合适，从而明确变革的着手点。

总之，功能整理的目的，是要搞清楚现有的设计构思，同时又搞清楚不必要功能，为以后的功能评价做准备，形成以功能为中心的定性处理体系，即功能系统图。

4. 功能整理的方法

功能整理是按"目的—手段"关系进行的。方法之一是由手段寻找目的，从而把所有手段功能联系起来；方法之二则是由目的寻找手段，将所有手段功能排列起来。

（1）由手段寻找目的。零部件的功能均属手段功能，不具有目的功能的性质。因此，只要定义得当，功能系统图上的末位功能必与零部件功能相对应。也就是说，从零部件功能开始向目的功能追寻，就能建立全部的功能系统图。由于要定义的功能较多，为防止遗漏、重复和混乱，可以把所有的功能分别制成功能卡片。功能卡片格式如图10-5所示（以智能手机外屏的"感知触摸"这一功能为例）。

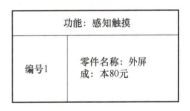

图 10-5　功能卡片

利用功能卡片进行功能整理的方法如下：

1）将写有相同功能的卡片集中在一起，得到一组卡片，这就是一个末位功能。例如，"支承容器底部"这一组卡片由零件1、2、3组成。为了便于下一步整理，可将各组卡片分别用口袋装好，并在口袋上注明功能。

2）将各组卡片和未集中的单张卡片放在一起，任取一组或单张卡片，追寻其目的，可找到上位功能。例如：取出"支承容器底部"这组卡片，追问目的是什么，回答是"支承容器"，这就是其上位功能，如图10-6所示。

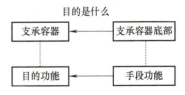

图 10-6　由手段功能寻找目的功能

逐一追寻各组和各单张卡片，将有相同目的的功能卡片放在一起，组成一大组，这就是上一级功能，大组中的各小组和各单张卡片的功能则是同位功能（并列功能），上下功能构成了一个功能域，将有相同上位功能的一大组卡片装入口袋，并注明功能。

3）仿照以上办法，逐级进行组合，直至追问到一级功能为止。每进行一次组合，就形成一个高一级的功能域，组合完毕，全部功能域也就形成了。

从大到小逐一打开各个口袋，顺序排列，功能之间的关系就一目了然，用文字记录下来，就得到了完整的功能系统图。

（2）由目的寻找手段。由手段寻找目的的功能整理办法适用于不太复杂的现有产品。复杂产品有成千上万个零件，从零件功能开始进行功能整理实际上是不可能的。对设计中的产品，由于设计尚未定型，从零件功能开始整理也是不现实的。在这种情况下，可以采取另一种整理方法：由目的寻找手段。

这种方法是从一级功能开始，逐级向下追问手段功能。例如，载货汽车的功能是"运载货物"，从原理上看，运载货物至少应有两个手段：提供货厢、移动货厢，如图10-7所示。

对于"提供货厢"这一功能可暂不细分。现在研究"移动货厢"这一手段。要想移动货厢，必须有行走机构（具体实物是车轮），还要驱动行走机构（用动力机和传动机构实现），并且要把行走机构和货厢连成整体，如图10-8所示。

图10-7　载货汽车的一级、二级功能　　图10-8　由上位功能追寻功能域的下位功能

再往下，重点是分析"驱动行走机构"这一功能。逐级往下，就可以大致勾画出载货汽车的功能系统图，再加以修改补充。图10-9展示了载货汽车的功能系统图，仅供参考，括号内为对应的部件实体。

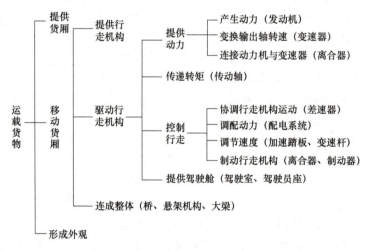

图10-9　载货汽车的功能系统图

功能系统图的复杂程度和粗细程度可根据需要而定。不同的功能系统图可有很大的差别，粗的只到部件，如变速器，甚至只到一部机器，如发动机；细的小到零件，如保温瓶的底托，甚至将一个零件的功能再细分到工艺结构，如保温瓶胆的镀银工艺（防止热辐射）。就是在同一系统中，细化程度也有差别。对于像汽车这样复杂的产品，细化到所有零件是不可能的，必要时可将某些功能（如产生动力）单独抽出另画更细的图。

功能系统图一般不是一次就能完美无缺地画好的，需要反复修改、完善。为了使系统图中的末位功能都能与零件的功能定义相对应，在功能整理过程中，有时还需要调整零件的功能定义。例如，保温瓶胆的功能定义可以是"保温"。但在功能系统图中要想更清楚地表达保温方式，瓶胆的功能定义就要改成"防止热对流""防止热辐射"和"防止热传导"。

5. 功能系统图的检查

功能整理过程是对产品功能进一步理解的过程。如果说，功能定义要强调对单一功能本质的深入理解，那么功能整理则要强调对整个产品功能系统的深入理解。功能整理是功能定义的继续、深化和系统化。

功能系统图的表达方式具有多样性，但由于功能系统图是功能内在联系的反映，它又有严密性的一面。以下几点在画功能系统图时需予以注意：

(1) 功能系统图中的功能要与产品的构件实体相对应。其含义是：系统图中的功能应能包容全部有用构件的功能；系统图中的功能要由构件来实现。

(2) 下位功能的全体应能保证上位功能的实现，具有等价性。

(3) 上下位功能要有"目的—手段"关系；同位功能之间不存在"目的—手段"关系，是互相独立的，它们是并列关系。

10.3.4 功能评价

1. 功能评价的含义

所谓功能评价，就是回答"价值 V 是多少"的问题。从价值公式 $V = F/C$ 中可知，要求 V，必须先求 F 和 C。成本 C 是用货币表示的，功能 F 一般也须用货币量来表示，但有些情况下难以用货币计量功能。因此，根据功能的不同计量方法，功能评价的方法主要有功能成本法和功能重要度系数法。

功能评价过程主要由功能成本分析、功能评价和选择价值工程对象组成。其步骤大致如下：

(1) 计算功能评价值（或功能重要度系数）。
(2) 确定功能现实成本（或功能成本系数）。
(3) 计算功能价值（或功能价值系数）。
(4) 计算成本降低幅度，即改善期望值。
(5) 选择功能价值低、改善期望大的功能或功能域，作为价值工程对象。

2. 功能成本法

功能成本法是把功能用实现它的最低成本来表示。此时，功能价值的计算公式为

$$功能价值(V) = \frac{功能的最低成本(功能评价值 F)}{功能的现实成本(C)} \quad (10\text{-}5)$$

公式中分子、分母均为货币单位，自然是可比的。这个公式的意义是功能的现实成本越接近功能的最低成本，其价值越高，功能价值最大为1。

功能成本法的工作步骤为：

(1) 确定功能的现实成本。产品中一个构成要素往往有几种功能，或者一种功能需要几个构成要素才能实现，所以，计算功能的现实成本，必须首先确定各构成要素的现实成本，然后把构成要素的现实成本转移分配到各功能上去。计算过程见表10-6。

表 10-6　功能现实成本的计算　　　　　　　　　　（单位：元）

构成要素			功能或功能域					
序号	名称	成本	F_1	F_2	F_3	F_4	F_5	F_6
1	A	300	100		100			100
2	B	500		50	150	200		100
3	C	140	50	40			50	
4	D	60				40		20
合计		C	C_1	C_2	C_3	C_4	C_5	C_6
		1 000	150	90	250	240	50	220

（2）确定功能评价值。功能评价值是实现功能的最低成本，功能评价值的确定方法有如下几种：

1）方案法。这种方法是根据情报信息收集阶段的一般情报，构思出几个方案来实现各功能域的功能，在如图 10-10 的实例中，对于功能 F_2，构思出 a、b、c 三种方案，以这三种方案来实现 F_2 功能，其成本估计分别为 460 元、420 元和 370 元。在这些方案中最便宜的是方案 c，可以取 370 元作为功能评价值。

使用方案法时，要尽可能从更广泛的范围来构思方案。

2）理论价值标准法。这种方法是利用工程中的计算公式导出功能评价值。例如，在材料价格已知的条件下，可由工程力学中的计算公式计算出零部件材料消耗量，进而计算出功能的最低成本。

3）实际价值标准法。实际价值标准法是一种根据企业内外完成同样功能产品的实际资料，从中选择实现程度相同而成本最低的产品，作为功能评价值的方法。其具体做法是：

第一步：广泛收集材料。

第二步：统一比较标准。

第三步：绘制坐标图，如图 10-11 所示，以功能实现程度为横坐标，以成本为纵坐标，将各种功能实现程度的最低成本连成一条直线，这就是实际价值标准线（或最低成本线）。

第四步：根据实际价值标准来确定产品的功能评价值。

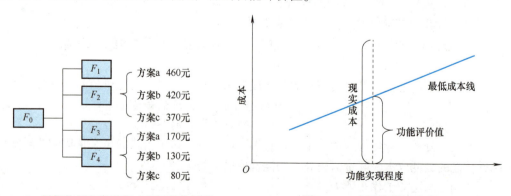

图 10-10　根据构思方案进行功能评价值计算　　　图 10-11　实际价值标准法

4）实际调查法。这种方法首先根据产品或零部件的功能划分为几个功能区域，然后利用大量实际统计资料，确定功能（或功能域）的最低成本。最后将功能的成本累加起来，即为产品或零部件的功能评价值。

3. 功能重要度系数法

功能重要度系数法，是把功能和成本都按所占比重的大小进行定量，并以此计算功能的价值。某功能在总体功能中所占比重，称为功能评价系数。同样，某功能的成本在总体功能的成本中所占比重，称为功能成本系数。这时可计算功能价值系数，其计算公式为

$$V_i(功能价值系数) = \frac{F_i(功能评价系数)}{C_i(功能成本系数)} \tag{10-6}$$

计算功能价值系数的方法有以下几种：

（1）强制确定法（FD法）。用这种方法进行评价分以下三步进行：

第一步：用功能之间对比打分的方法计算功能重要度系数（具体过程详见第10.2节的"选择价值工程对象的方法"中的"强制确定法"）。

第二步：计算成本系数。当一个构成要素只有一个功能时，一般采用构成要素的现实成本来计算功能成本系数；当一个构成要素有几项功能时，则应首先按功能重要性程度进行成本分摊，然后再计算功能成本系数。

第三步：计算功能价值系数。

【例10-2】 某产品有5项功能，目前成本为385元，该产品的各项功能得分和现实成本见表10-7，根据市场竞争和企业的生产实际，需要把该产品成本控制在320元，请使用强制确定法计算各项功能的价值系数，并确定需改善的功能。

表10-7 产品功能得分及现实成本

功　　能	A	B	C	D	E
功能得分（分）	4	3	5	2	1
现实成本（元）	100	60	140	25	60

解：计算过程及结果见表10-8。

表10-8 强制确定法计算数据

功能 ①	功能得分 （分） ②	功能重要 度系数 ③ = ②/Σ②	现实成本 （元） ④	功能 成本系数 ⑤ = ④/Σ④	功能 价值系数 ⑥ = ③/⑤	按功能重要度系数分 配目标成本（元） ⑦ = 320 × ③	成本降低 幅度（元） ⑧ = ④ - ⑦
A	4	0.27	100	0.26	1.04	86.4	13.6
B	3	0.20	60	0.16	1.25	64.0	-4.0
C	5	0.33	140	0.36	0.92	105.6	34.4
D	2	0.13	25	0.06	2.17	41.6	-16.6
E	1	0.07	60	0.16	0.44	22.4	37.6
合计	15	1.00	385	1.00		320	65.0

各功能的目标成本确定后，可选择功能价值系数低，或成本降幅大的为功能改善对象，从表10-8的计算中可知，可按E、C、A的次序进行功能改善。

这种方法虽然简便，但比较粗略、呆板，因此只适用于功能之间差别不大而比较均匀的对象，并且一次分析的功能个数不宜太多。

（2）平均先进分值法。平均先进分值法可克服强制确定法的缺点，不必事先确定目标成本。它的步骤如下：

1）确定各功能得分和功能重要度系数。
2）列出各功能成本并计算功能成本系数。
3）计算功能价值系数。
4）确定先进功能（或先进功能域）。
5）计算出平均先进分值。
6）计算出平均先进目标成本。
7）定出具体改进对象和顺序。

前面三步与强制确定法基本相同，主要区别在后几步。

【例10-3】 以表10-9为例说明平均先进分值法。

表10-9 平均先进分值法计算举例

功能 ①	功能得分（分）②	功能重要度系数 ③=②/Σ②	目前成本（元）④	成本系数 ⑤=④/Σ④	价值系数 ⑥=③/⑤	目标成本（元）⑦	成本降低幅度（元）⑧=④−⑦
A	30	0.30	100	0.311	0.96	79.8	20.2
B	20	0.20	80	0.248	0.81	53.2	26.8
C	15	0.15	40	0.124	*1.21	39.9	0.1
D	10	0.10	30	0.093	1.08	26.6	3.4
E	10	0.10	25	0.078	*1.28	26.6	−1.6
F	8	0.08	27	0.084	0.95	21.3	5.7
G	7	0.07	20	0.062	*1.13	18.6	1.4
合计	100	1.00	322	1.000	—	266.0	56.0

当价值系数求出后，即可定出先进功能。先进功能一般从价值系数最高值向下取，选出功能总数的40%~50%作为先进功能。表10-9中先进功能排序为E、C、G（注：价值系数带*号者）。

计算平均先进分值：

$$\text{平均先进分值} = \frac{\text{先进功能成本之和}}{\text{先进功能得分之和}}$$

表10-9中的平均先进分值为

$$\frac{40\,\text{元}+25\,\text{元}+20\,\text{元}}{15\,\text{分}+10\,\text{分}+7\,\text{分}} = 2.66\,\text{元}/\text{分}$$

有了平均先进分值，就可以计算功能的目标成本：

$$\text{功能目标成本} = \text{平均先进分值} \times \text{功能得分}$$

例如，功能A的目标成本为2.66元/分×30分=79.8元，其他可类推。

目前成本与目标成本的差值，就是成本降低幅度。成本降低幅度大的功能，潜力大，应选为改善的重点对象。由表10-9可知，A、B功能应为改进的对象。应该指出，这里计算出的目标成本值，只能起指示方向的作用，不可能准确可靠，因为实际情况是千差万别的。

10.3.5 总结

功能定义、功能整理和功能评价可统称为功能系统分析，简称为功能分析，其全过程可以用图10-12所示的框图表示。

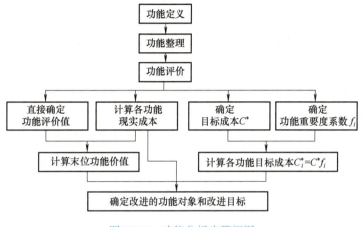

图10-12 功能分析步骤框图

10.4 方案创新与评价

功能评价确定了价值工程对象和其目标成本以后，回答了"它的成本是多少？""它的价值是多少？"等问题，进而转入方案创新阶段，回答"有无其他方法实现这个功能？"因此，在方案创新阶段，要充分发挥价值工程人员的创造精神，尽可能多地提出改进设想和构思设计，以便从中挑选出最优方案。同时，在方案实施以前，还须对创新方案进行评价。

10.4.1 方案创新方法

创造是方案创新的源泉，如何调动相关人员的积极性，更大限度地挖掘他们的创造力是方案创新成功的重要保障。

1. 创造的定义

创造可定义为："通过对过去的经验和知识的分解与组合，使之实现新的功能。"该定义可用图10-13来表示。

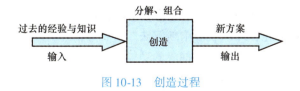

图10-13 创造过程

为了提出方案以创造一种产品，需要有分解和组合的能力，需要有灵活运用经验和知识的能力，这种能力就是创造力。

人的创造力会受到许多方面的阻碍而发挥不出来，例如以下情况：

（1）认识方面。认识方面主要表现为：被周围的现象所迷惑，抓不住问题的实质；不能从不同的问题中找出共同点；受自己所设条件的束缚；颠倒了目的与手段、本质与现象的关系；颠倒了因果关系；把表面相似误认为实质相同。

（2）文化方面。文化方面主要表现为：生搬硬套，墨守成规；推崇推理和逻辑万能论；认为热衷于空想是浪费时间；过分竞争与过分妥协；盲目相信统计；知识一般化。

（3）感情方面。感情方面主要表现为：害怕别人批评；拘泥于问题的某一点；过分急躁；嫌麻烦；没有魄力；保守的本能。

美国心理学会前主席 J. P. 基尔福特（J. P. Guilford）把人类具有的知识功能分解为以下五种：

1）知识功能——掌握知识、理解这些知识的功能。
2）记忆功能——记住已得到知识的功能。
3）分散的思考功能——产生多种答案的功能。
4）集中的思考功能——求出唯一正确答案的功能。
5）评价功能——判断知识是否正确、是否合适和质量好坏的功能。

创造力是每个人都具有的能力，重要的是怎样把它发挥出来。价值工程的许多创新方法都是围绕发挥创造力而提出的。

2. 常见的方案创新方法

方案创新是一种软技术，是一种智力开发活动。它依靠发挥创造力、发挥聪明才智来构思方案，其方法是多种多样的。

（1）头脑风暴法。头脑风暴（BS）法又称智暴法，是 1939 年美国人奥斯本（A. F. Osborn）首创的。这种方法以开小组会的方式进行，会议人数以 5～12 人为宜。会议由熟悉设计对象、善于启发归纳的人主持。这种开会方法与普通开会的区别在于它有以下四条规则：

1）不批判他人的意见。
2）欢迎自由奔放地提意见。
3）希望提出大量方案。
4）要求在改善和结合他人意见的基础上提方案。

这四条规则能使与会的成员在头脑中卷起风暴，集中集体的智慧，必然会出现一些新颖而有价值的想法和方案。

这种方法的特点是简单易行，且能互相启发，集思广益，比较有效率，其缺点是会后整理工作量较大。

（2）戈登法。戈登法是 1964 年美国人戈登（W. J. Gordon）所创。这种方法的指导思想是把研究的问题适当抽象化，以利于寻求新解法。这种方法也是在会议上提方案，主持人不把具体问题全部摊开，而是只提出一个抽象的功能概念，以利于开拓思路。

戈登法是一种抽象类比法，主要抽象功能定义中的动词部分，例如，要发明一种开罐头的新方法，主要抽象"开"的概念，可列出各种开的办法，如打开、撬开、拧开、断开、破开、剥开、撕开等，以便从中寻找是否有开罐头的新方法的启示。

（3）仿生学法。仿生学法是通过仿生学对自然系统生物分析和类比启发，创造新方法。

例如，传说我国著名巧匠鲁班发明锯子，就是受到能割破人皮肤的茅草启发；又如，响尾蛇导弹的制导系统是受响尾蛇知觉系统的启发，模拟了响尾蛇对热辐射源的攻击方式而研制成功的。仿生学用于技术领域的例子非常多。

（4）德尔菲法。德尔菲法（Delphi Method）是采用信函调查的形式来集中众人智慧。具体做法是：组织者将所要研究对象的内容要求以意见征询表的形式，寄给专家，将对方的反馈意见加以综合、整理，提出若干方案和建议，再寄给有关专家，征求意见。经过几次反馈后意见逐渐集中和明确，可以得到较好的预测改进方案。所以这种方法又叫作专家调查法。

（5）其他方法。方案创新还有很多方法，如输入输出法、提问法、检核表法、列举法、反向探求法等。

10.4.2 方案创新评价

方案创新评价主要有概略评价和详细评价两个步骤。

（1）概略评价主要是在方案创新阶段对提出的很多设想进行粗略评价。目的是从许多设想方案中选出价值较高的方案，作为具体制订方案的基础。

（2）详细评价主要是对具体制订的方案进行详细评价，从中选取最优方案。目的是对许多改进方案提供全面、准确可靠的评价依据，正式提交审查。

不论是概略评价或详细评价，都包括技术评价、经济评价、社会评价以及综合评价。技术评价主要是围绕"功能"进行的评价，内容是所提方案能否实现所需功能以及实现程度。经济评价是围绕着成本进行的评价。社会评价是针对方案给社会带来的利益或影响进行的评价。综合评价也叫作价值评价，是在技术评价、经济评价和社会评价的基础上进行的整体评价。

方案技术评价的方法一般有直接打分法、加权打分法，经济评价方法有总额法（总成本或总利润）、直接成本计算法等。

10.4.3 方案的选择与决策

选取最优方案，经过实验验证后，可作为正式提案提交有关部门审批。审批后方案可组织实施。

在进行方案选择时，可参照的主要经济效益指标包括以下几种：

（1）技术性能、规格、指标对比。

（2）功能对比、成本对比。

（3）全年净节约额。其计算公式如下：

$$全年净节约额 = (改进前成本 - 改进后成本) \times 年产量 - VE活动费用$$

（4）节约百分数。其计算公式如下：

$$节约百分数 = \frac{改进前成本 - 改进后成本}{改进前成本} \times 100\%$$

（5）节约倍数。其计算公式如下：

$$节约倍数 = \frac{全年节约额}{VE活动经费}$$

(6) VE 活动单位时间节约额。其计算公式如下：

$$\text{VE 活动单位时间节约额} = \frac{\text{全年净节约额}}{\text{VE 活动连续时间}}$$

【本章小结】

价值工程是一种技术经济分析方法和现代化管理技术。从可持续发展理论的角度，价值工程解决了如何利用有限的资源，创造最大的社会价值的问题，减少了人类发展对资源的消耗，为创造节约型社会的发展提供了一种解决方案。

本章首先介绍了价值工程的相关概念、工作程序和内容，在此基础上对价值工程对象的选择和信息收集进行了阐述，然后介绍了功能分析的内容，包括功能分类、功能定义、功能整理和功能评价，最后提出方案创新方法，进行方案评价和选择。

【本章思考题】

1. 什么是功能、寿命周期成本和价值？
2. 什么是价值工程？
3. 提高价值的基本方法有哪些？
4. 怎样选择价值工程对象？
5. 功能分析的含义及其主要内容是什么？
6. 价值工程中对功能是如何分类的？
7. 功能评价的方法有哪些？
8. 功能定义要注意哪些问题？
9. 基本功能、辅助功能、上位功能、下位功能的含义及其相互关系如何？
10. 功能整理方法有哪些？

【本章练习题】

1. 某级功能有 F_1、F_2、F_3 和 F_4，其中 F_4 的重要度是 F_2 的 4 倍，是 F_3 的 1.3 倍，是 F_1 的 2 倍。试确定各功能的重要度系数。

2. 某产品诸功能的重要度系数和目前成本已知（见表 10-10），试用功能重要度系数法确定产品改进的具体目标。

表 10-10　第 2 题数据表

功　　能	A	B	C	D	E	合　　计
功能重要度系数	0.35	0.25	0.20	0.15	0.05	1.00
目前成本（元）	210	80	120	60	30	500

3. 某设备具有功能 F_1、F_2、F_3 和 F_4，是由甲、乙、丙、丁四个部件组成的，其部件目前成本在各功能上的分配及功能重要度系数见表 10-11，若以实际成本降低 29% 为目标。试求：

(1) 计算各功能价值和成本降低期望值。
(2) 确定改进的具体对象。

表 10-11　第 3 题数据表

序　号	部件名称	功能成本（元）			
		F_1	F_2	F_3	F_4
1	甲	100		100	100
2	乙	100	50	150	200
3	丙			20	50
4	丁	50	40		50
功能重要度系数		0.32	0.05	0.16	0.47

4. 已知某产品有五个功能，有关数据见表 10-12。

表 10-12　第 4 题数据表

功　能	A	B	C	D	E	合　计
功能得分（分）	4	3	5	2	1	15
目前成本（元）	100	60	140	25	60	385

若产品目标成本为 300 元，试用强制确定法计算各功能的成本降低幅度。

5. 已知某产品有五个功能，有关数据见表 10-13。

表 10-13　第 5 题数据表

功　能	A	B	C	D	E	合　计
功能得分（分）	27	20	33	13	7	100
目前成本（元）	100	60	140	25	60	385

试用平均先进分值法计算各功能的目标成本。

附录

复利系数表

$i = 5\%$

n	(F/P, i, n)	(P/F, i, n)	(F/A, i, n)	(A/F, i, n)	(A/P, i, n)	(P/A, i, n)
1	1.050	0.952 4	1.000	1.000 00	1.050 00	0.952
2	1.103	0.907 0	2.050	0.487 80	0.537 80	1.859
3	1.158	0.863 8	3.153	0.317 21	0.367 21	2.723
4	1.216	0.822 7	4.310	0.232 01	0.282 01	3.546
5	1.276	0.783 5	5.526	0.180 97	0.230 97	4.239
6	1.340	0.742 6	6.802	0.147 02	0.197 02	5.076
7	1.407	0.710 7	8.142	0.122 82	0.172 82	5.786
8	1.477	0.676 8	9.549	0.104 72	0.154 72	6.463
9	1.551	0.644 6	11.027	0.090 69	0.140 69	7.108
10	1.629	0.613 9	12.578	0.079 50	0.129 50	7.722
11	1.710	0.584 7	14.207	0.070 39	0.120 39	8.306
12	1.796	0.556 8	15.917	0.062 83	0.112 83	8.863
13	1.886	0.530 3	17.713	0.056 46	0.106 46	9.394
14	1.980	0.505 1	19.599	0.051 02	0.101 02	9.899
15	2.079	0.481 0	21.579	0.046 34	0.096 34	10.380
16	2.183	0.458 1	23.657	0.042 27	0.092 27	10.838
17	2.292	0.436 3	25.840	0.038 70	0.088 70	11.274
18	2.407	0.415 5	28.132	0.035 55	0.085 55	11.290
19	2.527	0.395 7	30.539	0.032 75	0.082 75	12.085
20	2.653	0.376 9	33.066	0.030 24	0.080 24	12.462
21	2.786	0.358 9	35.719	0.028 00	0.078 00	12.821
22	2.925	0.341 8	38.505	0.025 97	0.075 97	13.163
23	3.072	0.325 6	41.430	0.024 14	0.074 14	13.489
24	3.225	0.310 1	44.502	0.022 47	0.072 47	13.799
25	3.386	0.295 3	47.727	0.020 95	0.070 95	14.094
26	3.556	0.281 2	51.113	0.019 56	0.069 56	14.375
27	3.733	0.267 8	54.669	0.018 29	0.068 29	14.643
28	3.920	0.255 1	58.403	0.017 12	0.067 12	14.898
29	4.116	0.242 9	62.323	0.016 05	0.066 05	15.141
30	4.332	0.231 4	66.439	0.015 05	0.065 05	15.372
35	5.516	0.181 3	90.320	0.011 07	0.061 07	16.374
40	7.040	0.142 0	120.800	0.008 28	0.058 28	17.159
45	8.985	0.111 3	159.700	0.006 26	0.056 26	17.774
50	11.467	0.087 2	209.348	0.004 78	0.054 78	18.256
55	14.636	0.068 3	272.713	0.003 67	0.053 67	18.633
60	18.679	0.053 5	353.584	0.002 83	0.052 83	18.929
65	23.840	0.041 9	456.798	0.002 19	0.052 19	19.161
70	30.426	0.032 9	588.529	0.001 70	0.051 70	19.343
75	38.833	0.025 8	756.654	0.001 32	0.051 32	19.485
80	49.561	0.020 2	971.229	0.001 03	0.051 03	19.596
85	63.254	0.015 8	1 245.087	0.000 80	0.050 80	19.684
90	80.730	0.012 4	1 594.607	0.000 63	0.050 63	19.752
95	103.035	0.009 7	2 040.694	0.000 49	0.050 49	19.806
100	131.501	0.007 6	2 610.025	0.000 38	0.050 38	19.848

$i=6\%$

n	(F/P, i, n)	(P/F, i, n)	(F/A, i, n)	(A/F, i, n)	(A/P, i, n)	(P/A, i, n)
1	1.060	0.943 4	1.000	1.000 00	1.060 00	0.943
2	1.124	0.890 0	2.060	0.485 44	0.545 44	1.833
3	1.191	0.839 6	3.184	0.314 11	0.374 11	2.673
4	1.262	0.792 1	4.375	0.228 59	0.288 59	3.465
5	1.338	0.747 3	5.637	0.177 40	0.237 40	4.212
6	1.419	0.705 0	6.975	0.143 36	0.203 36	4.917
7	1.504	0.665 1	8.394	0.119 14	0.179 14	5.582
8	1.594	0.627 4	9.897	0.101 04	0.161 04	6.210
9	1.689	0.591 9	11.491	0.087 02	0.147 02	6.802
10	1.791	0.558 4	13.181	0.075 87	0.135 87	7.360
11	1.898	0.526 8	14.972	0.066 79	0.126 79	7.887
12	2.012	0.497 0	16.870	0.059 28	0.119 28	8.384
13	2.133	0.468 8	18.882	0.052 96	0.112 96	8.853
14	2.261	0.442 3	21.015	0.047 58	0.107 58	9.295
15	2.397	0.417 3	23.276	0.042 96	0.102 96	9.712
16	2.540	0.393 6	25.673	0.038 95	0.098 95	10.106
17	2.693	0.371 4	28.213	0.035 44	0.095 44	10.477
18	2.854	0.350 3	30.906	0.032 36	0.092 36	10.828
19	3.026	0.330 5	33.760	0.029 62	0.089 62	11.158
20	3.207	0.311 8	36.786	0.027 18	0.087 18	11.470
21	3.400	0.294 2	39.993	0.025 00	0.085 00	11.764
22	3.604	0.277 5	43.392	0.023 05	0.083 05	12.042
23	3.820	0.261 8	46.996	0.021 28	0.081 28	12.303
24	4.049	0.247 0	50.816	0.019 68	0.079 68	12.550
25	4.292	0.233 0	54.865	0.018 23	0.078 23	12.783
26	4.549	0.219 8	59.156	0.016 90	0.076 90	13.003
27	4.822	0.207 4	63.706	0.015 70	0.075 70	13.211
28	5.112	0.195 6	68.528	0.014 59	0.074 59	13.406
29	5.418	0.184 6	73.640	0.013 58	0.073 58	13.591
30	5.743	0.174 1	79.058	0.012 65	0.072 65	13.765
35	7.686	0.130 1	111.435	0.008 97	0.068 97	14.498
40	10.286	0.097 2	154.762	0.006 46	0.066 46	15.046
45	13.765	0.072 7	212.744	0.004 70	0.064 70	15.456
50	18.420	0.054 3	290.336	0.003 44	0.063 44	15.762
55	24.650	0.040 6	394.172	0.002 54	0.062 54	15.991
60	32.988	0.030 3	533.128	0.001 88	0.061 88	16.161
65	44.145	0.022 7	719.083	0.001 39	0.061 39	16.289
70	59.076	0.016 9	967.932	0.001 03	0.061 03	16.385
75	79.057	0.012 6	1 300.949	0.000 77	0.060 77	16.456
80	105.796	0.009 5	1 746.600	0.000 57	0.060 57	16.509
85	141.579	0.007 1	2 342.982	0.000 43	0.060 43	16.549
90	189.465	0.005 3	3 141.075	0.000 32	0.060 32	16.579
95	253.546	0.003 9	4 209.104	0.000 24	0.060 24	16.601
100	339.302	0.002 9	5 638.368	0.000 18	0.060 18	16.618

$i = 7\%$

n	(F/P, i, n)	(P/F, i, n)	(F/A, i, n)	(A/F, i, n)	(A/P, i, n)	(P/A, i, n)
1	1.070	0.934 6	1.000	1.000 00	1.070 00	0.935
2	1.145	0.873 4	2.070	0.483 09	0.553 09	1.808
3	1.225	0.816 3	3.215	0.311 05	0.381 05	2.624
4	1.311	0.762 9	4.440	0.225 23	0.295 23	3.387
5	1.403	0.713 0	5.751	0.173 89	0.243 89	4.100
6	1.501	0.666 3	7.153	0.139 80	0.209 80	4.767
7	1.606	0.622 7	8.654	0.115 55	0.185 55	5.389
8	1.718	0.582 0	10.260	0.097 47	0.167 47	5.971
9	1.838	0.543 9	11.978	0.083 49	0.153 49	6.515
10	1.967	0.508 3	13.816	0.072 38	0.142 38	7.024
11	2.105	0.475 1	15.784	0.063 36	0.133 36	7.499
12	2.252	0.444 0	17.888	0.055 90	0.125 90	7.943
13	2.410	0.415 0	20.141	0.049 65	0.119 65	8.358
14	2.579	0.387 8	22.550	0.044 34	0.114 34	8.745
15	2.759	0.362 4	25.129	0.039 79	0.109 79	9.108
16	2.952	0.338 7	27.888	0.035 86	0.105 86	9.447
17	3.159	0.316 6	30.840	0.032 43	0.102 43	9.763
18	3.380	0.295 9	33.999	0.029 41	0.099 41	10.059
19	3.617	0.276 5	37.379	0.026 75	0.096 75	10.336
20	3.870	0.258 4	40.995	0.024 39	0.094 39	10.594
21	4.141	0.241 5	44.865	0.022 29	0.092 29	10.836
22	4.430	0.225 7	49.006	0.020 41	0.090 41	11.061
23	4.741	0.210 9	53.436	0.018 71	0.088 71	11.272
24	5.072	0.197 1	58.177	0.017 19	0.087 19	11.469
25	5.427	0.184 2	63.249	0.015 81	0.085 81	11.654
26	5.807	0.172 2	68.676	0.014 56	0.084 56	11.826
27	6.214	0.160 9	74.484	0.013 43	0.083 43	11.987
28	6.649	0.150 4	80.698	0.012 39	0.082 39	12.137
29	7.114	0.140 6	87.347	0.011 45	0.081 45	12.278
30	7.612	0.131 4	94.461	0.010 59	0.080 59	12.409
35	10.677	0.093 7	138.237	0.007 23	0.077 23	12.948
40	14.974	0.066 8	199.635	0.005 01	0.075 01	13.332
45	21.002	0.047 6	285.749	0.003 50	0.073 50	13.606
50	29.457	0.033 9	406.529	0.002 46	0.072 46	13.801
55	41.315	0.024 2	575.929	0.001 74	0.071 74	13.940
60	57.946	0.017 3	813.520	0.001 23	0.071 23	14.039
65	81.273	0.012 3	1 146.755	0.000 87	0.070 87	14.110
70	113.989	0.008 8	1 614.134	0.000 62	0.070 62	14.160
75	159.876	0.006 3	2 269.657	0.000 44	0.070 44	14.196
80	224.234	0.004 5	3 189.063	0.000 31	0.070 31	14.222
85	314.500	0.003 2	4 478.576	0.000 22	0.070 22	14.240
90	441.103	0.002 3	6 287.185	0.000 16	0.070 16	14.253
95	618.670	0.001 6	8 823.854	0.000 11	0.070 11	14.263
100	867.716	0.001 2	12 381.662	0.000 08	0.070 08	14.269

$i = 8\%$

n	$(F/P, i, n)$	$(P/F, i, n)$	$(F/A, i, n)$	$(A/F, i, n)$	$(A/P, i, n)$	$(P/A, i, n)$
1	1.080	0.925 9	1.000	1.000 00	1.080 00	0.926
2	1.166	0.857 3	2.080	0.480 77	0.560 77	1.783
3	1.260	0.793 8	3.246	0.308 03	0.388 03	2.577
4	1.360	0.735 0	4.506	0.221 92	0.301 92	3.312
5	1.469	0.680 6	5.867	0.170 46	0.250 46	3.993
6	1.587	0.630 2	7.336	0.136 32	0.216 32	4.623
7	1.714	0.583 5	8.923	0.112 07	0.192 07	5.206
8	1.851	0.540 3	10.637	0.094 01	0.174 01	5.747
9	1.999	0.500 2	12.488	0.080 08	0.160 08	6.247
10	2.159	0.463 2	14.487	0.069 03	0.149 03	6.710
11	2.332	0.428 9	16.645	0.060 08	0.140 08	7.139
12	2.518	0.397 1	18.977	0.052 70	0.132 70	7.536
13	2.720	0.367 7	21.495	0.046 52	0.126 52	7.904
14	2.937	0.340 5	24.215	0.041 30	0.121 30	8.244
15	3.172	0.315 2	27.152	0.036 83	0.116 83	8.559
16	3.426	0.291 9	30.324	0.032 98	0.112 98	8.851
17	3.700	0.270 3	33.750	0.029 63	0.109 63	9.122
18	3.996	0.250 2	37.450	0.026 70	0.106 70	9.372
19	4.316	0.231 7	41.446	0.024 13	0.104 13	9.604
20	4.661	0.214 5	45.762	0.021 85	0.101 85	9.818
21	5.034	0.198 7	50.423	0.019 83	0.099 83	10.017
22	5.437	0.183 9	55.457	0.018 03	0.098 03	10.201
23	5.871	0.170 3	60.893	0.016 42	0.096 42	10.371
24	6.341	0.157 7	66.765	0.014 98	0.094 98	10.529
25	6.848	0.146 0	73.106	0.013 68	0.093 68	10.675
26	7.396	0.135 2	79.954	0.012 51	0.092 51	10.810
27	7.988	0.125 2	87.351	0.011 45	0.091 45	10.935
28	8.627	0.115 9	95.339	0.010 49	0.090 49	11.051
29	9.317	0.107 3	103.966	0.009 62	0.089 62	11.158
30	10.063	0.099 4	113.283	0.008 83	0.088 83	11.258
35	14.785	0.067 6	172.317	0.005 80	0.085 80	11.655
40	21.725	0.046 0	259.057	0.003 86	0.083 86	11.925
45	31.920	0.031 3	386.506	0.002 59	0.082 59	12.108
50	46.902	0.021 3	573.770	0.001 74	0.081 74	12.233
55	68.914	0.014 5	848.923	0.001 18	0.081 18	12.319
60	101.257	0.009 9	1 253.213	0.000 80	0.080 80	12.377
65	148.780	0.006 7	1 847.248	0.000 54	0.080 54	12.416
70	218.606	0.004 6	2 720.080	0.000 37	0.080 37	12.443
75	321.205	0.003 1	4 002.557	0.000 25	0.080 25	12.461
80	471.955	0.002 1	5 886.935	0.000 17	0.080 17	12.474
85	693.456	0.001 4	8 655.706	0.000 12	0.080 12	12.482
90	1 018.915	0.001 0	12 723.939	0.000 08	0.080 08	12.488
95	1 497.121	0.000 7	18 701.507	0.000 05	0.080 05	12.492
100	2 199.761	0.000 5	27 484.516	0.000 04	0.080 04	12.494

$i = 10\%$

n	$(F/P, i, n)$	$(P/F, i, n)$	$(F/A, i, n)$	$(A/F, i, n)$	$(A/P, i, n)$	$(P/A, i, n)$
1	1.100	0.909 1	1.000	1.000 00	1.100 00	0.909
2	1.210	0.826 4	2.100	0.476 19	0.576 19	1.736
3	1.331	0.751 3	3.310	0.302 11	0.402 11	2.487
4	1.464	0.683 0	4.641	0.215 47	0.315 47	3.170
5	1.611	0.620 9	6.105	0.163 80	0.263 80	3.791
6	1.772	0.564 5	7.716	0.129 61	0.229 61	4.355
7	1.949	0.513 2	9.487	0.105 41	0.205 41	4.868
8	2.144	0.466 5	11.436	0.087 44	0.187 44	5.335
9	2.358	0.424 1	13.579	0.073 64	0.173 64	5.759
10	2.594	0.385 5	15.937	0.062 75	0.162 75	6.145
11	2.853	0.350 5	18.531	0.053 96	0.153 96	6.495
12	3.138	0.318 6	21.384	0.046 76	0.146 76	6.814
13	3.452	0.289 7	24.523	0.040 78	0.140 78	7.103
14	3.797	0.263 3	27.975	0.035 75	0.135 75	7.367
15	4.177	0.239 4	31.772	0.031 47	0.131 47	7.606
16	4.595	0.217 6	35.950	0.027 82	0.127 82	7.824
17	5.054	0.197 8	40.545	0.024 66	0.124 66	8.022
18	5.560	0.179 9	45.599	0.021 93	0.121 93	8.201
19	6.116	0.163 5	51.159	0.019 55	0.119 55	8.365
20	6.727	0.148 6	57.275	0.017 46	0.117 46	8.514
21	7.400	0.135 1	64.002	0.015 62	0.115 62	8.649
22	8.140	0.122 8	71.403	0.014 01	0.114 01	8.772
23	8.954	0.111 7	79.543	0.012 57	0.112 57	8.883
24	9.850	0.101 5	88.497	0.011 30	0.111 30	8.985
25	10.835	0.092 3	98.347	0.010 17	0.110 17	9.077
26	11.918	0.083 9	109.182	0.009 16	0.109 16	9.161
27	13.110	0.076 3	121.100	0.008 26	0.108 26	9.237
28	14.421	0.069 3	134.210	0.007 45	0.107 45	9.307
29	15.863	0.063 0	148.631	0.006 73	0.106 73	9.370
30	17.449	0.057 3	164.494	0.006 08	0.106 08	9.427
35	28.102	0.035 6	271.024	0.003 69	0.103 69	9.644
40	45.259	0.022 1	442.593	0.002 26	0.102 26	9.779
45	72.890	0.013 7	718.905	0.001 39	0.101 39	9.863
50	117.391	0.008 5	1 163.909	0.000 86	0.100 86	9.915
55	189.059	0.005 3	1 880.591	0.000 53	0.100 53	9.947
60	304.482	0.003 3	3 034.816	0.000 33	0.100 33	9.967
65	490.371	0.002 0	4 893.707	0.000 20	0.100 20	9.980
70	789.747	0.001 3	7 887.470	0.000 13	0.100 13	9.987
75	1 271.895	0.000 8	12 708.954	0.000 08	0.100 08	9.992
80	2 048.400	0.000 5	20 474.002	0.000 05	0.100 05	9.995
85	3 298.969	0.000 3	32 979.690	0.000 03	0.100 03	9.997
90	5 313.023	0.000 2	53 120.226	0.000 02	0.100 02	9.998
95	8 556.676	0.000 1	85 556.760	0.000 01	0.100 01	9.999
100	13 780.612	0.000 1	137 796.123	0.000 01	0.100 01	9.999

$i = 12\%$

n	(F/P, i, n)	(P/F, i, n)	(F/A, i, n)	(A/F, i, n)	(A/P, i, n)	(P/A, i, n)
1	1.120	0.892 9	1.000	1.000 00	1.120 00	0.893
2	1.254	0.797 2	2.120	0.471 70	0.591 70	1.690
3	1.405	0.711 8	3.374	0.296 35	0.416 35	2.402
4	1.574	0.635 5	4.779	0.209 23	0.329 23	3.037
5	1.762	0.567 4	6.353	0.157 41	0.277 41	3.605
6	1.974	0.506 6	8.115	0.123 23	0.243 23	4.111
7	2.211	0.452 3	10.089	0.099 12	0.219 12	4.564
8	2.476	0.403 9	12.300	0.081 30	0.201 30	4.968
9	2.773	0.360 6	14.776	0.067 68	0.187 68	5.328
10	3.106	0.322 0	17.549	0.056 98	0.176 98	5.650
11	3.479	0.287 5	20.655	0.048 42	0.168 42	5.938
12	3.896	0.256 7	24.133	0.041 44	0.161 44	6.194
13	4.363	0.229 2	28.029	0.035 68	0.155 68	6.424
14	4.887	0.204 6	32.393	0.030 87	0.150 87	6.628
15	5.474	0.182 7	37.280	0.026 82	0.146 82	6.811
16	6.130	0.163 1	42.753	0.023 39	0.143 39	6.974
17	6.866	0.145 6	48.884	0.020 46	0.140 46	7.120
18	7.690	0.130 0	55.750	0.017 94	0.137 94	7.250
19	8.613	0.116 1	63.440	0.015 76	0.135 76	7.366
20	9.646	0.103 7	72.052	0.013 88	0.133 88	7.469
21	10.804	0.092 6	81.699	0.012 24	0.132 24	7.562
22	12.100	0.082 6	92.503	0.010 81	0.130 81	7.645
23	13.552	0.073 8	104.603	0.009 56	0.129 56	7.718
24	15.179	0.065 9	118.155	0.008 46	0.128 46	7.784
25	17.000	0.058 8	133.334	0.007 50	0.127 50	7.843
26	19.040	0.052 5	150.334	0.006 65	0.126 65	7.896
27	21.325	0.046 9	169.374	0.005 90	0.125 90	7.943
28	23.884	0.041 9	190.699	0.005 24	0.125 24	7.984
29	26.750	0.037 4	214.583	0.004 66	0.124 66	8.022
30	29.960	0.033 4	241.333	0.004 14	0.124 14	8.055
35	52.800	0.018 9	431.663	0.002 32	0.122 32	8.176
40	93.051	0.010 7	767.091	0.001 30	0.121 30	8.244
45	163.988	0.006 1	1 358.230	0.000 74	0.120 74	8.283
50	289.002	0.003 5	2 400.018	0.000 42	0.120 42	8.304
55	509.321	0.002 0	4 236.005	0.000 24	0.120 24	8.317
60	897.597	0.001 1	7 471.641	0.000 13	0.120 13	8.324
65	1 581.872	0.000 6	13 173.937	0.000 08	0.120 08	8.328
70	2 787.800	0.000 4	23 223.332	0.000 04	0.120 04	8.330
75	4 913.056	0.000 2	40 933.799	0.000 02	0.120 02	8.332
80	8 658.483	0.000 1	72 145.693	0.000 01	0.120 01	8.332
85	15 259.206	0.000 1	127 151.714	0.000 01	0.120 01	8.333
90	26 891.934	0.000 0	224 091.119	0.000 00	0.120 00	8.333
95	47 392.777	0.000 0	394 931.472	0.000 00	0.120 00	8.333
100	83 522.266	0.000 0	696 010.548	0.000 00	0.120 00	8.333

$i = 15\%$

n	$(F/P, i, n)$	$(P/F, i, n)$	$(F/A, i, n)$	$(A/F, i, n)$	$(A/P, i, n)$	$(P/A, i, n)$
1	1.150	0.869 6	1.000	1.000 00	1.150 00	0.870
2	1.323	0.756 1	2.150	0.465 12	0.615 12	1.626
3	1.521	0.657 5	3.473	0.287 98	0.437 98	2.283
4	1.749	0.571 8	4.993	0.200 27	0.350 27	2.855
5	2.011	0.497 2	6.742	0.148 32	0.298 32	3.352
6	2.313	0.432 3	8.754	0.114 24	0.264 24	3.784
7	2.660	0.375 9	11.067	0.090 36	0.240 36	4.160
8	3.059	0.326 9	13.727	0.072 85	0.222 85	4.487
9	3.518	0.284 3	16.786	0.059 57	0.209 57	4.772
10	4.046	0.247 2	20.304	0.049 25	0.199 25	5.019
11	4.652	0.214 9	24.349	0.041 07	0.191 07	5.234
12	5.350	0.186 9	29.002	0.034 48	0.184 48	5.421
13	6.153	0.162 5	34.352	0.029 11	0.179 11	5.583
14	7.076	0.141 3	40.505	0.024 69	0.174 69	5.724
15	8.137	0.122 9	47.580	0.021 02	0.171 02	5.847
16	9.358	0.106 9	55.717	0.017 95	0.167 95	5.954
17	10.761	0.092 9	65.075	0.015 37	0.165 37	6.047
18	12.375	0.080 8	75.836	0.013 19	0.163 19	6.128
19	14.232	0.070 3	88.212	0.011 34	0.161 34	6.198
20	16.367	0.061 1	102.444	0.009 76	0.159 76	6.259
21	18.822	0.053 1	118.810	0.008 42	0.158 42	6.312
22	21.645	0.046 2	137.632	0.007 27	0.157 27	6.359
23	24.891	0.040 2	159.276	0.006 28	0.156 28	6.399
24	28.625	0.034 9	184.168	0.005 43	0.155 43	6.434
25	32.919	0.030 4	212.793	0.004 70	0.154 70	6.464
26	37.857	0.026 4	245.712	0.004 07	0.154 07	6.491
27	43.535	0.023 0	283.569	0.003 53	0.153 53	6.514
28	50.066	0.020 0	327.104	0.003 06	0.153 06	6.534
29	57.575	0.017 4	377.170	0.002 65	0.152 65	6.551
30	66.212	0.015 1	434.745	0.002 30	0.152 30	6.566
35	133.176	0.007 5	881.170	0.001 13	0.151 13	6.617
40	267.864	0.003 7	1 779.090	0.000 56	0.150 56	6.642
45	538.769	0.001 9	3 585.128	0.000 28	0.150 28	6.654
50	1 083.657	0.000 9	7 217.716	0.000 14	0.150 14	6.661
55	2 179.622	0.000 5	14 524.148	0.000 07	0.150 07	6.664
60	4 383.999	0.000 2	29 219.992	0.000 03	0.150 03	6.665
65	8 817.787	0.000 1	58 778.583	0.000 02	0.150 02	6.666
70	17 735.720	0.000 1	118 231.467	0.000 01	0.150 01	6.666
75	35 672.868	0.000 0	237 812.453	0.000 00	0.150 00	6.666
80	71 750.879	0.000 0	478 332.529	0.000 00	0.150 00	6.667
85	144 316.647	0.000 0	962 104.313	0.000 00	0.150 00	6.667
90	290 272.325	0.000 0	1 935 142.168	0.000 00	0.150 00	6.667
95	583 841.328	0.000 0	3 892 268.851	0.000 00	0.150 00	6.667
100	1 174 313.451	0.000 0	7 828 749.671	0.000 00	0.150 00	6.667

附录 复利系数表

$i = 20\%$

n	(F/P, i, n)	(P/F, i, n)	(F/A, i, n)	(A/F, i, n)	(A/P, i, n)	(P/A, i, n)
1	1.200	0.833 3	1.000	1.000 00	1.200 00	0.833
2	1.440	0.694 4	2.200	0.454 55	0.654 55	1.528
3	1.728	0.578 7	3.640	0.274 73	0.474 73	2.106
4	2.074	0.482 3	5.368	0.186 29	0.386 29	2.589
5	2.488	0.401 9	7.442	0.134 38	0.334 38	2.991
6	2.986	0.334 9	9.930	0.100 71	0.300 71	3.326
7	3.583	0.279 1	12.916	0.077 42	0.277 42	3.605
8	4.300	0.232 6	16.499	0.060 61	0.260 61	3.837
9	5.160	0.193 8	20.799	0.048 08	0.248 08	4.031
10	6.192	0.161 5	25.959	0.038 52	0.238 52	4.192
11	7.430	0.134 6	32.150	0.031 10	0.231 10	4.327
12	8.916	0.112 2	39.581	0.025 26	0.225 26	4.439
13	10.699	0.093 5	48.497	0.020 62	0.220 62	4.533
14	12.839	0.077 9	59.196	0.016 89	0.216 89	4.611
15	15.407	0.064 9	72.035	0.013 88	0.213 88	4.675
16	18.488	0.054 1	87.442	0.011 44	0.211 44	4.730
17	22.186	0.045 1	105.931	0.009 44	0.209 44	4.775
18	26.623	0.037 6	128.117	0.007 81	0.207 81	4.812
19	31.948	0.031 3	154.740	0.006 46	0.206 46	4.843
20	38.338	0.026 1	186.688	0.005 36	0.205 36	4.870
21	46.005	0.021 7	225.026	0.004 44	0.204 44	4.891
22	55.206	0.018 1	271.031	0.003 69	0.203 69	4.909
23	66.247	0.015 1	326.237	0.003 07	0.203 07	4.925
24	79.497	0.012 6	392.484	0.002 55	0.202 55	4.937
25	95.396	0.010 5	471.981	0.002 12	0.202 12	4.948
26	114.475	0.008 7	567.377	0.001 76	0.201 76	4.956
27	137.371	0.007 3	681.853	0.001 47	0.201 47	4.964
28	164.845	0.006 1	819.223	0.001 22	0.201 22	4.970
29	197.814	0.005 1	984.068	0.001 02	0.201 02	4.975
30	237.376	0.004 2	1 181.882	0.000 85	0.200 85	4.979
35	590.668	0.001 7	2 948.341	0.000 34	0.200 34	4.992
40	1 469.772	0.000 7	7 343.858	0.000 14	0.200 14	4.997
45	3 657.262	0.000 3	18 281.310	0.000 05	0.200 05	4.999
50	9 100.438	0.000 1	45 497.191	0.000 02	0.200 02	4.999
55	22 644.802	0.000 0	113 219.011	0.000 01	0.200 01	5.000
60	56 347.514	0.000 0	281 732.572	0.000 00	0.200 00	5.000
65	140 210.647	0.000 0	701 048.235	0.000 00	0.200 00	5.000
70	348 888.957	0.000 0	1 744 439.785	0.000 00	0.200 00	5.000
75	868 147.369	0.000 0	4 340 731.847	0.000 00	0.200 00	5.000
80	2 160 228.462	0.000 0	10 801 137.310	0.000 00	0.200 00	5.000
85	5 375 339.687	0.000 0	26 876 693.433	0.000 00	0.200 00	5.000
90	13 375 565.249	0.000 0	66 877 821.245	0.000 00	0.200 00	5.000
95	33 282 686.520	0.000 0	166 413 427.601	0.000 00	0.200 00	5.000
100	82 817 974.522	0.000 0	414 089 867.610	0.000 00	0.200 00	5.000

$i = 25\%$

n	(F/P, i, n)	(P/F, i, n)	(F/A, i, n)	(A/F, i, n)	(A/P, i, n)	(P/A, i, n)
1	1.250	0.800 0	1.000	1.000 00	1.250 00	0.800
2	1.563	0.640 0	2.250	0.444 44	0.694 44	1.440
3	1.953	0.512 0	3.813	0.262 30	0.512 30	1.952
4	2.441	0.409 6	5.766	0.173 44	0.423 44	2.362
5	3.052	0.327 7	8.207	0.121 85	0.371 85	2.689
6	3.815	0.262 1	11.259	0.088 82	0.338 82	2.951
7	4.768	0.209 7	15.073	0.066 34	0.316 34	3.161
8	5.960	0.167 8	19.842	0.050 40	0.300 40	3.329
9	7.451	0.134 2	25.802	0.038 76	0.288 76	3.463
10	9.313	0.107 4	33.253	0.030 07	0.280 07	3.571
11	11.642	0.085 9	42.566	0.023 49	0.273 49	3.656
12	14.552	0.068 7	54.208	0.018 45	0.268 45	3.725
13	18.190	0.055 0	68.760	0.014 54	0.264 54	3.780
14	22.737	0.044 0	86.949	0.011 50	0.261 50	3.824
15	28.422	0.035 2	109.687	0.009 12	0.259 12	3.859
16	35.527	0.028 1	138.109	0.007 24	0.257 24	3.887
17	44.409	0.022 5	173.636	0.005 76	0.255 76	3.910
18	55.511	0.018 0	218.045	0.004 59	0.254 59	3.928
19	69.389	0.014 4	273.556	0.003 66	0.253 66	3.942
20	86.736	0.011 5	342.945	0.002 92	0.252 92	3.954
21	108.420	0.009 2	429.681	0.002 33	0.252 33	3.963
22	135.525	0.007 4	538.101	0.001 86	0.251 86	3.970
23	169.407	0.005 9	673.626	0.001 48	0.251 48	3.976
24	211.758	0.004 7	843.033	0.001 19	0.251 19	3.981
25	264.698	0.003 8	1 054.791	0.000 95	0.250 95	3.985
26	330.872	0.003 0	1 319.489	0.000 76	0.250 76	3.988
27	413.590	0.002 4	1 650.361	0.000 61	0.250 61	3.990
28	516.988	0.001 9	2 063.952	0.000 48	0.250 48	3.992
29	646.235	0.001 5	2 580.939	0.000 39	0.250 39	3.994
30	807.794	0.001 2	3 227.174	0.000 31	0.250 31	3.995
35	2 465.190	0.000 4	9 856.761	0.000 10	0.250 10	3.998
40	7 523.164	0.000 1	30 088.655	0.000 03	0.250 03	3.999
45	22 958.874	0.000 0	91 831.496	0.000 01	0.250 01	4.000
50	70 064.923	0.000 0	280 255.693	0.000 00	0.250 00	4.000
55	213 821.177	0.000 0	855 280.707	0.000 00	0.250 00	4.000
60	652 530.447	0.000 0	2 610 117.787	0.000 00	0.250 00	4.000
65	1 991 364.889	0.000 0	7 965 455.556	0.000 00	0.250 00	4.000
70	6 077 163.357	0.000 0	24 308 649.429	0.000 00	0.250 00	4.000
75	18 546 030.753	0.000 0	74 184 119.014	0.000 00	0.250 00	4.000
80	56 597 994.243	0.000 0	226 391 972.971	0.000 00	0.250 00	4.000
85	172 723 371.102	0.000 0	690 893 480.408	0.000 00	0.250 00	4.000
90	527 109 897.162	0.000 0	2 108 439 584.646	0.000 00	0.250 00	4.000
95	1 608 611 746.709	0.000 0	6 434 446 982.835	0.000 00	0.250 00	4.000
100	4 909 093 465.298	0.000 0	19 636 373 857.191	0.000 00	0.250 00	4.000

$i = 30\%$

n	(F/P, i, n)	(P/F, i, n)	(F/A, i, n)	(A/F, i, n)	(A/P, i, n)	(P/A, i, n)
1	1.300	0.769 2	1.000	1.000 00	1.300 00	0.769
2	1.690	0.591 7	2.300	0.434 78	0.734 78	1.361
3	2.197	0.455 2	3.990	0.250 63	0.550 63	1.816
4	2.856	0.350 1	6.187	0.161 63	0.461 63	2.166
5	3.713	0.269 3	9.043	0.110 58	0.410 58	2.436
6	4.827	0.207 2	12.756	0.078 39	0.378 39	2.643
7	6.275	0.159 4	17.583	0.056 87	0.356 87	2.802
8	8.157	0.122 6	23.858	0.041 92	0.341 92	2.925
9	10.604	0.094 3	32.015	0.031 24	0.331 24	3.019
10	13.786	0.072 5	42.619	0.023 46	0.323 46	3.092
11	17.922	0.055 8	56.405	0.017 73	0.317 73	3.147
12	23.298	0.042 9	74.327	0.013 45	0.313 45	3.190
13	30.288	0.033 0	97.625	0.010 24	0.310 24	3.223
14	39.374	0.025 4	127.913	0.007 82	0.307 82	3.249
15	51.186	0.019 5	167.286	0.005 98	0.305 98	3.268
16	66.542	0.015 0	218.472	0.004 58	0.304 58	3.283
17	86.504	0.011 6	285.014	0.003 51	0.303 51	3.295
18	112.455	0.008 9	371.518	0.002 69	0.302 69	3.304
19	146.192	0.006 8	483.973	0.002 07	0.302 07	3.311
20	190.050	0.005 3	630.165	0.001 59	0.301 59	3.316
21	247.065	0.004 0	820.215	0.001 22	0.301 22	3.320
22	321.184	0.003 1	1 067.280	0.000 94	0.300 94	3.323
23	417.539	0.002 4	1 388.464	0.000 72	0.300 72	3.325
24	542.801	0.001 8	1 806.003	0.000 55	0.300 55	3.327
25	705.641	0.001 4	2 348.803	0.000 43	0.300 43	3.329
26	917.333	0.001 1	3 054.444	0.000 33	0.300 33	3.330
27	1 192.533	0.000 8	3 971.778	0.000 25	0.300 25	3.331
28	1 550.293	0.000 6	5 164.311	0.000 19	0.300 19	3.331
29	2 015.381	0.000 5	6 714.604	0.000 15	0.300 15	3.332
30	2 619.996	0.000 4	8 729.985	0.000 11	0.300 11	3.332
35	9 727.860	0.000 1	32 422.868	0.000 03	0.300 03	3.333
40	36 118.865	0.000 0	120 392.883	0.000 01	0.300 01	3.333
45	134 106.817	0.000 0	447 019.389	0.000 00	0.300 00	3.333
50	497 929.223	0.000 0	1 659 760.743	0.000 00	0.300 00	3.333
55	1 848 776.350	0.000 0	6 162 584.500	0.000 00	0.300 00	3.333
60	6 864 377.173	0.000 0	22 881 253.909	0.000 00	0.300 00	3.333
65	25 486 951.936	0.000 0	84 956 503.120	0.000 00	0.300 00	3.333
70	94 631 268.452	0.000 0	315 437 558.172	0.000 00	0.300 00	3.333
75	351 359 275.572	0.000 0	1 171 197 581.908	0.000 00	0.300 00	3.333
80	1 304 572 395.051	0.000 0	4 348 574 646.838	0.000 00	0.300 00	3.333
85	4 843 785 982.758	0.000 0	16 145 953 272.526	0.000 00	0.300 00	3.333
90	17 984 638 288.961	0.000 0	59 948 794 293.204	0.000 00	0.300 00	3.333
95	66 775 703 042.233	0.000 0	222 585 676 804.110	0.000 00	0.300 00	3.333
100	247 933 511 096.598	0.000 0	826 445 036 985.328	0.000 00	0.300 00	3.333

$i = 40\%$

n	(F/P, i, n)	(P/F, i, n)	(F/A, i, n)	(A/F, i, n)	(A/P, i, n)	(P/A, i, n)
1	1.400	0.714 3	1.000	1.000 00	1.400 00	0.714
2	1.960	0.510 2	2.400	0.416 67	0.816 67	1.224
3	2.744	0.364 4	4.360	0.229 36	0.629 36	1.589
4	3.842	0.260 3	7.104	0.140 77	0.540 77	1.849
5	5.378	0.185 9	10.946	0.091 36	0.491 36	2.035
6	7.530	0.132 8	16.324	0.061 26	0.461 26	2.168
7	10.541	0.094 9	23.853	0.041 92	0.441 92	2.263
8	14.758	0.067 8	34.395	0.029 07	0.429 07	2.331
9	20.661	0.048 4	49.153	0.020 34	0.420 34	2.379
10	28.925	0.034 6	69.814	0.014 32	0.414 32	2.414
11	40.496	0.024 7	98.739	0.010 13	0.410 13	2.438
12	56.694	0.017 6	139.235	0.007 18	0.407 18	2.456
13	79.371	0.012 6	195.929	0.005 10	0.405 10	2.469
14	111.120	0.009 0	275.300	0.003 63	0.403 63	2.478
15	155.568	0.006 4	386.420	0.002 59	0.402 59	2.484
16	217.795	0.004 6	541.988	0.001 85	0.401 85	2.489
17	304.913	0.003 3	759.784	0.001 32	0.401 32	2.492
18	426.879	0.002 3	1 064.697	0.000 94	0.400 94	2.494
19	597.630	0.001 7	1 491.576	0.000 67	0.400 67	2.496
20	836.683	0.001 2	2 089.206	0.000 48	0.400 48	2.497
21	1 171.356	0.000 9	2 925.889	0.000 34	0.400 34	2.498
22	1 639.898	0.000 6	4 097.245	0.000 24	0.400 24	2.498
23	2 295.857	0.000 4	5 737.142	0.000 17	0.400 17	2.499
24	3 214.200	0.000 3	8 032.999	0.000 12	0.400 12	2.499
25	4 499.880	0.000 2	11 247.199	0.000 09	0.400 09	2.499
26	6 299.831	0.000 2	15 747.079	0.000 06	0.400 06	2.500
27	8 819.764	0.000 1	22 046.910	0.000 05	0.400 05	2.500
28	12 347.670	0.000 1	30 866.674	0.000 03	0.400 03	2.500
29	17 286.737	0.000 1	43 214.343	0.000 02	0.400 02	2.500
30	24 201.432	0.000 0	60 501.081	0.000 02	0.400 02	2.500
35	130 161.112	0.000 0	325 400.279	0.000 00	0.400 00	2.500
40	700 037.697	0.000 0	1 750 091.741	0.000 00	0.400 00	2.500
45	3 764 970.741	0.000 0	9 412 424.353	0.000 00	0.400 00	2.500
50	20 248 916.240	0.000 0	50 622 288.099	0.000 00	0.400 00	2.500
55	108 903 531.277	0.000 0	272 258 825.693	0.000 00	0.400 00	2.500
60	585 709 328.057	0.000 0	1 464 273 317.643	0.000 00	0.400 00	2.500
65	3 150 085 336.530	0.000 0	7 875 213 338.824	0.000 00	0.400 00	2.500
70	16 941 914 960.338	0.000 0	42 354 787 398.345	0.000 00	0.400 00	2.500

附录 复利系数表

$i = 50\%$

n	(F/P, i, n)	(P/F, i, n)	(F/A, i, n)	(A/F, i, n)	(A/P, i, n)	(P/A, i, n)
1	1.500	0.666 7	1.000	1.000 00	1.500 00	0.667
2	2.250	0.444 4	2.500	0.400 00	0.900 00	1.111
3	3.375	0.296 3	4.750	0.210 53	0.710 53	1.407
4	5.063	0.197 5	8.125	0.123 08	0.623 08	1.605
5	7.594	0.131 7	13.188	0.075 83	0.575 83	1.737
6	11.391	0.087 8	20.781	0.048 12	0.548 12	1.824
7	17.086	0.058 5	32.172	0.031 08	0.531 08	1.883
8	25.629	0.039 0	49.258	0.020 30	0.520 30	1.922
9	38.443	0.026 0	74.887	0.013 35	0.513 35	1.948
10	57.665	0.017 3	113.330	0.008 82	0.508 82	1.965
11	86.498	0.011 6	170.995	0.005 85	0.505 85	1.977
12	129.746	0.007 7	257.493	0.003 88	0.503 88	1.985
13	194.620	0.005 1	387.239	0.002 58	0.502 58	1.990
14	291.929	0.003 4	581.859	0.001 72	0.501 72	1.993
15	437.894	0.002 3	873.788	0.001 14	0.501 14	1.995
16	656.841	0.001 5	1 311.682	0.000 76	0.500 76	1.997
17	985.261	0.001 0	1 968.523	0.000 51	0.500 51	1.998
18	1 477.892	0.000 7	2 953.784	0.000 34	0.500 34	1.999
19	2 216.838	0.000 5	4 431.676	0.000 23	0.500 23	1.999
20	3 325.257	0.000 3	6 648.513	0.000 15	0.500 15	1.999
21	4 987.885	0.000 2	9 973.770	0.000 10	0.500 10	2.000
22	7 481.828	0.000 1	14 961.655	0.000 07	0.500 07	2.000
23	11 222.741	0.000 1	22 443.483	0.000 04	0.500 04	2.000
24	16 834.112	0.000 1	33 666.224	0.000 03	0.500 03	2.000
25	25 251.168	0.000 0	50 500.337	0.000 02	0.500 02	2.000
26	37 876.752	0.000 0	75 751.505	0.000 01	0.500 01	2.000
27	56 815.129	0.000 0	113 628.257	0.000 01	0.500 01	2.000
28	85 222.693	0.000 0	170 443.386	0.000 01	0.500 01	2.000
29	127 834.039	0.000 0	255 666.079	0.000 00	0.500 00	2.000
30	191 751.059	0.000 0	383 500.118	0.000 00	0.500 00	2.000
35	1 456 109.606	0.000 0	2 912 217.212	0.000 00	0.500 00	2.000
40	11 057 332.321	0.000 0	22 114 662.642	0.000 00	0.500 00	2.000
45	83 966 617.312	0.000 0	167 933 232.624	0.000 00	0.500 00	2.000
50	637 621 500.214	0.000 0	1 275 242 998.428	0.000 00	0.500 00	2.000

参 考 文 献

[1] 陈立文,陈敬武. 技术经济学概论 [M]. 2版. 北京:机械工业出版社,2014.
[2] 张金锁. 技术经济学原理与方法 [M]. 2版. 北京:机械工业出版社,2001.
[3] 虞晓芬,龚建立,张化尧. 技术经济学概论 [M]. 5版. 北京:高等教育出版社,2018.
[4] 吴添祖. 技术经济学概论 [M]. 3版. 北京:高等教育出版社,2011.
[5] 刘晓君,李玲燕. 技术经济学 [M]. 3版. 北京:科学出版社,2017.
[6] 苏敬勤,徐雨森. 技术经济学 [M]. 北京:科学出版社,2011.
[7] 徐莉. 技术经济学 [M]. 2版. 武汉:武汉大学出版社,2007.
[8] 吴宗法. 技术经济学 [M]. 北京:清华大学出版社,2018.
[9] 王凤科. 技术经济学 [M]. 北京:电子工业出版社,2016.
[10] 雷家骕,程源,杨湘玉. 技术经济学的基础理论与方法 [M]. 北京:高等教育出版社,2005.
[11] 傅家骥,雷家骕,程源. 技术经济学前沿问题 [M]. 北京:经济科学出版社,2003.
[12] 中国科学技术协会. 技术经济学学科发展报告:2011—2012 [M]. 北京:中国科学技术出版社,2012.
[13] 陈立文. 工程经济学 [M]. 北京:中国电力出版社,2014.
[14] 钱易,唐孝炎. 环境保护与可持续发展 [M]. 2版. 北京:高等教育出版社,2010.
[15] 索洛. 经济增长因素分析 [M]. 史清琪,选译. 北京:商务印书馆,1991.
[16] 姜钧露. 经济增长中科技进步作用测算 [M]. 北京:中国计划出版社,1998.
[17] 熊彼特. 经济发展理论 [M]. 何畏,易家详,译. 北京:商务印书馆,1990.
[18] 柳卸林. 技术创新经济学 [M]. 2版. 北京:清华大学出版社,2014.
[19] 荆新,王化成,刘俊彦. 财务管理学 [M]. 8版. 北京:中国人民大学出版社,2018.
[20] 戴德明,林钢,赵西卜. 财务会计学 [M]. 12版. 北京:中国人民大学出版社,2019.
[21] 中国注册会计师协会. 会计 [M]. 北京:中国财政经济出版社,2020.
[22] 全国一级建造师执业资格考试用书编写委员会. 建设工程经济 [M]. 北京:中国建筑工业出版社,2020.
[23] 国家发展改革委,建设部. 建设项目经济评价方法与参数 [M]. 3版. 北京:中国计划出版社,2006.
[24] 王维才. 投资项目可行性分析与项目管理 [M]. 2版. 北京:冶金工业出版社,2008.
[25] 李开孟,徐成彬. 投资项目可行性分析与项目管理 [M]. 北京:冶金工业出版社,2007.
[26] 陈晓莉. 投资项目评估 [M]. 重庆:重庆大学出版社,2017.
[27] 刘汉章,古俊,刘承良. 建设工程项目评估 [M]. 北京:北京理工大学出版社,2017.
[28] 中华人民共和国环境保护部. 建设项目环境影响评价技术导则 总纲:HJ 2.1—2016 [S]. 北京:中国环境科学出版社,2017.